文字齋學術叢書

陳緒波 著

儀禮叢考

中華書局

圖書在版編目(CIP)數據

儀禮叢考/陳緒波著. —北京:中華書局,2025.8. —
ISBN 978-7-101-17300-0

Ⅰ. B222.25

中國國家版本館 CIP 數據核字第 2025262JN0 號

書　　名	儀禮叢考	
著　　者	陳緒波	
責任編輯	李洪超	
文字編輯	王鵬鵬	
裝幀設計	劉　麗	
責任印製	韓馨雨	
出版發行	中華書局	
	(北京市豐臺區太平橋西里 38 號　100073)	
	http://www.zhbc.com.cn	
	E-mail:zhbc@zhbc.com.cn	
印　　刷	河北新華第一印刷有限責任公司	
版　　次	2025 年 8 月第 1 版	
	2025 年 8 月第 1 次印刷	
規　　格	開本/920×1250 毫米　1/32	
	印張 9　插頁 2　字數 230 千字	
國際書號	ISBN 978-7-101-17300-0	
定　　價	68.00 元	

前　言

　　我從 2011 年開始專注於"《儀禮》學"之研究，至今已有十餘載。書中内容，多是我這段時間以來的習作。由於主題相對集中，今匯爲一册，名曰"儀禮叢考"。全書共分爲六部分：前言、第一章"宮室研究"、第二章"儀節研究"、第三章"禮例研究"、第四章"禮義研究"、參考文獻。"前言"部分是對本書内容的一個大體介紹，第一到第四章是本書的主體部分，"參考文獻"部分是對本書參考文獻的彙編。

　　清人洪頤煊云："禮經莫大於宮室，宮室不明，則古人行禮之節、周旋升降，皆茫然莫知其所處，此議禮所以如聚訟也。"①洪氏所言甚是。宮室不明，禮經則不明。《儀禮》之學習、研究自有其次第，宮室則是首要。本書第一章"宮室研究"，即是對《儀禮》宮室的綜合研究，其中包括"《儀禮》宮室結構考"、"《儀禮》廟制考"、"《儀禮》宮室與三代宮室結構考論"三部分。具體而言，"《儀禮》宮室結構考"主要是對禮經所涉及到的天子、諸侯、大夫、士宮室以及庠、序宮室的基本結構問題、朝制問題、"兩下五架"與"四阿重屋"問題等進行了較爲深入的考察；"《儀禮》廟制考"主要是對禮經所涉及到的天子、諸侯、大夫、士宗廟之廟數、廟名、佈局、位置問題，以及宗廟與大門、宮門、朝制的位置關係問題等進行了較爲深入的考察；"《儀禮》宮室與

────────────

① 洪頤煊：《禮經宮室答問》，《續修四庫全書》經部禮類第 110 册，上海古籍出版社，2002 年，第 149 頁。

三代宫室結構考論"主要是從文獻學與考古學角度,對《儀禮》宫室與三代宫室結構進行了比較研究。通過詳細考察,我們發現考古所見三代宫室遺址與禮經所涉宫室結構不能完全相合,但是禮經宫室中的多種建築因素卻在考古所見的宫室遺址中都已經出現了。由此可見,《儀禮》所載諸禮及所描繪出的宫室結構,雖然存在一定的理想因素,但是還是存在基本上的真實性。

《禮記·禮器》云:"經禮三百,曲禮三千。""曲禮三千",蓋指具體儀節而言。縱觀《儀禮》十七篇,所涉儀節何止"三千"之數。古人議禮如"聚訟",亦是多指此而言。本書第二章"儀節研究",即是對禮經中個別儀節的考察,其中包括"《儀禮》中與'席'相關的幾個問題"、"'左還'、'右還'考"、"門闑考"三部分内容。"席"是禮經之大節,"《儀禮》中與'席'相關的幾個問題"主要是對"筵與席"、"席面"、"席之首尾"、"席上"等問題的探討;"'左還'、'右還'考"是對"左還"、"右還"在禮經中具體含義的考察;何爲闑,古之門制,有一闑還是二闑? 後世聚訟不已,爭議巨大,"門闑考"部分即是對此問題的深入考察。

"禮例研究"是指將禮經中繁複的儀節條分縷析,理清頭緒,考辨異同,區分倫類,歸納其凡例。《儀禮》之凡例,作《記》者已有發明,至於鄭注,發凡者有數十條,至於賈疏,考之更爲詳備。清人淩廷堪《禮經釋例》詳細歸納禮經中的通例、飲食之例、賓客之例、射例、祭例、變例、服器之例、雜例等八類,凡二百四十六條,可謂禮例研究的集大成之作。本書第三章"禮例研究"即是對禮經中"布席例"的全面考察,其中包括"堂上布席例探析"、"室中布席例探析"、"婦人布席例探析"三部分。《禮經釋例》云:"凡設席,南鄉、北鄉,於神則西上,於人則東上;東鄉、西鄉,於神則南上,於人則北上。"①考諸經義,

---

① 淩廷堪:《禮經釋例》,《安徽古籍叢書》,黄山書社,2009 年,第 92 頁。

禮經中所涉及到布席之例，多與此不合。凌氏將禮經中的布席之例分爲人、神二類進行討論，是非常有見地的。但是，除此之外，布席地點也應該是探討布席例的一個重要因素。因此，我們在探討布席例時既區分了人、神之別，也分別了寢、廟、堂上、室中、房中、門外等因素。如此思路，才能歸納出更加合於經義的禮例。

　　《儀禮》十七篇，除《喪服篇》外，共記録了士冠禮、士昏禮、士相見禮、鄉飲酒禮、鄉射禮、燕禮、大射、聘禮、公食大夫禮、覲禮、士喪禮（包括既夕禮）、士虞禮、特牲禮、少牢饋食禮（包括有司）等十四個禮典。《儀禮》文本重在對典禮儀式的陳述，而缺少對禮義的闡發。然禮儀與禮義是並存的，小到具體的儀節，大到一個個禮典，無不包含著深深的禮義，其中所包含的禮學思想、禮學觀念更是影響深遠。《禮記》現存四十九篇，其中直接解經者僅有《冠義》、《昏義》、《鄉飲酒義》、《射義》、《燕義》、《聘義》諸篇。《儀禮》"禮義"之研究，當禮儀與禮義相結合，既要揭示出具體儀節所包含的禮義，也要進一步闡釋出整個禮典所具有的禮學思想與禮學觀念。

　　本書第四章"禮義研究"，即是在此思路的指導下完成的，其中包括"先秦儒家成人觀念探析——以《士冠禮》爲中心"、"陰陽鬼神：先秦儒家婚姻觀念的另類闡釋——以《士昏禮》爲中心"、"先秦儒家死亡觀念探析——以《士喪禮》爲中心"、"先秦儒家人鬼祭祀觀念探析——以《特牲禮》、《少牢禮》爲中心"四部分。"先秦儒家成人觀念探析——以《士冠禮》爲中心"是以《士冠禮》爲中心，結合《冠義》内容，對冠禮中所體現出的"成人"思想與"成人"觀念的深入辨析與考察；"合二姓之好，上以事宗廟，而下以繼後世"，這是前人對於婚禮意義的最集中闡釋。除此之外，通過對《士昏禮》深入解讀，我們會發現整個婚禮儀式中還有一種"陰陽"、"鬼神"之氣。因此，"陰陽鬼神"又成爲了婚禮的另外一個重要特點。"先秦儒家婚姻觀念探析——以《士昏禮》爲中心"即是對《士昏禮》中所體現出的"陰陽鬼神"觀念的探析;魂、魄觀念是先秦儒家對於生死的最基本認識。"先秦儒家死亡觀念探析——以《士喪禮》爲中心"便是以《士喪禮》爲中心,對喪禮中所包含的死亡觀念的考察;在《周禮》中,先秦儒家將整個鬼神體系分爲天神、人鬼、地祇三類。三類之中,先秦儒家更多重視的是與人們日常生活關係更爲密切的人鬼。在人鬼祭祀中,尸作爲神主,再一次完成了魂、魄的聚合;祝則作爲一種特殊的媒介,溝通了鬼神與現實世界。"先秦儒家人鬼祭祀觀念探析——以《特牲禮》、《少牢禮》爲中心"即是以《特牲禮》、《少牢禮》爲中心,對其中所蘊含的"人鬼祭祀觀念"的考察。

全書從"宮室研究"、"儀節研究"、"禮例研究",再到"禮義研究",共分爲四章。所以如此排序,是因爲在"《儀禮》學"研究中,"宮室研究"是首要,"儀節研究"是深入,"禮例研究"是融會貫通,"禮義研究"是深度闡釋。如此研究思路,也是符合"《儀禮》學"研究一般路徑的。

需要説明的是,以上有些内容已經在相關刊物上發表①,在收入本書的過程中,爲了使得體例前後統一,或者有了新的認識,故而作了不同程度的删改、修訂。

現在本書能够結集出版,實在是令人開心的事情,這既是對我以往"禮學"研究的總結,也將是我下一階段禮學研究的新起點。最後感謝重慶大學"文字齋學術叢書"項目出版資助,感謝諸位師友長期以來的幫助與鼓勵,感謝中華書局朱兆虎老師在本書出版事宜上的大力幫助,感謝王鵬鵬老師的精心編輯。當然,不可否認的是,由於本人學力有限,書中還有諸多錯漏之處,也敬請各位師友不吝賜教。

---

① 具體可以參見文中相關章節的頁下注。

目　録

第一章　宫室研究

第一節　《儀禮》宫室結構考[①]

　　《儀禮》十七篇,除《喪服》篇外,記録了古代典禮儀式的舉行過程。這些典禮儀式多是在宫室中進行的,例如士冠禮、士昏禮、士相見禮、士喪禮、既夕禮、士虞禮、特牲禮是在士宫室,少牢禮、有司禮是在大夫宫室,燕禮、大射、聘禮、公食大夫禮是在諸侯宫室,覲禮是在天子宫室,鄉飲酒、鄉射禮是在庠、序宫室。《儀禮》經文在記録這些宫室時極爲簡略,僅僅是稱述與典禮儀式相關的各部份名稱,如果某一部份在整個典禮儀式中不被使用,則不會提及。如此,經文所描述出的僅僅是一個個殘缺不全的、零散的宫室片段,宫室結構的整體佈局如何,我們則感到茫然。

　　清人陳澧云:"《儀禮》難讀,昔人讀之之法,略有數端:一曰分節,二曰繪圖,三曰釋例。今人生古人後,得其法以讀之,通此經不難矣。"[②]此言得之。《儀禮》分節,始於賈疏,至於宋朱熹《儀禮經傳通解》、清張爾岐

[①] 此節内容曾同名發表於《古典研究》2016年夏季卷,總第26期,收録時做了一些修改。

[②] 陳澧著,鍾旭元、魏達純校點:《東塾讀書記》,上海古籍出版社,2012年,第127頁。

《儀禮鄭注句讀》幾近於善。釋例者,是指將《儀禮》中繁複的儀節條分縷析,理清頭緒,考辨異同,區分倫類,歸納其凡例。《儀禮》之凡例,《記》文已有發明,至於鄭注發凡者有數十條,至於賈疏考之更爲詳備。清代淩廷堪善承鄭、賈之學,系統歸納《儀禮》中之凡例,歷二十二年,撰成《禮經釋例》。此書將其凡例分成八類:通例、飲食之例、賓客之例、射例、祭例、變例、服器之例、雜例,每例之下又分細目若干,凡二百四十六例,可謂"禮例"研究的集大成之作。繪圖者,是指將行禮時所在宮室、所處方位、揖讓進退、周旋升降、禮器陳設等用平面圖的形式表現出來。禮圖之繪製,現所見最早、最爲完善的是宋代楊復的《儀禮圖》。至於清代,禮圖繪製亦有多家,其中以張惠言《儀禮圖》最爲精確。

禮經之分節、繪圖、釋例,惟繪圖不能差强人意。清人洪頤煊云:"禮經莫大于宮室,宮室不明,則古人行禮之節、周旋升降,皆茫然莫知其所處,此議禮所以如聚訟也。"①洪氏所言甚是。宮室不明,禮圖則不明;禮圖不明,禮經則不明。因此,想要繪製出更加合於經義的禮圖,必須首先從禮經所涉宮室入手。由此可見,《儀禮》宮室之探研實則是"《儀禮》學"研究之首要。

一、《儀禮》宮室的基本結構

《儀禮》所涉宮室凡六類:士宮室、大夫宮室、諸侯宮室、天子宮室、庠宮室、序宮室。禮經所載諸禮,在士宮室中舉行的典禮儀式有《士冠禮》、《士昏禮》、《士相見禮》、《士喪禮》、《既夕禮》、《士虞禮》、《特牲饋食禮》,在大夫宮室舉行的典禮儀式有《少牢饋食禮》、《有司》,在諸侯宮室舉行的典禮儀式有《燕禮》、《大射》、《聘禮》、《公食大夫禮》,在天子宮室舉行的典禮儀式有《覲禮》,在庠宮室舉行的典

---

① 洪頤煊:《禮經宮室答問》,《續修四庫全書》經部禮類第 110 册,上海古籍出版社,2002 年,第 149 頁。

禮儀式有《鄉射禮》,在序宮室舉行的典禮儀式有《鄉飲酒禮》。

　　士、大夫宮室有寢有廟,諸侯、天子宮室除有寢、廟外,還有朝,庠、序宮室爲學宮。經文在記錄這些宮室結構時極爲簡略,僅僅是稱述這些宮室結構的名稱。通過這些零散的宮室詞語,我們很難看到這些宮室的完整結構。爲了能夠對禮經中的宮室結構有一個整體認識,我們將士宮室繫諸士禮,大夫宮室繫諸大夫禮,諸侯宮室繫諸諸侯禮,天子宮室繫諸天子禮,庠、序宮室繫諸鄉飲酒禮、鄉射禮,并把經文中的宮室結構名詞全部采擇出來,加以系統歸納,再進行重新整合,或許我們就會構建出一個比較完整的宮室圖像。(見下"《儀禮》宮室結構名稱表"。)

《儀禮》宮室結構名稱表

宮室		士宮室		大夫宮室		諸侯宮室			天子宮室			庠	序
		寢	廟	寢	廟	寢	廟	朝	寢	廟	朝		
門屋	門	外門、寢廟殯門、門外、門左、門右、門東、西、燕闑、閾、外	廟門、門外、門東、門左、門右、門內之右、門東、西、門闑、閾外	廟門、門東、門西、門左、門右、門外		門東、門西、門右、門外、門內霤	大門、外門、廟門、門東、西、門左、右、門中、霤	朝		廟門、門左、門右、門西	朝	門左、門外	門、門左、門外
門屋	塾	西塾、西內塾、西墉	東塾、西塾		西塾、東塾		東塾、西塾						
庭	庭	庭、中庭、東西壁、墻	中庭、東壁、西	庭南		庭、中庭	庭、中庭、碑		庭、中庭			中庭	中庭

續表

宮室		士宮室		大夫宮室		諸侯宮室			天子宮室			庠	序
		寢	廟	寢	廟	寢	廟	朝	寢	廟	朝		
階		階、阼、阼階、西階、階間	阼、阼階、西階、階間	阼階、西階、兩階之間、階間	階、阼、西階	階、阼、西階			階、西階			阼階、西階、階、階間	阼階、西階、階、階間
堂屋	堂	堂、西坫、西序、東序、西楹	堂、堂下、西阿、西坫、東序、西序、序端	堂、東堂、西楹、東序、西序	堂、西楹、西坫、東序、西序、序端、東楹、西楹、兩楹	堂、西坫、東堂、西堂、序、西序、序端、東楹、西楹	堂、堂東、東堂、序、序端、東楹、西楹	中箱、夾堂				堂、堂廉、序、序端、東序端、西楹間、兩楹之間	堂、西堂、東楹、西楹、楹内、楹外、楹間、兩楹間、西序、東序、東、序東、序西、西序端、序端
	房	房、房、外戶	房、東房、中、外戶	房、東房、西塾	房、東房、房中、東戶之間、房戶、北堂	左房、北階	右房、東房					房	東房（見於《鄉射記》）
	室	室、適室、室中、戶內、戶外、西塾、北牖、西隅	室、室中、戶內、東、西、牖、北隅、廟奧	室中、室奧、牖東、戶內、戶西		戶西	戶東、戶西		戶、牖			戶	

　　由上表可知，《儀禮》經文中所記錄的士、大夫、諸侯、天子宮室及序、序宮室具有以下幾個特點：

　　1.《儀禮》所涉士、大夫、諸侯、天子寢、廟以及序、序宮室基本上都是由門屋、庭、階、堂屋等四部份組成的，這與我國古代宮室的基本結構也是相同的。

　　2. 士、大夫、諸侯、天子宮室皆有寢有廟，但是由於《儀禮》僅有十七篇，故禮經所涉及到的有些宮室并不能在經文中一一表現出來。例如：士有廟有寢，在士廟中舉行的禮儀有士冠禮、士昏禮、士虞禮、特牲禮，在士寢中舉行的禮儀有士昏禮、士喪禮、既夕禮、士虞禮；諸侯有廟有寢，在寢中舉行的禮儀有燕禮、大射禮，在廟中舉行的禮儀有聘禮、公食大夫禮。通過這些相關的儀式，禮經所涉及到的士之寢廟、諸侯寢廟在經文中都能有所顯現。但是，禮經中記錄的大夫禮僅有少牢禮、有司二禮，且都是在大夫廟中舉行的；禮經中記錄的天子禮僅有覲禮，也是在廟中舉行的。至於大夫寢、天子寢具體如何，由於經文無涉，我們則不能直接得見。

　　3. 禮經在記錄各類宮室時極爲簡略，僅僅是稱述與具體儀式相關的各部份宮室結構名稱。如果有的宮室結構部份在儀式中不被使用，則不會被提及。例如：在士寢之中，寢門兩側皆有塾，然禮經言及者僅有西塾；堂上東西兩角皆有坫，然禮經言及者僅有西坫；堂上東西皆有楹，然禮經言及者僅有西楹。禮經所以不言東塾、東坫、東楹者，非謂無此處宮室結構，而是所載儀式中無此處之儀。

　　4. 各類宮室結構名稱出現次數不同，反映了它們在整個儀式中被使用次數的多寡。通過具體統計，我們可以看出，禮經所涉宮室中的各部份結構名稱在各個禮儀中出現的次數是不同的，有的出現次數多些，有的出現次數少些。同一儀式中，有的宮室名詞僅僅出現一次，有的會出現幾次，甚至十幾次。例如士喪禮中，"寢門"、"廟門"、"殯門"、"西塾"、"塾西"、"序"、"西序"、"東序"等僅出現了一次，

“楹”、“西墙”、“適室”、“西榮”出現了兩次，“門東”、“門西”出現了三次，而“門”出現了十次，“西階”出現了十一次。究其原因，出現的次數多，説明儀式在這個地方舉行的頻繁；出現的次數少，説明儀式在這個地方舉行的少。

5.《儀禮》出於秦火之餘，現存十七篇，其中士禮内容較多，其他諸禮較少。因此，經文中涉及到的士宫室結構名稱較多，而大夫、諸侯、天子宫室以及庠、序中的宫室結構名稱較少，甚至有些宫室結構名稱並未出現。從禮經内容來看，經文若没有提及一個宫室名詞，其原因大概有二：一是經文在記録各類宫室結構時極其簡略，僅僅稱述與整個典禮儀式相關的各部份宫室名稱，如果有的宫室名稱在儀式中不被使用，則不會言及。但是，此類宫室結構還是存在的，例如士寢門側有塾，禮經言及者僅有“西塾”，其實門之兩側皆有塾，言“西塾”定有“東塾”。例如在士廟中，東塾、西塾之稱皆可見；塾又分内外，然禮經言及者僅有“内西塾”，言内當有外，言東當有西，由此推知，門側内外、東西當有四塾。再如，士廟中，經文言“東壁”當有“西壁”，言“東榮”當有“西榮”；士寢中言“西楹”當有“東楹”；士寢、廟皆言“西坫”，亦當有“東坫”可知。二是禮經不言，蓋宫室中確實没有此類結構。例如天子、諸侯宫室有“朝”，經文多有言之。然於士、大夫宫室，禮經不見，是其本無也。

通過對禮經中各類宫室的詳細考察，我們會發現《儀禮》所涉士、大夫、諸侯、天子寢、廟以及庠、序宫室結構在總體上是基本相同的。它們都是由門屋、庭、階、堂屋四部份組成的。宫室南鄉，皆周以墙。門屋在最南，入門爲庭，庭北有階，升階爲堂，堂北爲房室。具體説來，門屋是有門與塾構成的一組建築，門居中，塾居其左右。門中有闑有閾，門側有東西内外凡四塾；庭中有碑，偏北；升堂有阼階、西階二階；堂屋分堂與房室兩部份，堂在南，房室在北。堂上有東西坫、東西楹、東西序；東西序之南端稱爲序端；堂之南側邊稱爲堂廉；東西序

外爲東西夾,夾北爲夾室,夾南爲廂。堂北有二房一室,室居中,房居
其左右。室有户有牖,户在左,牖在右。房僅有户,無牖。東房半以
北爲北堂,北堂下有北階。(見下"《儀禮》宮室基本結構圖"。)

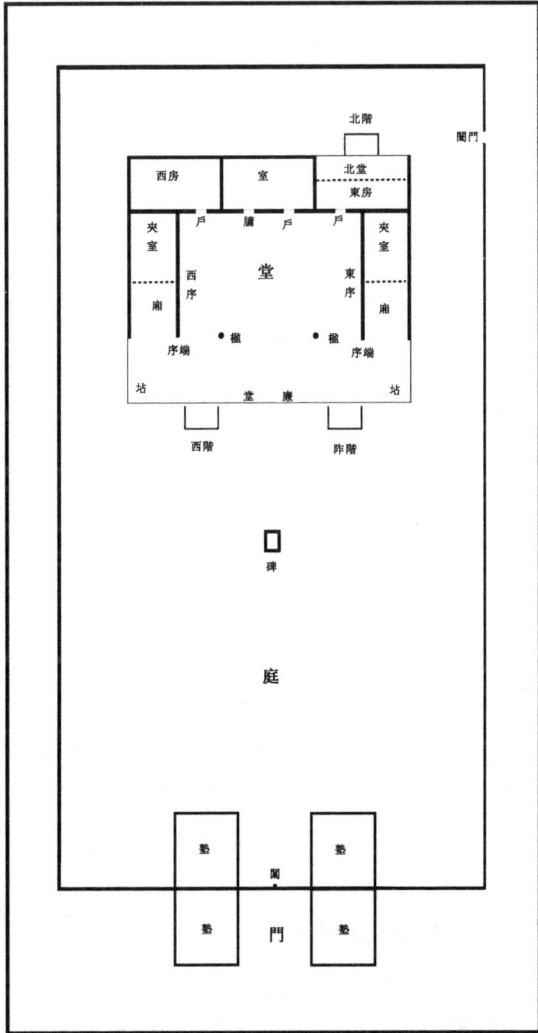

《儀禮》宮室基本結構圖

二、與《儀禮》宮室結構相關的幾個問題

士、大夫、諸侯、天子寢廟以及庠、序宮室基本結構如上圖所示。由此,我們可以看到寢、廟宮室在結構上來說大體相同。那麼,由此是否可以得出古代宮室"寢廟同制"的結論呢? 再者,從士宮室、大夫宮室、諸侯宮室到天子宮室,甚至是庠、序宮室,從結構上來說也是大體相同。那麼,由此是否可以說古代宮室在結構上也是同制的呢? 士、大夫、諸侯、天子之房室,鄭、賈云士大夫直有東房西室,天子、諸侯左右房。按諸經義,是否如此呢? 最後,關於序宮室,禮經不言及房、室,故鄭氏以爲序無房、室。然《鄉射記》中直言序有"東房",那麼序是有房、室,還是無房、室呢? 此外,諸侯、天子宮室除有寢廟外,還有朝,其具體形制又是如何呢? 所有這些問題仍需細細考之。

(一)寢、廟同制

禮經所載天子、諸侯、大夫、士宮室,其中既言及寢又言及廟者有士宮室與諸侯宮室。通過對士寢與士廟,諸侯寢與諸侯廟的對比,我們可以發現,寢與廟的結構幾乎相同。

從士寢與士廟結構上來說,兩者都有門、有塾、有庭、有階、有堂、有房、有室、有榮。門都有闑有闃,塾分東塾、西塾,階分阼階、西階,堂上有坫、有序,室有户、有牖。不同者,士寢僅言有西楹,有西楹則當有東楹,這可以從其他宮室結構中看出。然士廟不言有楹,參之其他宮室結構,堂上皆有兩楹,士廟亦當有兩楹,與士寢相同。士廟僅言及東榮,有東榮,則當有西榮,亦與士寢言有東榮、西榮兩榮相同。由此可知,士寢與士廟在結構上是相同的。

從諸侯寢與諸侯廟結構上來說,兩者皆有門、有庭、有階、有堂、有房。門皆有雷,階分阼階、西階,堂上皆有東西序、東西楹、東西堂。諸侯廟言有東塾、西塾,諸侯寢不言及,然從士寢來看,寢門亦有塾,

諸侯之寢亦可知也。諸侯寢堂上言有東坫,有東坫則有西坫。坫在東西堂角,廟有堂,其堂角亦當有坫,禮經不言,由此可知。諸侯寢有房、室,但諸侯廟僅言有房,不言及有室。但是,士廟、大夫廟、天子之廟皆有室,諸侯之廟雖不言及有室,亦可知也。由此可知,諸侯寢與諸侯廟在結構上也是相同的。

《儀禮》十七篇出於秦火之餘,其中所記諸禮以士禮爲主,故言及士宮室結構者較多,而於其他宮室結構言之較少。從上文士之寢廟、諸侯之寢廟的對比中我們可以看到,如果單從寢廟各部份宮室的組成結構上來説,士寢與士廟、諸侯寢與諸侯廟的結構是相同的。以此推之,大夫、天子之寢、廟在基本結構上也應該是相同的。

(二)天子、諸侯、大夫、士宮室同制

古代宮室,天子、諸侯、大夫、士各有定制,其宮室必不相同。但是,如果單從各類宮室的總體結構上來分析,天子宮室、諸侯宮室、大夫宮室、士宮室是相同的。例如:天子、諸侯、大夫、士寢、廟皆有門,門側有東西塾;皆有庭;皆有兩階,阼階與西階;皆有堂,堂上有東西坫、東西序、東西楹、東西夾、東西堂;有房,房有户,房半以北爲北堂,北堂下有北階;有室,室有户牖。

(三)大夫、士東房、西室與天子、諸侯左右房

天子、諸侯、大夫、士宮室皆有房有室,經文多有言之。室有一,禮經可證。天子、諸侯、大夫、士寢、廟皆有室,經文直言"室",不辨東西、左右。若言有二者,則當以東西、或左右辨之。例如堂上有兩序,禮經則言"東序"、"西序";堂上又有兩楹,禮經則言"東楹"、"西楹";門側有兩塾,禮經則稱之"東塾"、"西塾"。今經文皆直言"室",不辨東西、左右,其止有一室可知。後世學者無異議。諸禮圖所繪天子、諸侯、大夫、士宮室亦止有一室。

1. 天子、諸侯左右房(或曰東房、西房)

《儀禮》十七篇中,《覲禮》是天子之禮,是在宗廟中進行的。《燕禮》、《大射》、《聘禮》、《公食大夫禮》是諸侯禮，其中《燕禮》與《大射》是在諸侯路寢中進行的，《聘禮》、《公食大夫禮》主要是在諸侯宗廟中進行的。禮經中，天子、諸侯之房，經、記或曰"東房"，或曰"左房"、"右房"。例如：

> 《大射》："宰胥薦脯醢由左房。"
>
> 《公食大夫禮》："飲酒、漿飲俟于東房。凡宰夫之具饌于東房。"
>
> 《公食大夫禮》："宰夫自東房授醢醬，公設之。"
>
> 《公食大夫禮》："宰夫自東房薦豆六，設于醬東，西上。"
>
> 《公食大夫禮》："贊者負東房，南面，告具于公。"
>
> 《公食大夫禮》："贊者負東房，告備于公。"
>
> 《聘禮記》："自下聽命，自西階升受，負右房而立。"

從經文來看，言左則有右相對，言東則有西相對。《大射》言"左房"，則當有"右房"，故《聘禮記》云："自下聽命，自西階升受，負右房而立。"鄭注云："左房，東房也。人君左右房。"賈疏云："以人君左右房，故云'左房'。"[1]又《公食大夫禮》言"東房"，則當有"西房"，禮經不言之者，蓋無是處之儀。鄭注云："天子、諸侯左右房。"賈疏云："'天子諸侯左右房'，以其言東房對西房。"[2]鄭注、賈疏亦認爲天子、諸侯有左右房，後世學者從其説，所繪製諸禮圖，天子、諸侯宮室也都有東、西兩房。由此可見，天子、諸侯有東西兩房明矣。

---

[1] 《儀禮注疏》卷一七，阮元校刻《十三經注疏》（清嘉慶刊本），中華書局，2009年，第2231頁下。

[2] 《儀禮注疏》卷二六，第2349頁下。

2.大夫、士東房、西房

士、大夫宮室有一房或是兩房，歷來爲學者所聚訟。考之禮經，經文、記文於大夫、士之房，或直言"房"，或言"東房"，或言"左房"。例如：

《士冠禮》："陳服于房中西墉下，東領，北上。"
《大射》："宰胥薦脯醢由左房。"
《聘禮》："賓自碑內聽命，升自西階，自左，南面受圭，退負右房而立。"
《公食大夫禮》："宰夫筵出自東房。"
《特牲饋食禮》："豆、籩、鉶在東房，南上。"
《特牲記》："賓與長兄弟之薦自東房，其餘在東堂。"

大夫、士宮室究竟有幾房，概而言之，後世凡有三説：一是，大夫、士直有東房。此説以賈公彥爲代表，他認爲大夫、士宮室直有東房、西室，并無西房。《特牲禮》："豆、籩、鉶在東房，南上。"鄭注："東房，房中之東，當夾北。"[1]鄭注於此將"東房"釋爲"房中之東"，似是並不認同"東房"與"西房"相對之意。賈疏："大夫、士直有東房、西室，若言房則東房矣。"[2]《公食大夫禮》："宰夫筵出自東房。"鄭注："天子、諸侯左右房。"賈疏："'天子諸侯左右房'，以其言東房對西房。若大夫、士直有東房而已，故直云在房也。"[3]《大射》："宰胥薦脯醢由左房。"鄭注："左房，東房也。人君左右房。"賈疏："以人君左右房，故云'左房'。對大夫、士東房而已，故云'東房'，不言左，以無右所對

---

[1]《儀禮注疏》卷四四，第2557頁下。
[2]《儀禮注疏》卷四四，第2557頁下。
[3]《儀禮注疏》卷二六，第2349頁下。

故也。"①禮經於士、大夫宮室僅言"房"或"東房",不見言有"西房"。鄭注於《儀禮》所涉宮室僅言"天子、諸侯左右房"、"人君左右房",但於大夫、士之房制,卻未明言。《聘禮》中所見之"右房",賈疏又以"今不在大夫廟,於正客館,故有右房也"解之。由此可見,賈氏認爲大夫、士宮室直有東房、西室。

二是,大夫、士亦有東房、西房。大夫、士一房之説始自賈氏,然後世學者於此説多有質疑。李如圭《儀禮釋宮》云:

> 人君左右房,大夫、士東房、西室而已。《聘禮記》:"若君不見,使大夫受聘,升受,負右房而立。"《大射儀》:"薦脯醢由左房。"是人君之房有左右也。《公食大夫禮記》:"筵出自東房。"注曰:"天子、諸侯左右房。"賈氏曰:"言左對右,言東對西。大夫、士惟東房西室,故直云'房'而已。"然案《聘禮》賓館于大夫、士,君使卿還玉于館也,賓亦"退負右房",則大夫、士亦有右房矣。又《鄉飲酒禮記》"薦出自左房",《少牢饋食禮》"主婦薦自東房",亦有左房、東房之稱。當考。②

楊復於《儀禮圖》又言:"鄭注謂天子、諸侯有左右房,大夫、士惟有東房西室,故別圖以見之。案陳祥道云:'《鄉飲酒》薦脯五脡出自左房,《鄉射記》籩豆出自東房,《大射》宰胥薦脯醢由左房。《鄉飲》、《鄉射》大夫禮,《大射》諸侯禮,其言皆相類,蓋言左以有右,言東以有西,則大夫、士之房室與天子諸侯同可知。'鄭氏謂大夫、士無西房,

---

① 《儀禮注疏》卷一七,第2231頁下。
② 李如圭:《儀禮釋宮》,《景印文淵閣四庫全書》經部禮類第103冊,臺灣商務印書館,2008年,第524頁下—525頁上。

恐未然也。"①楊氏認爲《聘禮》、《大射》是諸侯禮,《聘禮》言"左房",《大射》言"右房",則天子、諸侯有左右房可知。然《聘禮》賓館於大夫、士之廟,禮經亦言"右房",《鄉飲酒記》亦言"左房",《少牢饋食禮》亦言"東房",大夫、士亦有"東房"、"左房"之稱。賈氏之説"當考","大夫、士無西房,恐未然也"。李氏《儀禮釋宮》正文下小字注又云:

　　案:賈氏以言左對右,言東對西,爲人君有左右房之證。李氏援《聘禮》之"右房"、《鄉射禮記》之"左房"、《少牢饋食》之"東房",疑大夫、士亦有右房,亦有左房、東房之稱,實足以訂正舊説之誤。

　　又《鄉射記》"籩豆出自東房",《特牲饋食禮》"賓與長兄弟之薦自東房",《有司徹》"宰夫自東房薦脯醢",是大夫、士言東對西者固不一。賈公彥以《聘禮》賓禮爲正客館,非大夫之廟。閻若璩《尚書古文疏證》引其説,辨之曰:"下文'公館賓,賓辟',康成注'凡君有事于諸臣之家,車造廟門乃下',賈疏云'以其卿館于大夫之廟',已不能揜前説之非。且古者天子適諸侯,必舍其祖廟。卿館于大夫,大夫館于士,士館于工商,皆廟也,無別所爲館舍。惟侯氏覲天子賜以舍,非廟。《聘禮》安得與之同?《聘禮》一篇,自"卿致館"、"賓即館"後,"有司入陳",注云'入賓所館之廟';'揖入,及廟門',注云:'舍于大夫廟';'卿館于大夫',注云'館者必于廟'。不得從公彥曲説。"

　　江永《鄉黨圖考》曰:"天子至士,堂、房、室之制有廣狹降殺,堂後爲房室,左右房以夾室,使室居中,其制度當同。如大

① 楊復:《儀禮圖》,《景印文淵閣四庫全書》經部禮類第 104 冊,臺灣商務印書館,2008 年,第 317 頁下。

夫、士東房、西室,恐不成制度。堂上設席,行禮當户牖之間,賓
席不得當東西之中,偏于西北一隅,非所以尊賓。大夫儐尸,尸
席不當堂之中,亦非所以尊尸。皆因《鄉飲酒義》言設尊'賓主
共之'及拘于'四面之坐',以辭害意,故先儒有此説耳。"①

此按語蓋清人整理時所加,實足以訂正舊説之誤。又《欽定儀禮義
疏》於《儀禮釋宮》"人君左右房,大夫、士東房西室而已"下之案
語云:

　　案:《鄉射記》"籩豆出自東房",《特牲禮》"豆、籩、鉶在東
房",《記》"賓長兄弟之薦自東房",如此者非一。言左對右,言
東對西,何於天子、諸侯則云爾,於大夫、士則不云爾乎? 經文同
而疏解異,是引人入歧路也。至《聘禮》使卿還玉,賓受圭,"退
負右房而立"。經明言"右房",可以無疑矣。賈氏則曰:"今不
在大夫廟,於正客館,故有右房。"夫前此歸饔時,經固曰"及廟
門,賓揖入"矣;後此"公館賓,賓辟",注曰"君在廟門,敬也";至
賓將去而釋皮帛於堂楹之間,亦以館于廟而禮其神也,何獨於還
玉而忽不在廟乎? 經無易館之文,賈氏何以知之? 祇以"右房"
二字有礙於其東房、西室之説,故多此周折耳。朱子云"當考",
亦疑東房、西室之不然。後之人所當繼朱子之志而詳核之者也,
胡爲棄經而任疏乎?②

《欽定儀禮義疏》對賈説進行了反駁。賈氏認爲,所以言大夫、士東

---

① 李如圭:《儀禮釋宮》,第 524 頁下—525 頁上。
② 《欽定儀禮義疏》,《欽定四庫全書薈要》經部禮類第 60 册,吉林出版集團有
　　限責任公司,2005 年,第 43 頁。

房、西室者,經文中只言“東房”不言“西房”;天子、諸侯所以有東西兩房者,經文明言有“左房”、“右房”。《聘禮》大夫來聘諸侯,禮經言“賓受圭,退負右房而立”,賈氏認爲賓館於公館,此“右房”是指公館之右房,非大夫之右房。《欽》則認爲,諸侯相聘,卿館於大夫之廟,大夫館於士之廟,此乃禮之通例。聘禮使者爲卿,當館於大夫廟中。此言“右房”即是大夫廟之右房,賈疏認爲是“客館”之右房,實非。言右則有左相對,大夫、士當有兩房無疑。

清江永《儀禮釋宮增注》亦從房室結構方面對賈氏之説進行了辯駁,他認爲房室之結構自天子、諸侯至大夫、士相同,皆有一室二房。其云:

> 按:堂後室居中,左右有房,上下之制宜皆同。若東房、西室,則室户、牖偏西,堂上設席、行禮皆不得居中,疑古制不如此;且《鄉飲酒》賓皆專席,若偏於西則西序以東爲地無多,不能容衆賓矣。左房無北墉,有北堂、北階,異於右房,故凡陳器服及婦人立位常在此。經或省文,單言房即知是東房,非謂無西房、右房也。而經與《記》亦有言左房、東房、右房者,則上下同制可知。自天子降殺至士,士亦左、右房,其室雖迫狹,亦自足以行禮,必不至甚迫狹也。先儒東房、西室之説,由《鄉飲酒義》而誤。[1]

按江氏之義,自天子、諸侯至大夫、士,其制相同,皆有東房、西房。

三是,大夫、士之廟有東房、西房,其寢則僅有東房,無西房。除上述二説外,更有學者折衷於“大夫、士東房、西房”與“大夫、士直有東房、西室”二説,進而認爲大夫、士之廟有東房、西房,其寢則僅有東

---

[1] 江永:《儀禮釋宮增注》,《景印文淵閣四庫全書》經部禮類第 109 冊,臺灣商務印書館,2008 年,第 886 頁下。

房,無西房。例如孔廣森云:"《饋食禮》每言東房,又言左房。東以對西,左以對右,知以廟無兩房者非。《士昏》及《喪》、《虞禮》言'房'、言'房中'者累見,皆不指東西左右,知以寢有兩房者亦非。是則大夫、士之廟乃有兩房,其寢固東房、西室以降于君,而飲、射在學,與廟制同。"①又黄氏以周云:"禮經所説多是正寢,鄭注每以東房、西室爲説,非也。惟士之正寢,以昏、喪兩禮考之,鄭説無西房似爲有據。凡尊設于房户間,或設于東楹西。士昏于正寢,其設尊在房户之東,爲無西房也。《喪大記》主人括髪于東房,婦人髽帶麻于西房;而《士喪禮》婦人髽于室,爲無西房也。《喪大記》'君稱言,視祝而踊',祝相君之禮須相鄉立;《士喪禮》'君升自阼階,西鄉,祝負墉南面',時立于房户東(户各本作中,誤。兹依胡氏校正)。鄉君,爲無西房也。胡氏謂士之正寢有東西房,似失察。"②

考諸以上各家之説,我們認爲賈氏"東房、西室"之説與孔氏、黄氏之説皆不可信,大夫、士宫室實有東西兩房,理由有三:

第一,經文言"左"以對"右",言"東"以對"西",言"左房"則有"右房",言"東房"則當有"西房"。賈氏以天子、諸侯東房對西房,左房對右房,而於大夫、士則以東房對西室,故後世學者多有質疑。他們認爲,東房所對者當是西房,左房相對者當是右房。因此,大夫、士亦當有東、西房。

從經文來看,其言"東"必有"西"相對,例如堂上有兩序,東曰"東序",西曰"西序";堂上有兩楹,東曰"東楹",西曰"西楹";門側有兩塾,東曰"東塾",西曰"西塾"。言"左"必有"右"相對,例如"左房"、"右房","門左"、"門右","左人"、"右人","左旋"、"右旋"。左右、東西相對者,皆是同一事物。若言門,則是門之東西、左右;若

① 黄以周引孔廣森語。見黄以周《禮書通故》,中華書局,2007 年,第 35 頁。
② 黄以周:《禮書通故》,第 35—36 頁。

言序,則是序之東西、左右;若言塾,則是塾之東西、左右。以此論之,若言房,則是房之左右、東西。然鄭、賈以"東房"、"西室"對稱,房、室非同一事物,不得互相對稱,與經文表達不相合。再者,禮經若有"西室",豈不是還有"東室"?

　第二,禮經於"東房"多有言之,然於"右房"者,僅見于《聘禮》及其《記》文。《聘禮》云:"若君不見,使大夫受。自下聽命,自西階升受,負右房而立。"《聘禮記》:"若君不見,使大夫受。自下聽命,自西階升受,負右房而立。"賈疏云:"大夫、士直有東房、西室。天子、諸侯左右房,今不在大夫廟,於正客館,故有右房也。"①宮室南鄉,右房即西房。賈氏以爲此在客館,故此言"右房",不可作爲士、大夫有"西房"之證。後世學者,多以爲此是在大夫廟中,故知大夫、士有西房。

　然《聘禮》所言"右房"是在公館,還是大夫宮室,又有爭議。《聘禮》是諸侯禮,卿大夫來聘,宿於館。《聘禮記》云:"卿館于大夫,大夫館于士,士館于工商。""館"蓋指大夫宮室。從經義來看,經言"至于朝,……大夫帥至于館"是也,下經"卿致館",將聘於朝,"厥明,訝賓于館",禮事訖,"賓即館",皆是在館。"館"者爲何?"君使卿韋弁歸(賓)饔、餼"亦在館中,經云"賓皮弁,迎大夫于外門之外,再拜。大夫不答拜。揖入,及廟門,賓揖入"。禮經直言"廟門",由此可知,館即是廟。鄭注云:"古者天子適諸侯,必舍於大祖廟,諸侯行舍于諸公廟,大夫行舍于大夫廟。"賈疏:"云'古者天子適諸侯,必舍于大祖廟'者,案《禮運》云'天子適諸侯必舍其祖廟',下《記》云'卿館於大夫,大夫館于士,士館于工商'。鄭注云:'不館於敵者之廟,爲太尊也。'以此差之,諸侯無正文。鄭注舍于諸公廟者,諸公大國之孤。云'大夫行舍于大夫廟'者,謂卿舍于大夫也。若無孤之國,諸侯舍於卿

───────────

① 《儀禮注疏》卷二三,第 2306 頁下。

廟也。"①以此論之,賓是卿,則館於大夫之廟也。

賓館於大夫廟,下經"君使卿還玉于館"亦是在大夫廟中。經云:"賓自碑内聽命,升自西階,自左,南面受圭,退,負右房而立。"此言"右房",即是大夫廟右房無疑。宫室南鄉,右房即是西房。由此可知,大夫廟有東、西二房。賈氏之説誤矣。

第三,禮經布賓席多言設於"户西"或"户牖間"。例如《士冠禮》:"徹皮弁、冠、櫛、筵,入于房。筵于户西,南面";《士昏禮》:"主人筵于户西,西上,右几";《燕禮》:"司宫筵賓于户西,東上";《大射儀》:"司宫設賓席于户西,南面,有加席";《有司》:"司宫筵于户西,南面";《士昏禮》:"贊醴婦,席于户牖間"。"户西"者,室户之西。"户牖間"者,室户與室牖之間。兩者所言,其實一也。從宫室結構上來説,若僅東房、西室,户牖間則在堂之西北隅,不得居堂之中,故江永《儀禮釋宫增注》云"若東房、西室,則室户、牖偏西,堂上設席、行禮皆不得居中,疑古制不如此"②。《鄉飲酒禮》、《鄉射禮》爲賓、衆賓設席,禮經云:

> 《鄉飲酒禮》:"乃席賓、主人、介、衆賓之席,皆不屬焉。尊兩壺于房户間,斯禁,有玄酒在西。設篚于禁南,東肆,加二勺于兩壺。"
> 《鄉射禮》云:"乃席賓,南面東上。衆賓之席繼而西。席主人于阼階上,西面。尊于賓席之東,兩壺,斯禁,左玄酒,皆加勺。"

賓席設于户、牖間,是其常位,此禮之通例。衆賓之席,"繼之而西",

① 《儀禮注疏》卷二二,第 2297 頁上。
② 江永:《儀禮釋宫增注》,第 886 頁下。

不相連接。考諸經義，"衆賓"，衆賓之長也。下經云："衆賓之長升，拜受者三人。"由此可見，衆賓之長有三人，堂上衆賓之席亦當有三。若僅東房、西室，賓席設于户牖間已是居堂西北隅，安能繼之而西再設三席？故萬斯大有云："大夫士若無右房，則賓坐西北，已逼西序，不容衆賓之席。"①

此外，萬氏云："古吉凶諸禮多行于户牖間，以其爲堂之正中也。若無西房，則户牖之前乃堂之西偏，豈有行大禮不在正中而在偏旁者哉？"②又《經義叢鈔》載洪頤煊《答胡孝廉培翬書》云："屋制中央爲室，左右爲房。若依賈疏東房、西室，施于兩間屋制則可，施于三間屋制，勢必截割中央各半以益東西，則房、室之中皆不免有當楹之患，古人無是宅法也。"③萬氏、洪氏此説頗有道理。綜上可知，無論從經義，還是從宮室結構上來説，大夫、士宮室皆當有東房、西房。

(四) 序宮室有無房、室

《鄉射禮》舉於序宮室，從禮經所載來看，序宮室有門、有庭、有堂，不見有房、室。序是否有房、室呢？主要有兩種觀點：一是以鄭注爲代表，他認爲"序無室"；一是以《鄉射記》爲代表，《記》中明言有"東房"，有東房，則有室。《鄉射記》云："醢以豆，出自東房。"然序到底有無房、室？這仍需細細分析。

《鄉射禮》云："豫則鉤楹内，堂則由楹外。"鄭注云："鉤楹，繞楹而東也。序無室，可以深也。周立四代之學於國，而又以有虞氏之庠爲鄉學，《鄉飲酒義》曰'主人迎賓於庠門外'是也。庠之制有堂、有

---

① 黃以周引萬斯大語，見黃以周《禮書通故》，第34頁。
② 黃以周引萬斯大語，見黃以周《禮書通故》，第34頁。
③ 嚴傑:《經義叢鈔》卷二六，《清經解》。又見洪頤煊:《禮經宮室答問》，《續修四庫全書》經部禮類第110册，上海古籍出版社，2002年，第150頁上。

室也。今言‘豫’者,謂州學也。”①鄭注以爲庠是鄉學,序是州學,州學降於鄉學,庠有房有室,序則無房無室。後世如賈疏、李如圭《儀禮集釋》《儀禮釋宮》、魏了翁《儀禮要義》、盛世佐《儀禮集編》、任啓運《儀禮釋宮增注》、洪頤煊《禮經宮室答問》等皆從其説。盛氏承繼鄭氏之説,更言“序雖無室,然其制亦三間、五架,與大夫、士之私室殊,而謂席賓于户牖間,亦非”。②

　　但是,也有學者對鄭説提出了質疑,他們認爲序宮室也是有房、有室的,其中以《欽定儀禮義疏》、敖繼公《儀禮集説》等爲代表。《鄉射禮》云:“乃席賓,南面東上。”《儀禮集説》云:“不言户牖間者,可知也。《記》云‘出自東房’,有東房、西房,則中有室,而席賓於室之户牖間也明矣。”③又《欽定儀禮義疏》云:

　　　　“後楣以北爲室與房。”又案:序無室,康成云爾,未見其必然也。《鄉射記》“籩豆出自東房”,有房則必有室。若並無房,則籩豆無所置之。且如其説,則後楣之下便爲北墉,比尋常五架之屋又少一架,恐無此規制也。敖氏繼公曰:“鄉庠、州序大小深淺有差,堂之庭深於序,故進退其物以合侯道之數,其序亦有室,亦有夾,與庠不異。”其言近是,詳見本篇。

　　　　《鄉射禮》云:“乃席賓,南面東上。”賈氏公彦曰:“鄉飲酒在庠,有室。序無室,無户牖,設席亦當户牖之處耳。”案:庠與序深淺有殊,其爲規制一也。若中無室與户牖,則傍亦無房,籩豆俱

①《儀禮注疏》卷一二,第 2159 頁下。

② 盛世佐:《儀禮集編》卷五,《景印文淵閣四庫全書》經部禮類第 110 册,臺灣商務印書館,2008 年,第 305 頁下。

③ 敖繼公:《儀禮集説》卷五,《欽定四庫全書薈要》經部禮類第 50 册,吉林出版集團有限責任公司,2005 年,第 111 頁上。

無所置之,何以行禮? 敖氏引《記》文證之,當已。①

敖氏根據《記》文言有"東房",認爲序亦有房有室。《欽》從其説,并進一步指出,庠、序雖然深淺有殊,但是其具體形制結構是一樣的。

我們認爲,敖氏、《欽》之説更勝一籌,序亦應當有房、有室。理由有三:

1.《鄉射記》云:"醢以豆,出自東房。"《記》文早於鄭注,信"注"不如信《記》。現存《儀禮》十七篇,其中十二篇後面附有《記》文,是"《儀禮》學"研究的重要内容之一。"這些《記》文或闡發禮的意義,或追述遠古異制,或補充説明儀制的變易及其原因,或詳述器物的形制及規格數量,或附録禮典儀式所用之辭,意義極大。"②《記》的作者爲誰? 後世學者多有争論,不能定於一。如宋代朱熹認爲"《記》是子夏以後人作"③;清人盛世佐云:"凡爲記者有三:有記經所未備者,有記禮之變異者,有各記所聞頗與經義相違者。記經所未備者,周公之徒爲之,與經竝行者也;記禮之變異,則非周之盛時之書矣,其在春秋之際乎? 至於各記所聞者,則七十子後學所記也。"④又清人劉沅認爲今所見《儀禮·記》文爲秦火之後漢儒匯記而成,其來源則是出於"孔門弟子所采綴其要及所聞於孔子者"⑤;清代胡培翬著有《儀禮正義》,他認爲"《儀禮》有經、有《記》、有《傳》,《記》、《傳》乃孔門七

① 《欽定儀禮義疏》卷首下,第 42 頁。

② 鄧聲國:《清代〈儀禮〉文獻研究》,上海古籍出版社,2006 年,第 35 頁。

③ 朱熹撰、黎靖德輯:《朱子語類》卷八四,清同治至民國刻西京清麓叢書本。

④ 胡培翬《儀禮正義》引盛氏語。胡培翬:《儀禮正義》卷二,第 114 頁下—115 頁上。

⑤ 劉沅:《儀禮恒解》,《續修四庫全書》經部禮類第 91 册,上海古籍出版社,2002 年,第 339 頁。

十子之徒之所爲,而經非周公莫能作"①。晚於胡氏的曹元弼、吴之英等也都認爲《記》文爲孔門弟子所作。

鄭玄是第一個爲《周禮》、《儀禮》、《禮記》作注的人。《後漢書·儒林傳》云:"中興,鄭衆傳《周官經》,後馬融作《周官傳》,授鄭玄,玄作《周官注》。玄本習《小戴禮》,後以古經校之,取其義長者,故爲鄭氏學。玄又注小戴所傳《禮記》四十九篇,通爲《三禮》焉。"②由此可知,鄭玄爲《儀禮》作注是在東漢,《儀禮·記》文則遠早於鄭注。

2. 從《鄉飲酒禮》與《鄉射禮》射前之燕飲的經文對比來看,兩者除個別在詞句表達上有所不同外,在經文的記録上非常相似。這些表達的不同,是因爲儀式本身有別,還只是記録上詳略的原因呢？我們可以選取幾處做一下比較:

(1)設席之儀

《鄉飲酒禮》:"乃席賓、主人、介、衆賓之席,皆不屬焉。"

《鄉射禮》:"乃席賓,南面東上。衆賓之席,繼而西。席主人于阼階上,西面。"

(2)主人降洗,賓辭

《鄉飲酒禮》:"主人坐取爵于篚,降洗。賓降。主人坐奠爵于階前,辭。賓對。"

《鄉射禮》:"主人坐取爵于上篚,以降。賓降。主人阼階前西面坐奠爵,興,辭降。"

---

① 胡培翬:《儀禮正義》卷一,《儒藏》精華編四七册經部禮類,北京大學出版社,2016年,第4頁。

② 《後漢書》卷一〇九下,中華書局,1965年,第2577頁。

（3）賓降洗，主人辭

　　《鄉飲酒禮》：“賓降洗，主人降。賓坐奠爵，興，辭。”

　　《鄉射禮》：“賓以虛爵降，主人降。賓西階前東面坐奠爵，興，辭降。”

（4）爲工設席

　　《鄉飲酒禮》：“設席于堂廉，東上。”

　　《鄉射禮》：“席工于西階上，少東。”

《鄉飲酒禮》是諸侯之鄉大夫與衆賓燕飲之禮。《鄉射禮》是“州長春秋以禮會民而射於州序之禮”，射禮之前，先與衆賓燕飲。二禮都有燕飲之內容，故兩者在燕飲諸儀的記載上多有相通之處。從經義上來看，《鄉飲酒禮》與《鄉射禮》所載“設席之儀”、“主人降洗”、“賓降洗”、“爲工設席”諸儀節，內容是完全相同的。所不同者，只是在記錄上略有不同，《鄉射禮》似乎比《鄉飲酒禮》更爲詳盡。由於二者諸儀多有相通之處，故學者常常彼此引用，互爲注釋。因此，我們可以說，二禮所載的燕飲之儀在經義上基本上是相同的，只是記錄上略有不同而已。以此論之，二禮所載燕前之“設尊之儀”亦無別也。

　　《鄉飲酒禮》：“尊兩壺于房户間，斯禁，有玄酒，在西。”

　　《鄉射禮》：“尊于賓席之東，兩壺，斯禁，左玄酒，皆加勺。”

此言燕前設尊之儀，二禮記錄文字略有不同。然從經義上來看，其尊本是設於同處，“房户間”即是“賓席之東”。二者所言不同，互見爲文也。《鄉射禮》不言設於“房户間”，由此可知也。

　　3.庠爲鄉學，序爲州學，州爲鄉之屬，故序下於庠，其廣狹之制，必降於庠。《鄉射禮》司射誘射升堂適物，經云：“豫則鉤楹内，堂則由楹外。”鄭注云：“鉤楹，繞楹而東也。序無室，可以深也。”[1]鄭氏以爲“豫”爲州學，州學之宮室爲序，與庠相比，“序無室，可以深”，故適物時，則“鉤楹内”。然《鄉射記》於此亦有補充説明，其言“序則物當棟，堂則物當楣”。以經義觀之，此才是“豫則鉤楹内，堂則由楹外”的真正解釋。賈氏於此闡之最詳：

　　　　凡行射禮，耦耦各相對揖，故司射誘射，發東面位，揖進，當西階北面揖，及階揖，升堂揖。訖，東行向兩楹閒物須過兩楹，是以豫則鉤楹内北過。以《記》云“序則物當棟”，物近北，故過由楹北也。“堂則由楹外”，過而東行，以《記》云“堂則物當楣”，物近南，故過由楹南也。[2]

堂上有兩楹，上正當楣。物本設於兩楹之間，按賈疏之義，若是射於序（或言“豫”），物設則上當棟，司射適物，則“鉤楹内”，即升堂後直行至楹北，再折而東行適物；若是射於有房、室之堂，物設則上當楣，司射適物，則“由楹外”，即司射升堂後，至於階上，直東行，由楹南適於物處。司射適物所以如此者，鄭注以爲“序無室，可以深也”，故由楹内適物。其實不然。兩者適物所以有別，是因爲庠、序宮室廣狹等殺有別也。庠爲鄉學，序爲州學，州屬鄉，序之制必下於庠，序之廣狹必降於庠。兩者宮室廣狹不等，但是射之侯道之數卻是固定的。爲了使侯道合其定數，庠之物當楣，序之物則當稍退之，故言其當棟。

----

[1]《儀禮注疏》卷一二，第2159頁下。
[2]《儀禮注疏》卷一二，第2159頁下。

以此論之，蓋庠之宮室與序之宮室差一架之廣狹與？

綜上所述，我們認爲庠、序宮室在結構上是相同的，兩者皆有房、有室。所不同者，蓋序宮室略小於庠宮室。

（五）朝

1. 朝制如庭

除寢、廟外，天子、諸侯宮室還有朝，朝制如何？經、記、注、疏不言，後世學者更是鮮有人論及。考諸禮經，經文言及“朝”者有以下諸例：

> （1）《聘禮》：及期，夕幣。使者朝服，帥衆介夕。管人布幕于寢門外。官陳幣，皮北首，西上，加其奉于左皮上。馬則北面，奠幣于其前。使者北面，衆介立于其左，東上。卿、大夫在幕東，西面北上。宰入，告具于君。君朝服出門左，南鄉。史讀書，展幣。宰執書，告備具于君，授使者。使者受書，授上介。公揖，入。官載其幣，舍于朝。上介視載者、所受書以行。

此言夕陳幣，授幣於朝之儀。鄭注云：“寢門外，朝也。”賈疏云：“‘寢門外，朝也’者，謂路門外，即正朝之處也。”[1]正朝在寢門外，禮經言陳幣於“寢門外”即是指正朝。幣有皮，有束帛，有馬，皆北鄉；使者北面，衆介在其左，卿大夫在幕東，西面北上。此與《覲禮》所設庭實相似。又君出寢門，南鄉視幣，不言升階、登堂之事，或許朝無階、無堂屋。

> （2）《聘禮》：上介及衆介俟于使者之門外。使者載旜，帥以受命于朝。君朝服，南鄉。卿、大夫西面北上。君使卿進使者。使者入，及衆介隨入，北面東上。君揖使者，進之，上介立于其

───────────

[1] 《儀禮注疏》一九，第 2262 頁上。

左,接聞命。賈人西面坐啓櫝,取圭垂繅,不起而授宰。宰執圭屈繅,自公左授使者。使者受圭,同面,垂繅以受命。既述命,同面授上介。上介受圭屈繅,出,授賈人,衆介不從。受享束帛加璧,受夫人之聘璋,享玄纁束帛加琮,皆如初。

賓將行,與衆介受命於朝。卿大夫西面北上,如夕陳幣位。君仍朝服南鄉,亦與夕陳幣時同。使者入朝,君揖使者進者,無"三讓三揖"升階之儀;君與使者授受圭、璋亦不見在堂上,與行聘禮時授受於堂不同。朝中又不見有階、有堂。

　　(3)《聘禮》:使者歸,及郊,請反命。朝服,載旜,襛,乃入。乃入陳幣于朝,西上。上賓之公幣、私幣皆陳,上介公幣陳,他介皆否。束帛各加其庭實,皮左。公南鄉。卿進使者,使者執圭垂繅,北面;上介執璋屈繅,立于其左。反命,曰:"以君命聘于某君,某君受幣于某宮,某君再拜。以享某君,某君再拜。"宰自公左受玉。受上介璋,致命亦如之。執賄幣以告,曰:"某君使某子賄。"授宰。禮玉亦如之。執禮幣,以盡言賜禮。公曰:"然。而不善乎!"授上介幣,再拜稽首,公答再拜。私幣不告。君勞之,再拜稽首,君答再拜。若有獻,則曰:"某君之賜也。君其以賜乎?"上介徒以公賜告,如上賓之禮。君勞之。再拜稽首。君答拜。勞士介亦如之。君使宰賜使者幣,使者再拜稽首。賜介,介皆再拜稽首。乃退,介皆送至于使者之門,乃退揖。使者拜其辱。

使者反命,陳幣於朝。君仍南鄉,不見升階、登堂之儀;使者還玉,授受之時亦不見在堂上。

　　以上諸儀皆是在朝中進行,皆不見言及升階、入堂。無階、堂,則無房室。任啓運《宮室考》云："朝之制如庭。"①洪氏《答問》云："《聘禮》夕幣,'管人布幕于寢門外'。鄭注:'寢門外,朝也。'寢門外既可布幕,則平地無堂可知。治朝無堂,故王日出視朝,揖畢,即退入路寢聽政。《曾子問》'諸侯旅見天子,雨霑服失容則廢',是治朝、外朝皆平地無堂也。"②此言得之。由此可見,朝制蓋與庭相同。

2. 朝之廣狹

《聘禮》夕陳幣授幣、受命將行陳幣、賓反命陳幣諸儀,朝中公與賓、介、卿、大夫皆在,所陳之幣有束帛、皮、馬等。《聘禮》賓私覿於公廟,"奉束錦,總乘馬",授幣之儀在庭中;君使卿歸饔餼於賓所館之大夫廟,庭中亦有授幣之儀,其幣有束錦、乘馬;夫人使下大夫歸禮,庭中授幣,亦有束錦、乘馬。《覲禮》諸侯既見天子,即享於廟中,庭實有束帛、九馬。以此論之,朝之廣狹當不小于廟庭。

《周禮·考工記》云："市、朝一夫。"鄭注云："方各百步。"賈疏云："按《司市》,市有三期,總於一市之上爲之。若市總一夫之地,則爲大狹。蓋市曹、司次、介次所居之處,與天子三朝皆居一夫之地,各方百步也。"③以此言之,天子市、朝各方百步,一步六尺,百步爲六十丈。天子五門、三朝,路門內爲燕朝,應門至路門爲治朝,皋門至庫門爲外朝。三朝蓋各深爲六十丈。

諸侯三門、三朝,路門內爲燕朝,雉門至路門爲治朝,庫門至雉門爲外朝。其朝之廣狹蓋亦與庭相當。《大射》在諸侯路寢,庭中(即燕朝)設侯,"大侯九十,參七十,干五十"。大侯九十步,一步六尺,凡五十四丈。由此可知,燕朝之深當不少于五十四丈。治朝、外朝之

① 任啓運:《宮室考》,《景印文淵閣四庫全書》經部禮類第 109 册,臺灣商務印書館,2008 年,第 810 頁下。
② 洪頤煊:《禮經宮室答問》,第 169 頁。
③ 《周禮注疏》卷四一,阮元校刻《十三經注疏》(清嘉慶刊本),中華書局,2009年,第 927 頁下。

深亦當不少于五十四丈。

三、"兩下五架"與"四阿重屋"

《儀禮》中所涉及到的宮室有天子宮室、諸侯宮室、大夫宮室、士宮室、庠宮室、序宮室等。如果單從宮室的各部份結構上來看,各類宮室皆有門、有庭、有階、有堂、有房、有室。但是,如果從建築形式上來説的話,各類宮室又有所不同。例如:鄭注、賈疏及後世學者在提及此類宮室時往往將天子宮室與諸侯宮室並稱,將大夫宮室與士宮室並稱。並且,他們大多認爲大夫、士宮室是夏制"兩下五架"之屋,而天子、諸侯宮室是殷制"四阿重屋",庠、序宮室則與大夫、士宮室之制相同。各類宮室的建築形式究竟如何? 下文將分別言之。

（一）大夫、士"兩下"與天子、諸侯"四阿"

天子、諸侯、大夫、士宮室的具體建築形式,禮經不言。鄭注、賈疏考之禮經,多有闡發。《士冠禮》:"夙興,設洗,直于東榮,南北以堂深,水在洗東。"鄭注云:"周制,自卿大夫以下,其室爲夏屋"。賈疏云:

> 云"周制,自卿大夫以下,其室爲夏屋"者,言周制也。夏、殷卿大夫以下屋無文,故此經是周法,即以周制而言也。案此經是士禮而云"榮",《鄉飲酒》卿大夫禮,《鄉射》、《喪大記》大夫、士禮皆云"榮"。又案《匠人》云:"夏后氏世室,堂脩二七,廣四脩一,五室。"此謂宗廟,路寢同制,則路寢亦然。雖不云"兩下爲之",彼下文云"殷人重屋四阿",鄭云"四阿,四注屋"。重屋謂路寢,殷之路寢四阿,則夏之路寢不四阿矣,當兩下爲之,是以《檀弓》孔子云"見若覆夏屋者矣",鄭注云"夏屋,今之門廡"。漢時門廡也,兩下爲之,故舉漢法以況。夏屋兩下爲之,或名兩下屋爲夏屋。夏后氏之屋亦爲夏屋。鄭云"卿大夫以下,其室爲

夏屋兩下,而周之天子、諸侯皆四注",故《喪大記》云"升自屋東榮",鄭以爲卿大夫、士,其天子、諸侯當言東霤也。周天子路寢,制似明堂,五室十二堂,上圓下方,明四注也,諸侯亦然。故《燕禮》云"洗當東霤",鄭云"人君爲殿屋"。①

鄭氏云:"按周制,自卿大夫以下,其室爲夏屋。"賈疏認爲,夏屋者,夏后氏之屋,夏屋"兩下"爲之,故名"兩下"屋爲夏屋。按周制,周之士、大夫爲兩下屋,故又稱之爲夏屋。周之天子、諸侯則爲"四注"、"殿屋"。孫詒讓《周禮正義》云:"四注屋,謂屋四面有霤下注,即所謂殿屋也。"②

諸禮家所以以大夫、士宫室爲"兩下",天子、諸侯宫室爲"四注"者,蓋禮經於士、大夫宫室多言"榮",而於天子、諸侯宫室多言"霤"。

大夫、士宫室言"榮"者,例如:

《士冠禮》:"夙興,設洗,直于東榮,南北以堂深,水在洗東。"

《士喪禮》:"復者一人,以爵弁服,簪裳于衣,左何之,扱領于帶,升自前東榮,中屋北面招以衣,曰'皋某復'三,降衣于前。受用篋,升自阼階,以衣尸。復者降自後西榮。"

《士喪禮》:"設于序西南,當西榮,如設于堂。"

《士喪禮》:"設于序西南,直西榮。"

《既夕禮》:"薦車,直東榮,北輈。"

《少牢禮》:"設洗于阼階東南,當東榮。"

《特牲記》:"設洗,南北以堂深,東西當東榮。"

① 《儀禮注疏》卷一,第 2043 頁。
② 孫詒讓:《周禮正義》卷八三,《十三經清人注疏》,中華書局,1987 年,第 3445 頁。

天子、諸侯宮室言"霤"者,例如:

> 《燕禮》:"設洗、篚于阼階東南,當東霤。"
> 《燕禮》:"賓所執脯以賜鐘人于門内霤,遂出。"
> 《大射儀》:"賓所執脯,以賜鐘人于門内霤,遂出。"
> 《公食大夫禮》:"賓入門左,没霤,北面再拜稽首。"

《士冠禮》、《士喪禮》、《既夕禮》、《特牲禮》是士禮,以上所載諸儀皆是在士宮室中進行的;《少牢禮》是大夫禮,以上所載諸儀是在大夫宮室進行的。《燕禮》、《大射儀》、《公食大夫禮》是諸侯禮,以上所載諸儀皆是在諸侯宮室進行的。士禮、大夫禮設洗直東榮,喪禮反吉直西榮;諸侯設洗當東霤。言"東霤",則當有西霤。"直東榮"、"當東霤"皆在阼階東南,所處大略相同。《儀禮釋宮》云:

> 榮者,《説文》曰:"屋梠之兩頭起者爲榮。"又曰:"梠,齊謂之檐,楚謂之梠。"郭璞注《上林賦》曰:"南榮,屋南檐也。"義與《説文》同。然則檐之東西兩頭起者曰榮。謂之榮者,爲屋之榮飾;謂之屋翼者,言檐角之軒張如翬斯飛耳。[1]

"榮"者,檐頭之起者,或如翬之飛,故謂之"屋翼";或爲屋之榮飾,故謂之"榮"。"霤"者,《説文》曰"霤,屋水流也"[2],《釋名》云"霤,流也,水從屋上流下也"[3]。蓋"霤"者,流也,水從屋上流下之處也。大夫、士堂屋東西爲屋翼,諸侯堂屋東西爲屋霤,由此可見二者結構之

---

① 李如圭:《儀禮釋宮》,第 534 頁。
② 許慎撰,段玉裁注:《説文解字注》,上海古籍出版社,1981 年,第 573 頁下。
③ 劉熙:《釋名》卷五,清同治十二年粵東書局刻小學彙函本。

不同也。

大夫、士堂屋東西有榮，南北則有霤。知有南霤者，《鄉射記》云：
"磬，階間縮霤，北面鼓之。"鄉射雖在序宮室，然序與大夫、士宮室皆
是兩下之屋。此言"霤"則是階前之流水處也，即北霤。大夫、士堂屋
亦當有南霤。知有北霤者，《燕禮》云"賓所執脯以賜鐘人于門内霤，
遂出"；《大射儀》云"賓所執脯以賜鐘人于門内霤，遂出"；《公食大夫
禮》云"賓入門左，没霤，北面再拜稽首"。此皆言諸侯門屋之"霤"。
諸侯門屋爲兩下之屋，與大夫、士堂屋之制同。此"霤"即是諸侯門屋
之北霤也。經文雖不直言大夫、士堂屋有南霤、北霤，但是由此亦可
窺見也。諸侯堂屋有東霤、西霤，南北亦當有霤。

綜上可知，大夫、士堂屋東西有榮，南北有霤，鄭、賈謂之夏屋"兩
下"者，蓋據士、大夫堂屋僅有南北二霤而言也。言"下"者，水從屋
上流下也。謂之"兩下"者，士、大夫之堂屋水從屋上流下之處有二，
故以此言之也。天子、諸侯宮室，鄭、賈謂之"四阿"者，鄭注云"四
阿，四注屋"。天子、諸侯堂屋東西南北四霤，皆有水流下，形成水流
四注，故謂之"四注屋"。"注"又謂之"阿"者，蓋形容天子、諸侯宮室
高大，四霤高高在上之狀。

又天子、諸侯、大夫、士門屋皆兩下爲之。門屋之制，仿于堂
屋。《周禮·匠人》云："門堂三之二，室三之一。"大夫、士爲兩下
之屋，門屋之制亦當兩下爲之，其言"門堂三之二，室三之一"者，蓋
廣狹高下有別也。天子、諸侯門屋之制，禮經不言。李氏《儀禮釋
宮》云："門之屋雖人君，亦兩下爲之。"[1]宮室之制，堂屋尊於門屋，
其於廣狹高下之處皆當有所等殺。《周禮·匠人》云："王宮門阿之
制五雉。"孔疏云："云'王宮門阿之制五雉'者，五雉，謂高五丈。

---

① 李如圭：《儀禮釋宮》，第 534 頁上。

云'阿,棟也'者,謂門之屋兩下爲之,其脊高五丈。"①又,禮經之中於天子、諸侯之門屋,不見言及有東霤、西霤。李氏言人君門屋兩下爲之,蓋可信矣。

庠、序宮室皆爲兩下之制。所以知者,經文於庠、序堂屋亦言及有東榮、西榮,例如:

>《鄉飲酒禮》:"設洗于阼階東南,南北以堂深,東西當東榮。"
>《鄉射禮》:"設洗于阼階東南,南北以堂深,東西當東榮。"

言"東榮",則當有"西榮"。東西言"榮"不言"霤",與士、大夫宮室相同,由此可知。又《鄉射記》云:"磬,階間縮霤,北面鼓之。"此言"霤"者,是指北霤,有北霤則當有南霤。庠、序宮室東西爲榮,南北爲霤,亦是兩下之制。

從建築學上來説,"兩下"之屋,即是單層的兩坡式屋蓋;"四阿重屋",即是重層的四坡屋蓋。孫詒讓曰:"重屋,謂屋有二重。下爲四阿者,方屋也。其上重者,則圓屋也。圓屋以覆中央之五室,而蓋以茅;方屋以覆外出四堂,而蓋以瓦。"②是重屋上圓下方,今所見者亦有上下皆方,且上下皆以瓦者。簡言之,四阿重屋即是重層的四坡式殿屋式建築。

劉敦楨《中國古代建築史》云:"《周禮》載'商人四阿重屋',表明至少在商代建築中,已經使用了重層的四坡屋蓋。在對我國原始社會建築遺址的研究中,似乎陝西西安市半坡村仰韶時期聚落中之半穴住所,已有迹象采用了'棚'式的四坡屋蓋。單層的四坡頂,在後來

---

① 《周禮注疏》卷四一,第 2008 頁上。
② 孫詒讓:《周禮正義》卷八三,3444 頁。

的宮室建築中使用很爲普遍。但重檐的屋蓋，則要受到一定的限制，或者説必須具備一定的條件，才有可能付諸實現。首先，此建築必須是大型的，即應有相當大的面闊、進深與相應的高度，否則將‘頭重脚輕’，不成比例。其次，大建築必須有長大的材料，多量的運輸與施工的勞力，這就需要較雄厚的經濟與衆多的人力作爲後盾。第三，此類建築的結構與構造難度都較一般建築爲大，因此需要較高的技術和較長的時間。在社會生産力十分低下的時代，能滿足上述要求的非統治階級莫屬。因此，是否可以這樣假定：前文中的‘殷人’，恐系指商代社會的上層統治者。‘四阿重屋’乃是他們政治、經濟地位在建築中的表現。而這種屋蓋的式樣，直至後世封建社會晚期，還被列爲官式建築中最高的等級與最隆重之形式，恐怕不是出於偶然，而是有其深遠淵源的。關於商王宮室崇尚奢華的記載，《史記·殷本紀》中亦有‘商紂作傾宮’之語。雖然與前面評論夏桀的史文都是寥寥數字，但‘室’與‘宮’是有區別的，似乎意味著後者的尺度規模和華麗程度都較前者有所增長。從社會和建築的發展來看，也是合乎常理的。”①

（二）“五架”之屋

天子、諸侯、大夫、士宮室與庠、序宮室的内部結構如何，禮經不言，鄭注、賈疏則多有言之。《鄉射記》：“序則物當棟，堂則物當楣。”鄭注云：“是制五架之屋也，正中曰棟，次曰楣，前曰庪。”賈疏云：“云‘是制五架之屋也’者，庠、序皆然。”②按鄭、賈之義，庠、序宮室皆是“五架”結構。《士冠禮》云：“主人以賓升，西面。賓升西階，當阿，東面致命。”賈疏云：“凡士之廟，五架爲之，棟北一楣，下有室户；中脊爲

① 劉敘傑主編：《中國古代建築史》（第一卷），中國建築工業出版社，2009 年，第148 頁。
② 《儀禮注疏》卷一三，第 2183 頁下。

棟,棟南一架爲前楣;楣前接檐爲庪。"①此是據士宫室而言,按鄭、賈之義,士宫室也是五架。

《少牢饋食禮》云:"主人獻祝,設席南面。祝拜于席上,坐受。"鄭注云:"室中迫狹。"賈疏云:"言'迫狹'者,大夫、士廟室皆兩下五架,正中曰棟,棟南兩架,北亦兩架。棟南一架名曰楣,前承檐以前名曰庪,棟北一架爲室,南壁而開户,即是一架之開廣爲室,故云'迫狹'也。"②此是據大夫宫室而言,按鄭、賈之義,大夫宫室也是五架。

《聘禮》云:"公側襲,受玉于中堂與東楹之間。"鄭注:"中堂,南北之中也。"賈疏云:"凡廟之室堂皆五架,棟南北皆有兩架。棟北一架,下有壁,開户。棟南一架謂之楣,則楣北有二架,楣南有一架。"③此是據諸侯宫室而言。言"凡"者,則五架之屋通乎上下,則由士至天子宫室皆是五架。

五架者,堂屋上頂之結構也。正中曰棟,棟南兩架:曰前楣、前庪,棟北兩架:曰後楣、後庪。按鄭、賈之義,天子、諸侯、大夫、士之堂屋與庠、序堂屋皆是五架。諸類宫室雖是五架,但其廣狹則當有别。《欽定儀禮義疏》又對"五架"之説作了進一步説明,其云:

　　案:五架者,舉其檁數之也。若以其地,則四架而已。自檐至楣爲一架,自楣至棟爲一架,自棟至後楣爲一架,自後楣至北墉爲一架。此則以兩檁之間數之,蓋南北分爲四段,以爲行禮之節焉,此通乎上下者也。其實,屋深架寬檁數必不止於此。無論天子、諸侯制度宏闊,即以士屋計之,空中一架。

　　昏禮婦饋,奥設舅姑之席,而於北墉下設婦席焉。特牲禮奥

---

①《儀禮注疏》卷四,第 2075 頁上。
②《儀禮注疏》四八,第 2607 頁下。
③《儀禮注疏》,第 1054 頁下。

設尸席,而於北墉下設祝席焉。喪禮則尸牀、含牀之東北有置襚
衣之牀焉。度周尺,非二丈許不足以容也。瓦屋峻四分之一,則
一椽之長,當二丈五尺有奇。恐中撓而不足以勝瓦已。是則庪
與楣、楣與棟之間必益之以檁,而皆爲小梁以承之。然後椽稍
短、檁稍密,而不虞其折厭也。

今士庶家聽事,前楣與後楣相距爲四架,而古人只以兩架目
之,是可證已。至大夫以上,至天子、諸侯,殿屋之制,其進愈深,
則爲檁愈密。蓋以數架合作一架,但多一檁則增一重梁爾。

然則古人總謂之五架之屋者,何也?凡屋之制,中虚而旁
實,中虚則唯有兩楹焉,以便於行禮。若東西兩序與東西兩榮,
則皆壁也。其壁之間上承棟、楣與庪之處皆有柱焉。意壁間之
柱,則以五爲率,檁有增而柱無增,故雖天子、諸侯之屋,亦祇稱
五架與?兩架之間雖多檁,而皆可以小梁承之,使行禮者視柱以
爲節,則尤便也。天子、諸侯之寢廟,上或以板爲承塵,則棟、楣
皆不可得而見。可見者,唯兩旁之柱而已。

又案:阿未必是棟。《士昏禮》主人拜于阼階上,賓升西面,
不應遽至棟下;《聘禮》:“受玉于中堂與東楹之間。”注曰:“入堂
深,尊賓事。”賈氏曰:“前楣與棟之間爲南北堂之中。”夫以楣、
棟之間爲入堂深,則昏賓之致命未必更深於此也。《考工記·匠
人職》曰:“四阿重屋。”注曰:“四阿,四注屋。”則阿宜近於檐霤
矣,豈阿即庪之別名,抑指庪與楣之間與?《春秋傳·成二年》
“橑有四阿”,亦可見非當脊之棟也。[1]

《欽》對鄭、賈的“五架”之説又做了進一步的補充説明:
1.五架有五檁,兩檁間爲一段,共可分爲四段。五架者,五檁也,

[1]《欽定儀禮義疏》卷首下,第41—42頁上。

正中曰棟,其南有南楣、南庪,其北有北楣、北庪。自南而北,前庪與前楣間爲一段,前楣與棟間爲一段,棟與後楣間爲一段,後楣與後庪間爲一段,凡四段。

2. 天子、諸侯、大夫、士宫室皆爲五架,然諸宫室廣狹進深不同,雖曰五架,其各架之間必有他檁。士、大夫至諸侯、天子,其進愈深,則爲檁愈密。

3. 五架下有五柱支撑,并以之爲行禮之節,其他檁下無柱。堂屋五架,自南而北爲前庪、前楣、棟、後楣、後庪,其下壁間(東西序牆中)皆有柱支撑,經文故以之爲行禮之節。五架間,其他諸檁則無柱,蓋以小梁承之。因此,無論士大夫堂屋,還是諸侯、天子堂屋皆是五架,五架之下有柱,經文取之以爲行禮之節。

4. 阿未必是棟,阿蓋近檐霤。《欽》以鄭注言"四阿,四注屋",以爲"阿"必近於檐霤,或在楣與庪之間;又以《春秋》中有言"㭼有四阿",故認爲"阿"非當脊之棟。

《欽》所言"五架"之説,可謂中的之言,多有令人發省之處。然其所論"阿未必是棟"之説,後世學者又有不同見解。"阿"、"棟"之義究竟如何?胡氏承珙云:

　　《考工記》:"門阿之制五雉"。注:"阿,棟也。"《鄉射記》云:"制五架之屋,正中曰棟,次曰楣,前曰庪。"鄭以"棟"訓"阿"者,非謂"棟"有"阿"名,謂屋之中脊其當棟處名阿耳。"阿"之訓義爲"曲"。《説文》:"阿,一曰曲阜也。"其在宫室,則凡屋之中脊其上穹然而起,其下必卷然而曲,其曲處則謂之阿。棟隨中脊之勢,亦有卷然穹然之形,故《易》於棟言隆,《禮》即以棟爲阿。《考工記》:"殷人四阿重屋。"注:"四阿,若今四柱屋。"又"王宫門阿之制五雉。"疏云:"謂門之屋兩下爲之,其脊高五丈。"夫屋有四柱、兩下必皆於中脊分之,則阿爲中脊卷曲之處明矣。中脊者,棟之所承,故鄭以"當阿"爲"當棟"也。①

胡承珙以爲鄭注訓"阿"爲"棟"者,非謂"棟"有"阿"名,而是屋中之中脊曲處正當棟,故訓"阿"爲"棟"。所以知如此者,《説文》有訓"阿"爲"曲"之義,五架之屋,"則凡屋之中脊其上穹然而起,其下必卷然而曲,其曲處則謂之阿"。中脊者,棟之所承,故鄭以"當阿"爲"當棟"也。胡氏之説,頗有啓發之處。

宮室五架,然見於經者僅"棟"與"楣",不見言及"庪"。五架者,五檁也。賈疏云"楣前接檐爲庪",那麼庪是檐下所承之檁。但是,禮經又不言及"檐"。《儀禮》記録的是古代的典禮儀式,古人在選取行禮之節時,多取易識、方便之處。"庪"、"檐"在上,不易辨識,然其下所當者爲阼階上、西階上及堂廉。此三處與"庪"、"檐"相較更加容易辨識,故禮經多取之以爲節。

綜上可知,五架者,五檁也。蓋古之宮室,始僅五架,正中曰棟,棟南有南楣、南庪,棟北有北楣、北庪。五架之下皆有柱以承之。承架之柱隱于兩序壁間之中。後世宮室漸闊,五架之制不足以承之,故五檁之間又加以他檁,宮室愈闊,則所加愈多。然檁有加,而承檁之柱無增。五架之檁仍由兩序壁間五柱承之,新增之檁則以小梁以承之。禮經士、大夫、諸侯、天子宮室皆云五架者,是指有柱所承之五檁也。然由士至天子,宮室廣狹等殺不同,五架之間所增之檁數亦不相同。禮經在記録諸禮儀節之時,皆取易識、方便之處以爲之節,故仍取五架以記之。

鄭注、賈疏始言五架之制,然於"五架"之説闡之未詳,後世學者雖多從其説,但仍不能明其究竟。至於清代,禮學大興,樸學大師善於考索求證,於禮經宮室之制多有發明,五架之義漸明。

———————————

① 胡培翬:《儀禮正義》卷三,第116頁。

四、結語

《儀禮》宮室研究是"《儀禮》學"研究的重要内容之一。後世學者在對《儀禮》宮室的研究中多是從具體的宮室結構部份入手，而對於禮經中所體現出的整個宮室結構情形卻闕之極少。通過上文的考察，我們基本上勾畫出了《儀禮》中整個宮室結構的全貌。在這裡，我們需要注意的是，《儀禮》宮室是禮經中所反映出的宮室結構系統，它既不等同於其他文獻中所載的宮室結構，也不等同於考古所見宮室遺址所體現出來的宮室結構，具有一定的獨立性與特殊性。

第二節　《儀禮》廟制考

宗廟是古人最爲重要的祭祀場所，天子、諸侯、大夫、士宮室之中皆有宗廟。宗廟之制，涉及到廟數、廟名、佈局、方位、位置等諸多問題，十分複雜。《周禮·春官》云："小宗伯之職，掌建國之神位，右社稷，左宗廟。"[1]《儀禮釋宮》云："宮室之名制不盡見於經，其可考者，宮必南向，廟在寢東。"[2]禮經所涉天子、諸侯、大夫、士之宮室皆有廟有寢，廟在寢東。關於天子、諸侯、大夫諸廟之廟數，《禮記·王制》、《禮器》、《祭義》皆言天子七廟、諸侯五廟、大夫三廟；士之廟數，《王制》、《禮器》直言士有一廟，《祭義》則以爲"適士二廟"、"官師一廟"。至於諸廟之名，後世學者又有衆多分歧。大夫三廟、諸侯五廟、天子七廟，諸廟佈局如何，究竟是一種"縱列式"結構，還是一種"平列式"結構？它與考古中所見的宗廟佈局又有何不同？士有一寢一

---

[1]《周禮注疏》卷一九，阮元校刻《十三經注疏》（清嘉慶刊本），中華書局，2009年，第1653頁上。

[2] 李如圭：《儀禮釋宮》，第523頁上。

廟、寢、廟制同，皆有門、庭、堂屋，左右相當，其南端寢門與廟門相齊，其北端與兩堂屋相齊。然大夫三廟、一寢、二門，諸侯五廟、三朝、一寢、三門，天子七廟、三朝、一寢、五門①，諸廟與各門及寢、朝之間的位置關係又是如何？由於經、記、注、疏無文，現存典籍又言之不詳，考古所見宮室遺址又僅見及一隅。後世學者雖有言及，然論述並不明晰。本文擬就從經學角度對以上幾個問題展開討論，以求正於博雅君子。

一、天子、諸侯、大夫、士廟數

天子、諸侯、大夫、士之廟數，禮經無明文，其見諸其他文獻者，約有《禮記》中之數端。

> 《王制》："天子七廟，三昭、三穆，與大祖之廟而七。諸侯五廟，二昭、二穆，與大祖之廟而五。大夫三廟，一昭、一穆，與大祖之廟而三。士一廟。"②
>
> 《禮器》："天子七廟，諸侯五，大夫三，士一。"③
>
> 《祭法》："故王立七廟、一壇、一墠，曰考廟，曰王考廟，曰皇考廟，曰顯考廟，曰祖考廟，皆月祭之。遠廟爲祧，有二祧，享嘗乃止。去祧爲壇，去壇爲墠。壇、墠有禱焉祭之，無禱乃止。去墠曰鬼。諸侯立五廟、一壇、一墠，曰考廟，曰王考廟，曰皇考廟，皆月祭之。顯考廟、祖考廟享嘗乃止。去祖爲壇，去壇爲墠。壇、墠有禱焉祭之，無禱乃止。去墠爲鬼。大夫立三廟、二壇，曰考廟，曰王考廟，曰皇考廟，享嘗乃止。顯考、祖考無廟有禱焉，

---

① "一寢"指天子、諸侯之路寢，下同。

② 《禮記正義》卷一二，阮元校刻《十三經注疏》（清嘉慶刊本），中華書局，2009年，第2890頁上。

③ 《禮記正義》卷二三，第3100頁下。

爲壇祭之。去壇爲鬼。適士二廟、一壇,曰考廟,曰王考廟,享嘗乃止。顯考無廟,有禱焉,爲壇祭之,去壇爲鬼。官師①一廟,曰考廟。王考無廟而祭之,去王考爲鬼。"②

又《穀梁傳》僖公十五年:"天子至於士皆有廟,天子七廟,諸侯五,大夫三,士二。"③以上論及天子、諸侯、大夫、士之廟數,皆言天子七廟,諸侯五廟,大夫三廟,士二廟或一廟。④

天子七廟者,《禮器》不言七廟之名。鄭注《王制》云:"此周制。七者,太祖及文王、武王之祧與親廟四。太祖后稷。"孔穎達正義云:"周所以七者,以文王、武王受命,其廟不毀,以爲二祧,並始祖后稷,

---

① 鄭注云:"謂諸侯之中士、下士,名曰官師者。"《禮記正義》卷四六,第 3447 頁下。
② 《禮記正義》卷四六,第 3447 頁下。
③ 《春秋穀梁傳注疏》卷八,阮元校刻《十三經注疏》(清嘉慶刊本),中華書局,2009 年,第 5203 頁下。
④ 西周春秋時期的宗廟制度,傳世文獻多以此爲説。但從史學角度而言則多有異説,例如:陳蔣芳教授通過分析《左傳》中天子、諸侯的宗廟情況,進而認爲"春秋時期,天子和諸侯的廟數没有限定,每位先祖都有廟,既没有七廟、五廟的規定,也不存在有規律的毀廟制度";"春秋天子和諸侯是一祖一廟,大夫則諸廟共一廟,既無天子、諸侯、大夫、士的七廟、五廟、三廟、一廟之類的等差,也不存在有規律的毀廟制度,這與《禮記》、《公羊傳》、《穀梁傳》所載廟制完全不符";"春秋實行的是無毀廟的二級廟制,天子、諸侯是一祖一廟,大夫則祖先共一廟。至於士,則與庶人一樣,没有獨立的宗廟。"(陳蔣芳:《周代廟制異議》,《史學集刊》2010 年 9 月第 5 期。)王暉教授認爲"西周春秋時天子、諸侯、大夫是以近親父祖曾三廟制爲基礎的七廟制和五廟制,大夫一般則爲三廟制;諸侯是近親三廟制或加上始封君烈祖和太宗(或稱世宗)二廟爲五廟,或加上始封君烈祖以及始封君所自出之姬姓周王爲五廟。"(王暉:《西周春秋諸侯宗廟制度研究》,《中國高校社會科學》2019 年第 6 期。)胡進駐教授根據《左傳》中所載周天子及諸侯國宗廟的情形進而認爲:"春秋魯國、晉國及周王室可能均没有毀廟制度";"春秋時期的魯國公室應該還没有毀廟制度,自然也没有建立在毀廟基礎之上的諸侯五廟制,而應是永久保存所有直系先祖的(轉下頁注)

及高祖以下親廟四,故爲七也。"①《祭法》云"遠廟爲祧",祧廟即遷廟。鄭注云"言祧者,祧尊而廟親";"天子遷廟之主,以昭穆合藏於二祧之中。"孔穎達正義云:"王立七廟者,親四,始祖一,文、武不遷,合爲七廟也。"②按鄭義,《王制》、《祭法》所云天子七廟相同,即禰廟、祖廟、曾祖廟、高祖廟、太祖廟與文王祧廟、武王祧廟。

　　《儀禮》凡十七篇,主要以士禮爲主,天子之禮僅有《覲禮》一篇。《覲禮》爲諸侯朝見天子之禮,其中言及天子宗廟。《覲禮》:"諸侯前朝,皆受舍于朝。"鄭注云:"受舍於朝,受次於文王廟門之外。"③鄭氏認爲諸侯受次當在文王廟門外。周天子有二祧廟,一爲文王廟,一爲武王廟。所以受次於祧廟者,賈疏云:"知在文王廟門外者,案《聘禮》云'不腆先君之祧,既拚以俟',則諸侯待朝聘之賓皆在大祖之廟。以其諸侯者無二祧,遷主所藏皆在始祖之廟,故以始祖爲祧。案天子待覲、遇亦當在祧,《祭法》云'天子七廟有二祧'。"④賈氏認爲,諸侯、天子接待朝聘的賓客皆當在祧廟,然諸侯僅有五廟而無祧廟,故接待朝聘之賓只能在遷主所藏的始祖之廟。天子有祧廟,故在祧廟中接待前來朝聘的賓客。

　　諸侯朝見天子,受次於文王廟,何以不於武王廟、太祖廟中受次呢? 賈疏云:"又案《周禮·守祧職》云:'掌守先王先公之廟祧。'鄭注:'遷主所藏曰祧。'穆之遷主藏於文王廟,昭之遷主藏於武王廟。

(接上頁注)廟室";"東周晋國諸先祖之廟似乎亦爲長期不毁,永久保存";"很顯然,春秋周王室可能是不毁廟的";"《春秋穀梁傳》所言應該是將戰國秦漢時期重新確立的毁廟制度附會於春秋"。(胡進駐:《試論周代宗廟制度及其變遷》,《華夏考古》2020 年第 1 期。)本文從經學角度展開討論。

① 《禮記正義》卷一二,第 2890 頁上。
② 《禮記正義》卷二三,第 3100 頁下。
③ 《儀禮注疏》卷二六下,第 2355 頁下。
④ 《儀禮注疏》卷二六下,第 2355 頁下。

今不在武王廟而在文王廟者，父尊而子卑，故知在文王廟也。若然，先公木主藏於后稷廟，受覲、遇不在后稷廟者，后稷生非王，故不宜在焉。”①下經言諸侯覲見天子亦是在文王廟中。其他諸廟，禮經則未言及。左昭右穆，有文王廟，則當有武王廟無疑。由此可知，天子七廟爲禰廟、祖廟、曾祖廟、高祖廟、武王祧廟、文王祧廟、太祖廟。

　　《王制》、《禮器》、《祭法》皆言諸侯五廟。《王制》云“諸侯五廟，二昭、二穆，與大祖之廟而五”，《祭法》所云五廟爲考廟、王考廟、皇考廟、顯考廟、祖考廟。諸侯無祧廟。《王制》所云五廟與《祭法》同。禮經中記諸侯禮者有《燕禮》、《大射》、《聘禮》、《公食大夫禮》。《燕禮》與《大射》記載的是諸侯與群臣燕飲、射箭的禮儀，地點是在諸侯路寢與射宮，非在廟中。《聘禮》是諸侯派使者去往其他諸侯國聘問的禮儀，諸侯接待使者則是在諸侯廟中。諸侯迎使者入門，《聘禮》云“及廟門，公揖入，立于中庭”。此經文直言“廟”，諸侯有五廟，此所指爲何呢？前經使者至於朝，主人曰：“不腆先君之祧，既拚以俟矣。”鄭注云：“賓至外門，下大夫入告，出釋此辭。主人者，公也。不言公而言主人，主人，接賓之辭，明至欲受之，不敢稽賓也。腆，猶善也。遷主所在曰祧。周禮，天子七廟，文、武爲祧。諸侯五廟，則祧始祖也，是亦廟也。言祧者，祧尊而廟親，待賓客者上尊者。”②按鄭義，天子七廟，有二祧廟；諸侯五廟，無祧廟。祧廟者，遷主所藏。天子遷廟藏於祧廟，諸侯無祧廟，故遷主藏於太祖廟中。今經文言“先君之祧”，故鄭以太祖廟解之。諸侯無祧廟，其五廟爲禰廟、祖廟、曾祖廟、高祖廟、太祖廟。

　　《王制》、《禮器》、《祭法》皆言大夫三廟，《禮器》亦不言三廟之名。《王制》云“大夫三廟，一昭、一穆，與大祖之廟而三”，《祭法》所云三廟爲考廟、王考廟、皇考廟，即禰廟、祖廟、曾祖廟。大夫位卑，無

顯考廟、祖考廟與祧廟。然細細考之，二説似有不同之處。《王制》以
大夫三廟爲一昭、一穆與太祖廟。《周禮·春官·小宗伯》：“小宗伯
之職，掌建國之神位，右社稷，左宗廟。辨廟祧之昭穆。”鄭玄注：“自
始祖之後，父曰昭，子曰穆。”大祖，鄭注云“大祖，別子始爵者”。① 由
此可知，《王制》所言大夫三廟爲禰廟、祖廟、太祖廟，與《祭法》所云
大夫三廟不同。那麼，禮經所言三廟是禰廟、祖廟、曾祖廟，還是禰
廟、祖廟、太祖廟呢？

　　從經文來看，《儀禮》中之大夫禮有《少牢饋食禮》、《有司》兩篇。
窺之二禮，經文皆曰“廟”。其具體所言是何廟，禮經並無明言。《少
牢饋食禮》筮日之儀，禮經言：“主人曰：孝孫某，來日丁亥，用薦歲事
于皇祖伯某，以某妃配某氏，尚饗”；“（史）遂述命曰：假爾大筮有常，
孝孫某，來日丁亥，用薦歲事于皇祖伯某，以某妃配某氏，尚饗”。明
日筮尸之儀，又言：“（主人）命曰：孝孫某，來日丁亥，用薦歲事于皇
祖伯某，以某妃配某氏，以某之某爲尸，尚饗”；筮訖，“祝告曰：孝孫
某，來日丁亥，用薦歲事于皇祖伯某，以某妃配某氏，敢宿”。行饋食
禮時，“祝祝曰：孝孫某，敢用柔毛、剛鬣、嘉薦、普淖，用薦歲事于皇祖
伯某，以某妃配某氏，尚饗”。在以上命辭、祝辭中，禮經皆曰“皇
祖”。《聘禮記》云：“祝曰：孝孫某，孝子某，薦嘉禮于皇祖某甫、皇考
某子。”賈疏云：“經並云孝孫、孝子、皇祖、皇考，以其不定，故兩言。
謂上經若昭、若穆亦兩言之。”②由此可知，皇祖、皇考爲昭穆，皇考爲
父，皇祖爲祖父。《少牢禮》祭祀言“皇祖”，並立一尸祭之，可見是禮
是在祖廟中。《有司》是《少牢饋食禮》下篇，其在祖廟中亦可知也。

　　《聘禮》雖記諸侯聘問之禮，然是禮以卿大夫爲使，故其中也有一
些大夫之禮，或許我們能從中得知一二。例如：出使前“將行告禰”之

——————————

① 《周禮注疏》卷一九，第 1653 頁。
② 《儀禮注疏》卷二四，第 2323 頁下。

儀,禮經言"厥明,賓朝服,釋幣于禰"。下經又言"上介釋幣亦如之",上介爲下大夫,"如之"承上經使者"釋幣"之儀,那麼上介釋幣亦於禰中。使者聘訖歸國,反命訖,歸家至於廟,"奠告"之儀,經文言"釋幣于門,乃至于禰,筵几于室","上介至亦如之"。此儀與"將行告禰"相似,皆是在禰廟。由此可見,上大夫、下大夫皆有禰廟。又《聘禮》中,使者聘、享訖,又有"賓問卿"之儀,禮經言"賓朝服問卿,卿受于祖廟"。由此可見,大夫亦有祖廟。

　　大夫三廟,禮經可考者有禰廟、祖廟。那麼,大夫第三廟是曾祖廟還是太祖廟呢? 後世學者或據《王制》以大夫三廟爲禰廟、祖廟、太祖廟,如朱子、楊復、盛世佐等;或據《祭法》以大夫廟爲禰廟、祖廟、曾祖廟,如敖繼公等。然大夫三廟究竟如何? 這仍需細細考之。

　　《王制》云:"大夫三廟,一昭、一穆,與大祖之廟而三。"鄭注云:"太祖,別子始爵者。《大傳》:'別子爲祖。'謂此雖非別子,始爵者亦然。"孔疏云:

　　　　別子爲祖者,此據諸侯之子始爲卿大夫謂之別子者也。是嫡夫人之次子,或衆妾之子,別異於正君繼父言之,故云別子。引《大傳》者,證此大祖是別子也。云"雖非別子,始爵者亦然"者,此事凡有數條:一是別子初雖身爲大夫,中間廢退,至其遠世子孫始得爵命者,則以爲大祖別子,不得爲大祖也;二是別子及子孫不得爵命者,後世始得爵命,自得爲大祖;三是全非諸侯子孫,異姓爲大夫者及他國之臣初來任爲大夫者,亦得爲大祖,故云"雖非別子,始爵者亦然"。此總包上三事。

　　　　如《鄭志》答趙商:"此《王制》所論皆殷制,故云雖非別子,亦得立大祖之廟。若其周制,別子始爵,其後得立別子爲大祖;若非別子之後,雖爲大夫,但立父、祖、曾祖三廟而已,隨時而遷,不得立始爵者爲大祖。"故鄭答趙商問:"《祭法》云:'大夫立三廟,曰考廟,曰王考廟,曰皇考廟。'注:'非別子,故知祖考無廟。'商案《王制》:'大夫三廟,一昭一穆,與大祖之廟而三。'注云:'大祖,別子始爵者。雖非別子,始爵者亦然。'二者不知所定。"

　　孔疏云:云"大夫祖考,謂別子也"者,以上云大夫有祖考,故鄭明之。云"大夫祖考,謂別子也",謂於周之世,別子爲卿大夫,後世子孫立其廟不毀,謂之祖考。雖於周之世,非別子爲大夫,但立父、祖及曾祖三廟無祖考廟者,則經中"三廟"是也。若夏、殷之世,雖非別子,但始爵者及異姓爲卿大夫者,其後世子孫皆立之爲祖考,此義已具於《王制》。①

按孔疏之義,《王制》、《祭法》所云大夫三廟之不同者,《王制》是殷制,《祭法》是周制。按《王制》所記殷制,大夫可立太祖之廟情形有二:一是,別子始爵者得立太祖廟。諸侯適婦人所生之次子、衆妾所生之子被稱爲別子。別子若被始封爲大夫,其後得立其爲太祖。二是,非別子,若被始封爲大夫,其後亦可立其爲太祖。這類情形又可以分爲三種:第一、別子初雖身爲大夫,中間廢退,至其遠世子孫始得爵命者,則以爲大祖別子,不得爲大祖也;第二、別子及子孫不得爵命者,後世始得爵命,自得爲大祖;第三、全非諸侯子孫,異姓爲大夫者,及他國之臣初來任爲大夫者,亦得爲大祖。按《祭法》所記周制,別子始爵,其後得立其爲太祖,此與《王制》同;若非別子爲大夫,但立父、祖、曾祖之廟而已,隨世而遷,不得立始爵者爲太祖,此與《王制》不同。

　　賈疏參之二説,其云"大夫三廟,有別子者立太祖廟,非別子者並立曾祖廟"。清胡培翚全録孔説,清曹元弼亦從孔疏之説,其言"周禮,大夫惟別子始爵者,後世得立祖考廟。非別子,則有皇考廟,無祖

---

① 《禮記正義》卷一二,第 2890—2891 頁。

考廟。殷則無論别子與否，但始爵者，即得立其廟爲祖考廟。"①由此可知，大夫三廟，别子始爵者得立禰廟、祖廟、太祖廟；非别子始爵者則不得立太祖廟，故三廟爲禰廟、祖廟、曾祖廟。

《王制》、《禮器》皆以爲士有一廟。然按《祭法》之義，士又可分爲適士、官師兩種，其中適士二廟，官師一廟。以此論之，《王制》、《禮器》所言之"士"，即是官師。"適士"者，鄭注云"適士，上士也"。"官師"者，鄭注云"官師，中士、下士也"。按其義，適士二廟當爲禰廟與祖廟，官師一廟爲禰廟。

士廟見諸經文者，或言"廟"，或言"祖廟"，或言"祖（即祖廟）"。其中言"祖廟"或"祖"者，僅見於《既夕禮》中，其云："夙興，設盥于祖廟門外。"其他各處則均直言"廟"。士廟見諸《記》文者，或言"禰"，例如《士昏記》云："士昏禮，凡行事必用昏昕，受諸禰廟，辭無不腆，無辱。"《既夕記》云："其二廟，則饌于禰廟，如小斂奠，乃啓。朝于禰廟，重止于門外之西，東面。"或言"祖廟"，例如《士昏記》云："祖廟未毁，教于公宫，三月。若祖廟已毁，則教于宗室。"或直言"廟"，例如《特牲記》云："牲爨在廟門外東南"，"賓從尸，俎出廟門，乃反位。"或言"祖"，例如《既夕記》云："祝及執事舉奠，巾席從而降，柩從、序從如初適祖"，"祖，還車不易位"，"祝饌祖奠于主人之南，當前輅，北上，巾之。"

經文言"廟"、"祖廟"，不見"禰廟"，然從《祭法》中來看，天子、諸侯、大夫、適士、官師之廟數雖等殺有别，但皆有禰廟，此乃親親之義。禮經中，僅言及"廟"與"祖廟"，不見"禰廟"，蓋其未之言也，抑或經文所直言之"廟"即是"禰廟"。禮經中諸士既然有祖、禰二廟，那麽此士或是《祭法》所云之"適士"耳。是否如此，仍需細細考之。

《既夕禮》："夙興，設盥于祖廟門外。"鄭注云："祖，王父也。下

---

① 曹元弼：《禮經學》，北京大學出版社，2012年，第385—387頁。

士,祖禰共廟。"①鄭氏並不認爲禮經之士爲"適士",他認爲禮經中的士爲下士,凡士皆有一廟,其所以言有祖、禰二廟者,應當是祖、禰共廟。禮經中所以不言禰廟,只言祖廟者,賈疏又進一步説"言祖,據尊者而言"②。後世學者,如李如圭、敖繼公、盛世佐等多從其説。清代胡培翬《儀禮正義》更言:

> 云"下士祖禰共廟"者,《祭法》曰"適士二廟,官師一廟",鄭注"適士,上士。官師,中士、下士"。是中士亦一廟,而此注專言下士者,舉下士以包中士也。下《記》:"其二廟則饌于禰廟。"注云:"士事祖禰,上士異廟,下士共廟。"與此義同。祖、禰共廟而經唯云祖者,舉尊者以統卑也。③

《欽定儀禮義疏》存疑鄭氏之説④,於下文案語中又提出了自己的不同看法,其云:

> 《欽》案:《祭法》廟數,先儒相承爲説第。諸侯五等,同五廟。上、下大夫同三廟,則士雖異等,似當同一廟,不應遽有二廟之殊。故每疑《禮器》、《王制》爲是,而《祭法》爲非。然據此《記》,則士固有二廟者。但康成以官師爲中下之士,非有明文,特以意説之耳。疑三等之士皆一廟,唯大宗子世適相傳有統宗收族之責,故親廟之外又有一祖廟與? 若然,則適士之稱名實相

---

① 《儀禮注疏》卷三八,第 2483 頁上。
② 《儀禮注疏》卷三八,第 2483 頁上。
③ 胡培翬:《儀禮正義》卷二九,第 1345 頁上。
④ 《既夕禮》云:"其二廟,則饌于禰廟,如小斂奠。"鄭注云:"祖尊禰卑也。士事祖禰,上士異廟,下士共廟。"

應,而上中下士胥可以官師目之矣。①

《欽》以爲士之廟數,當依《王制》、《禮器》一廟之説。《祭法》所云蓋
非,三等之士,皆當只有一廟。《記》文所以言"二廟"者,是據"大宗
子"爲士者而言。《欽》説頗有啓發性,"古者四民世事,士之子恒爲
士"②。諸子之中,又分適、庶,尤以適長子承繼大宗。適長子爲士得
立祖、禰二廟,一者繼其祖,一者繼其父。他子(或稱"別子")爲士,
僅立一廟。《儀禮》所記士之通禮,非謂嫡長子爲士而言,故經文中僅
言及一廟。《記》文所言"二廟"者,是據適長子爲士而言,是非常之
事,故《儀禮正義》云"'其'云'則'者,以下記二廟者異於一廟之事,
故言此以別之也"③。

　　禮經所載,是別子爲士者。別子爲士,僅立一禰廟。然經、《記》
中又言及祖廟,鄭注以"祖、禰"解之。鄭氏所以知者,蓋如《儀禮正
義》所云:"又《祭法》士之一廟者,止有考廟,鄭以爲兼祭祖者,據《祭
法》云'王考無廟而祭之'。既無廟,又無壇,則是祭之於考廟可知,
故鄭謂祖、禰共廟也。"④《祭法》云:"官師一廟,曰考廟。王考無廟而
祭之,去王考爲鬼。"官師僅有一考廟,即禰廟。"王考無廟而祭之",
王考即祖父也。按上文可知,諸祖若是無廟,則或祭於壇,或祭於墠。
今王考無廟、無壇、無墠,所能祭祀之處僅有禰廟,故鄭注以"祖禰共
廟"言之。

二、前人諸廟佈局之討論

　　《儀禮釋宮》云:"宮室之名制不盡見於經,其可考者,宮必南向,

① 《欽定儀禮義疏》卷三一,第 164 頁。
② 《儀禮注疏》卷一,第 2037 頁上。
③ 胡培翬:《儀禮正義》卷三一,第 1434 頁上。
④ 胡培翬:《儀禮正義》卷三七,第 1634 頁上。

廟在寢東。”①士有一廟一寢，廟居寢東，其所處可知。大夫三廟、諸侯五廟、天子七廟，諸廟佈局如何，經、記、注無文。考諸後世各家之説，衆學者於諸侯五廟之佈局多有論述，概而言之，凡有四説：

一是，以賈公彦爲代表。《聘禮》疏云：“諸侯有五廟，太祖之廟居中，二昭居東，二穆居西，廟皆別門，門外兩邊皆有南北隔墻，隔墻中夾通門。”②宋楊復《儀禮圖》存異其説，繪製有“賈疏諸侯五廟之圖”、“賈疏大夫三廟圖”。後世學者如魏了翁、張爾岐、江永、洪頤煊等皆從其説。例如：江永《鄉黨圖考》亦據賈説繪製有“諸侯五廟圖”（見下“江永《鄉黨圖考》之‘諸侯五廟圖’”），更言：“賈公彦疏則五廟是並列，每廟有隔墻，隔墻有通門，又謂之閤門。君迎賓自大門內，折而東行，歷三閤門乃至太祖廟。門中曲處逼狹，則主賓有揖。其説甚確。《儀禮經傳通解》及《儀禮釋宮》皆引之。今據此圖之。天子七廟，大夫三廟，制亦仿此。”③又洪頤煊《禮經宮室答問》云：“《聘禮》賈疏諸侯五廟，大祖之廟居中，二昭居東，二穆居西，廟皆別門。門外兩邊皆有南北隔墻，隔墻中央通門。二説孰是？曰：賈疏之説是也。廟寢同制，廟南在雉門外，廟北已直路寢東，若再加以三廟，必非宮垣之地所能容，故知凡廟必平列。”④

以上諸家，皆以賈説爲是。他們認爲，諸侯五廟平列，太祖廟居中，二昭居東，二穆居西，五廟各有門。廟門外兩遍各有南北向的隔墻，隔墻中央有閤門。李氏《儀禮釋宮》存異賈説，言“其説當考”。但是，也有其他學者認爲此説並不合於經義，更提出他説。

---

① 李如圭：《儀禮釋宮》，第 523 頁上。
②《儀禮注疏》卷二〇，第 2277 頁上。
③ 江永：《鄉黨圖考》，《清經解》，上海書店，1998 年，第 13 頁。
④ 洪頤煊：《禮經宮室答問》，第 152 頁上。

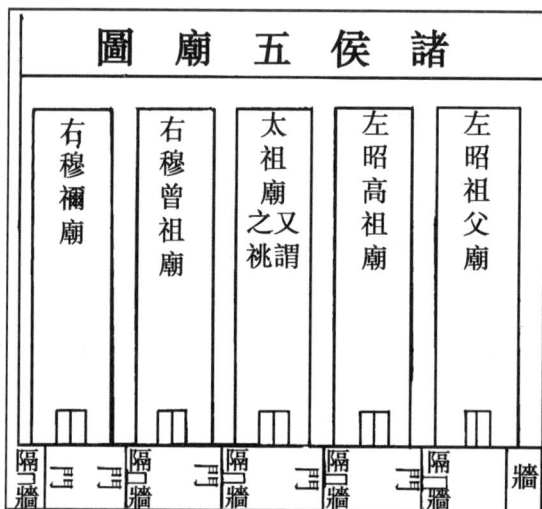

江永《鄉黨圖考》之"諸侯五廟圖"

　　二是,以敖繼公爲代表。敖氏《儀禮集説》云:"諸侯有五廟,大祖之廟最東,高祖而下之廟,以次而西。廟各有大門,有中門,有廟門。中門外西邊皆有南北隔墙,墙中央通閣門,故入諸侯之廟必有每門也。"[1]於大夫之廟,敖氏又云:"大夫三廟,曾祖廟在最東,祖廟次而西,禰廟又次之。此受於祖廟,故亦有每門每曲揖。此每門,謂二閣門也。大夫之廟惟自曾祖而下,雖别子之後亦無大祖廟。《王制》云'一昭一穆與大祖之廟而三',記者誤也。"[2]

　　敖氏之説,後世多以爲非。例如《欽》云:"案古者廟必分昭穆,故《喪服小記》曰'祔必以其昭穆',《士虞記》亦曰'以其班祔'。士一廟者,祖、禰尚從昭穆之班,則三廟、五廟、七廟者,自太祖而下宜分昭穆之廟可見矣。敖氏乃謂太祖之廟最東,高祖而下以次而西,則是置昭穆於不問,而直以東爲上也。一有升祔則四親廟俱當動移,此豈

---

[1]　敖繼公:《儀禮集説》卷八上,第 260 頁上。
[2]　敖繼公:《儀禮集説》卷八下,第 284 頁下。

袝以其班之意乎？"①此外，盛世佐、焦以恕亦認爲其説爲非。

　　三是，以朱子爲代表。朱子《儀禮經傳通解》徵引晋孫毓之説，云："今按《江都集禮》②廟制，諸侯立廟宜在中門外之左，古者宗廟之制，外爲都宫，内各有寢廟，别有門垣。太祖在北，左昭右穆，以次而南。與此疏之説不同，未知孰是"③。楊復《儀禮圖》亦存異此説，並繪製有"諸侯五廟圖"、"大夫三廟圖"。（見下"楊復《儀禮旁通圖》之朱子'諸侯五廟圖'"和"楊復《儀禮旁通圖》之朱子'大夫三廟圖'"。）

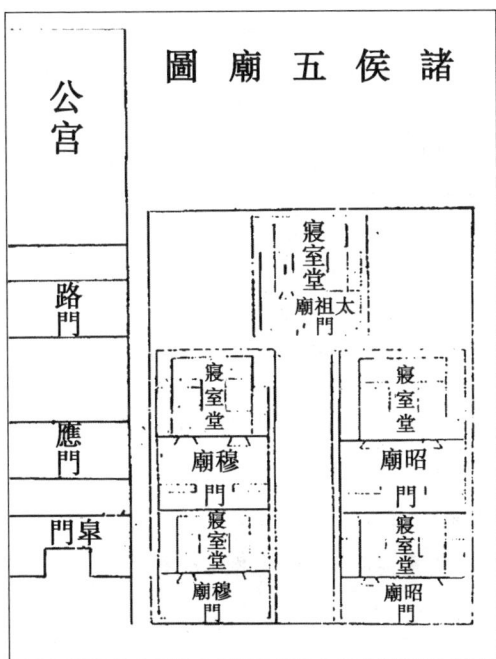

楊復《儀禮旁通圖》之朱子"諸侯五廟圖"

---

① 《欽定儀禮義疏》卷一六，第 547 頁。

② 《隋書·經籍志》載《江都集禮》一百二十六卷。

③ 朱熹：《儀禮經傳通解》，《景印文淵閣四庫全書》經部禮類第 131 册，臺灣商務印書館，2008 年，第 369 頁上。

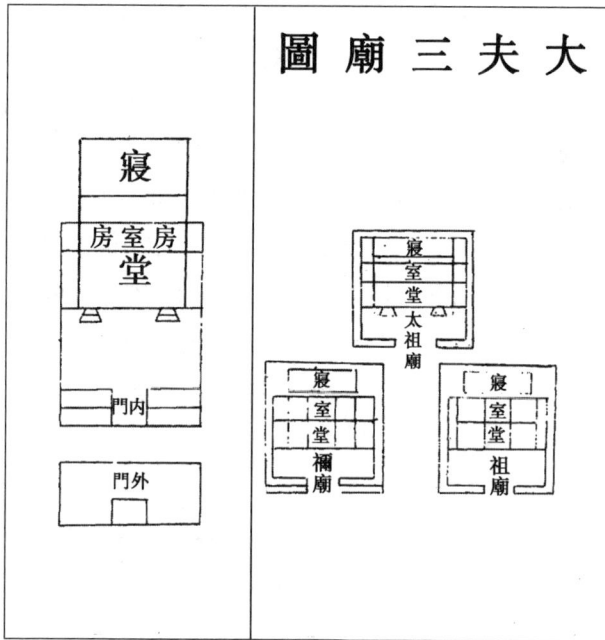

楊復《儀禮旁通圖》之朱子"大夫三廟圖"

後世學者亦有從其説者,例如《欽定儀禮義疏》云:

> 賈氏昭東穆西而太祖居中近之矣。然諸廟平列而無南北上
> 下之殊,揆之禮意,亦未爲得七廟、五廟之説,惟朱子用孫毓之説
> 爲可從。①

《欽》認爲古者廟必分昭穆,敖氏五廟之説,太祖廟在最東,高祖之下
以次而西,是於昭穆不分,故其説非是。賈氏五廟之説,太祖廟居中,
昭東穆西,近是。然其五廟東西一字排列,無南北上下之殊,亦未審

---

① 《欽定儀禮義疏》一六,第 547 頁。

慎也。惟朱子用孫毓之說，昭穆分明，南北上下有序，故《欽》以爲是。

此外，盛氏云"諸侯五廟之制當以朱子説爲正"①；焦以恕《儀禮彙説》云"愚按：諸侯五廟之制有賈氏之説，有敖氏之説，而當以朱子所述《江都集禮》之説爲正學者，折衷於義疏則得矣"②；金氏鶚云"賈疏謂經三閣門乃至大祖廟，江慎修極稱其説。鶚竊以爲不然。大祖之廟，百世不遷，當特尊於群廟，故禘祫之禮必合食於大祖廟。大祖東向自如，群昭、群穆列於南北，則知大祖之廟必不與群廟並列。晋孫毓謂外爲都宫，大祖在北，左昭右穆以次而南，朱子從之，其説固至當也"。③

然亦有學者認爲朱子之説不可信。例如清代大儒胡培翬云："至廟制，金氏以朱子、孫毓之説爲是，賈説爲非。王氏士讓、吳氏紱、吳氏廷華、褚氏寅亮皆與金同。竊謂廟即並列，而大祖居中亦自有門，豈有大祖廟南向無門，而必由西二廟閣門側入之理。此其逞臆説經，決不可信者也。"④

四是，以考古所見材料爲代表。雍城⑤秦國宗廟遺址發掘於1981 至 1984 年間，地點位於該城的中部偏南，發掘報告稱之爲馬家莊春秋秦一號建築遺址。此組建築平面呈規整之矩形，東西 87. 6

① 盛世佐：《儀禮集編》卷一六，《景印文淵閣四庫全書》經部禮類第 110 册，臺灣商務印書館，2008 年，第 580 頁下。
② 焦以恕：《儀禮彙説》卷八，《續修四庫全書》經部禮類第 89 册，上海古籍出版社，2002 年，第 64 頁上。
③ 胡培翬引金氏之説，見《儀禮正義》卷一六，第 751 頁上。
④ 胡培翬：《儀禮正義》卷一六，第 751 頁下。
⑤ 雍城是春秋至戰國中期秦國的都城，是秦國政治、軍事、經濟和文化的中心，秦國從德公元年（前 677 年）至獻公二年（前 383 年），在此建都長達 300 餘年。其遺址位於陝西省鳳翔縣，遺址總體保存較好，是目前戰國時代都城遺址中保存最好的城市遺址。馬家莊秦宮殿宗廟遺址位於鳳翔雍城中部偏南，1976 至 1984 年，在馬家莊北部西北及東北先後發掘和鑽探了建築群遺址四處。馬家莊朝寢、宗廟、二號、四號四座建築群由西向東依次排列，組成了規模較大、保存較完整的馬家莊宫殿宗廟區。

米,南北 82 米,周以圍墻,南墻正中有大門。圍墻之内有三廟,太祖廟在北部正中,其東南爲昭廟,西南爲穆廟。進大門,或直行至太祖廟前,或左右直行至昭、穆廟前。"秦宗廟中的三座主要祭祀建築方位雖然不同,但尺度一致,内部各房、堂、室、夾的佈置與面積,亦基本雷同。"①此三廟之佈局與朱子所言五廟之佈局大體相似,皆是太祖廟居中,昭、穆在其南之東西。

但是,此三廟之制也有與朱子之説不同之處,一者,三廟同處一宫室之中,每廟僅只有殿堂,共有庭、門,非各有門垣;二者,三廟之中,太祖廟南向,昭廟西向,穆廟東向,與以上諸家所言各廟皆南向不同。

周制天子七廟,諸侯五廟,大夫三廟,士一廟。此秦雍城宗廟中僅有三廟,似與諸侯五廟之制不合。"或引清人焦循之説:自唐虞至周,天子爲五廟。至周中葉,加上文、武世室,始合稱七廟。而秦人直接承古制,只用三廟。這些都與《禮記》中一再提及的七、五、三制不合。但這制度確立與推行於何時? 尚不得而知。以常理推衍,西周之初始行封建制度,其完善應該是逐步的,全面推行恐在中期。而秦在周初並不强大,至西周末幽王爲犬戎所殺,方立爲諸侯,也就是説春秋時才漸爲列强的。但由於‘僻在雍州,不與中國諸侯之會盟’(《史記・秦紀》),其國力真正强盛,還是在戰國時期。諸侯大小有别,其相應制度恐亦不同,就‘諸侯五廟’而言,是否都是一律,頗存疑問。級别低的諸侯,可能采用另一標準。馬家莊宗廟廢於春秋晚期或稍遲,也許就正是秦諸侯的地位,由低走向高的轉折點。在這以前使用‘三廟’,是可以理解的。"②

綜上可知,賈氏、敖氏、朱子皆據諸侯五廟而言。賈氏認爲諸侯

① 劉叙傑主編:《中國古代建築史》(第一卷),第 280 頁。
② 劉叙傑主編:《中國古代建築史》(第一卷),第 280 頁。

五廟,太祖廟居中,二昭居東,二穆居西,五廟東西平列;廟皆別門,門外兩邊皆有隔墙,隔墙中有閣門。敖氏認爲諸侯有五廟,大祖廟最東,高祖而下,以次而西,則是五廟平列;中門外西邊皆有南北隔墙,墙中央亦有閣門。朱子認爲諸侯五廟,太祖廟在最北居中,左昭右穆,以次而南,以此布之,則爲三排。此外,考古所見有三廟,三廟同處一宮室之中,太祖廟在北居中,南向,昭廟居東西向,穆廟居西東向。

三、與宗廟佈局相關的幾個問題

以上諸家所言諸侯五廟之佈局各不相同,概而言之,其爭論的焦點有三:一是,五廟之佈局是自東向西排列的"平列式",還是太祖廟在北,昭穆依次而南的"縱列式";二是,諸廟皆是南向,還是如出土所見太祖廟南向,昭廟西向,穆廟東向;三是,諸侯五廟,是否每一廟都別有門、垣;四是,廟門之外是否有閣門。如果這幾個問題能夠加以解決,諸廟之位置、佈局也就清楚了。下文將就以上幾個問題分別加以討論。

(一)"縱列式"或"平列式"

我們認爲諸廟之佈局,當以朱子"縱列式"之説爲是。理由有二:一是,諸侯五廟,二昭二穆與太祖廟。太祖廟最尊,故當在北居中,二昭二穆在其南。昭、穆者,父爲昭,子爲穆。祖廟與父廟爲一昭一穆,高祖與曾祖爲一昭一穆。周人尚左,故昭居東,穆居西。此外,考古所見三廟亦是如此排列。

二是,按士宮室,廟在寢東,寢廟東西相當,其南北進深大略相同。然此諸侯三門、三朝、五廟、一路寢,五廟在門、朝、寢之東。若按賈氏、敖氏之説五廟平列,每廟南北之進深其當何如？或曰"左宗廟右社稷"者,非專指寢,而是據公宮而言。五廟在公宮(三門、三朝、路寢)之左,按朱子之説,太祖廟最北居中,二昭二穆在其南各居東西,

其南又有二昭二穆各居東西,南北凡三排。以此論之,其南北進深約
與公宮相等,則更加合於古人宮室之制。

(二)諸廟皆南向

考古所見三廟,太祖廟居北南向,昭廟在其東南西向,穆廟在其
西南東向。禮經所涉天子諸廟、大夫諸廟之向位是否如此呢?考諸
禮經,大夫三廟,太祖廟、祖廟、禰廟。少牢饋食禮是大夫禮,舉於太
祖廟中,其於廟門曰"門東"、"門西",於階曰"阼階"、"西階"、"西階
東"、"阼階東",於室曰"牖東",皆以東西爲别。若太祖廟東向、或西
向,則當以南、北爲别。由此可見,大夫太祖廟南向。聘禮使卿爲賓,
卿者,大夫之屬。賓將出聘,告於禰廟之中。禮經云:"厥明,賓朝服
釋幣于禰。有司筵几于室中。祝先入,主人從入。主人在右,再拜,
祝告,又再拜。釋幣,制玄纁束,奠于几下。出,主人立于户東,祝
立于牖西。又入,取幣,降,卷幣,實于笲,埋于西階東。又釋幣于
行。遂受命。上介釋幣亦如之。"禰廟爲穆廟,經文直言"户東"、
"牖西"、"西階",皆是據廟南向而言。由此可知,穆廟也是南向。
大夫三廟,太祖廟、禰廟皆是南向。祖廟之方位,禮經雖不言及,其
亦當是南向。

諸侯五廟,禮經所見者,唯太祖廟與禰廟。聘禮是在諸侯太祖廟
之中,經文曰"西塾"、"東塾"、"東楹"、"西楹"、"中庭以東",皆東西
爲别。由此可見,諸侯太祖廟也是南向。公食大夫禮是在諸侯禰廟
之中,經文曰"門東"、"門西"、"東堂"、"東房"、"西夾"、"東夾"、"阼
階"、"西階"、"階東"、"階西"、"東楹"、"西楹"等,皆是據廟南向而
言。其他諸廟雖不言南向,由此亦可見矣。

大夫三廟、諸侯五廟皆是南向,天子七廟亦當如此。由此可見,
禮經所言宮室皆是南向,與出土所見太祖廟南向、昭廟西向、穆廟東
向不同。

(三)諸廟皆別有門、垣

士有一廟,廟門有一。然大夫三廟、諸侯五廟、天子七廟,其廟門有幾?賈疏云諸侯五廟,"廟皆別門";敖氏云諸侯五廟,"廟各有大門";朱子云"寢廟別有門垣"。楊氏據朱子説所繪"諸侯五廟圖"、"大夫三廟圖"與據賈氏之説所繪"賈疏諸侯五廟之圖"、"賈疏大夫三廟圖",雖然諸廟佈局不同,然每廟皆別有堂屋、門、庭,四周圍以垣墙。江氏所繪"諸侯五廟圖"亦是如此。

然據鳳翔馬家莊一號秦國宗廟遺址來看,三廟僅只有堂屋,太祖廟南向,昭廟西向,穆廟東向,居於同一庭院之中,整個庭院只有一門,並非是各廟別有門、垣。《儀禮》所言大夫三廟、諸侯五廟、天子七廟是別有門、垣,還是諸廟只有堂屋,共處於同一庭院之中呢?大夫三廟,少牢饋食禮是在太祖廟中,禮經中言及房室、堂、階、庭、門等。由此可知,太祖廟別有門、垣。《聘禮》賓館於大夫禰廟,"君使卿韋弁,歸饔餼五牢",禮經云:

饔,飪一牢,鼎九,設于西階前,陪鼎當内廉,東面北上,上當碑,南陳。牛、羊、豕、魚、腊、腸、胃同鼎,膚、鮮魚、鮮腊,設扃鼏。臄、臐、膮,蓋陪牛、羊、豕。腥二牢,鼎二七,無鮮魚、鮮腊,設于阼階前,西面,南陳如飪鼎,二列。堂上八豆,設于户西,西陳,皆二以並,東上韭菹,其南醓醢,屈。八簋繼之,黍其南稷,錯。六鉶繼之,牛以西羊、豕,豕南牛,以東羊、豕。兩簠繼之,粱在北,八壺設于西序,北上,二以並,南陳。西夾六豆,設于西墉下,北上。韭菹,其東醓醢,屈。六簋繼之,黍其東稷,錯。四鉶繼之,牛以南羊,羊東豕,豕以北牛。兩簠繼之,粱在西,皆二以並,南陳。六壺西上,二以並,東陳。饌于東方,亦如之,西北上。壺東上,西陳。醓醢百甕,夾碑,十以爲列,醯在東。
餼二牢,陳于門西,北面東上。牛以西羊、豕,豕西牛、羊、豕。米百筥,筥半斛,設于中庭,十以爲列,北上。黍、粱、稻皆二行,稷四行。門外,米三十車,車秉有五籔,設于門東,爲三列,東陳。禾三十車,車三秅,設于門西,西陳。薪芻倍禾。

由此可見,堂、庭、門皆有陳設。又“君使卿皮弁,還玉于館。賓皮弁,襲,迎于外門外,不拜,帥大夫以入。大夫升自西階,鉤楹。賓自碑内聽命,升自西階,自左,南面受圭,退負右房而立。大夫降中庭。賓降,自碑内,東面,授上介于阼階東。上介出請,賓迎。大夫還璋,如初入。賓裼,迎。大夫賄用束紡。禮玉、束帛、乘皮,皆如還玉禮。大夫出,賓送,不拜”。由此可知,大夫禰廟亦別有門、垣。

《聘禮》:“賓朝服問卿,卿受于祖廟。”禮經云:“及廟門,大夫揖入。擯者請命。庭實設四皮。賓奉束帛入。三揖,皆行,至于階,讓。賓升一等,大夫從,升堂,北面聽命。賓東面致命。大夫降,階西再拜稽首。賓辭,升成拜。受幣堂中西,北面。賓降,出。”大夫祖廟皆言及有庭、門,入門三揖至於階,升階至於堂。由此可見,大夫祖廟亦是別有門、垣。

諸侯五廟,禮經言及者僅有太祖廟與禰廟。聘禮“聘享”在太祖廟中,經文皆言及有房室、堂、階、庭、門。由此可見,諸侯太祖廟也別有門垣。公食大夫禮是在諸侯禰廟中,經文亦言及有房室、堂、階、庭、門。由此可知,諸侯禰廟也是別有門、垣。其他諸廟,禮經雖不言之,亦當別有門、垣。天子七廟,禮經言及者僅見於《覲禮》中。覲禮是在天子太祖廟中,亦見言及房室、堂、階、庭、門。由此可見,天子太祖廟別有門、垣。其他諸廟雖不見之,當亦與太祖廟制同。

綜上可知,大夫三廟、諸侯五廟、天子七廟,每廟皆是居於一獨立宮室之中,別有門、垣。諸侯五廟,賈疏云“廟皆別門”,敖氏云“廟各有大門”,朱子云“寢廟別有門垣”,皆不虛也。

(四)廟門前無閣門

諸侯廟制如上所云,賈氏又云"門外兩邊皆有南北隔墻,隔墻中夾通門"。江氏從賈氏之説,更言"賈公彥疏則五廟是並列,每廟有隔墻,隔墻有通門,又謂之閣門。君迎賓自大門内,折而東行,歷三閣門乃至太祖廟"①。按賈氏、江氏之義,諸侯五廟平列,廟門有五,門外兩側皆有隔墻,諸侯五廟凡有五隔墻。每隔墻皆開有閣門,隔墻有五,閣門亦當有五。以此論之,大夫三廟,則有三閣門;天子七廟,則有七閣門。楊氏據賈説所繪"賈疏大夫三廟圖"有三閣門,"賈疏諸侯五廟之圖"有五閣門。江氏亦從賈説,所繪"諸侯五廟圖"也有五閣門。今聘禮在太祖廟,太祖廟居中,故江氏言"歷三閣門乃至太祖廟"。

敖氏云:"(諸侯)廟各有大門,有中門,有廟門。中門外西邊皆有南北隔墻,墻中央通閣門,故入諸侯之廟必有每門也";"大夫三廟,曾祖廟在最東,祖廟次而西,禰廟又次之。此受於祖廟,故亦有每門每曲揖。此每門,謂二閣門也"②。按敖氏之義,諸侯五廟、大夫三廟,廟門外亦有閣門。大夫三廟,中門(太祖廟門)外之西有二閣門,其東則有一閣門,三廟則有三閣門。以此論之,大夫五廟,則有五閣門;天子七廟,則有七閣門。閣門之數,亦與賈氏所言相同。

朱子云諸侯五廟,太祖廟在北,左昭右穆。以次而南,諸廟皆別有門垣,不見言有閣門。楊氏據此所繪"大夫三廟圖"、"諸侯五廟圖",也不見有閣門。此外,考古所見鳳翔馬家莊一號宗廟建築,亦不見有閣門。

考諸禮經,《儀禮》經文、記文並不見言有閣門。然禮經所涉諸廟門外究竟是否有閣門呢? 士冠禮舉於廟中,主人迎賓入廟,禮經

---

① 江永:《鄉黨圖考》卷二六一,第13頁。
② 敖繼公:《儀禮集説》卷八上,第260頁上。

云:"賓如主人服,贊者玄端從之,立于外門之外。擯者告。主人迎,出門左,西面,再拜。賓答拜。主人揖贊者,與賓揖,先入。每曲揖。至于廟門,揖入。三揖,至于階,三讓。主人升,立于序端,西面。賓西序,東面。"主人迎賓於大門外,主人揖,先入,賓從入,"每曲揖",至於廟門。從大門至於廟門不見別有他門。由此可知,士廟門外無閤門。

　大夫三廟,《聘禮》"賓朝服問卿,卿受于祖廟"。禮經云:"大夫朝服迎于外門外,再拜。賓不答拜。揖,大夫先入,每門每曲揖。及廟門,大夫揖入。"此云大夫與賓由大門入於廟門,亦不見有閤門。然此處言"每門每曲揖",與冠禮主人及賓由大門入廟門僅言"每曲揖"者不同。又諸侯五廟,《聘禮》"聘享"在諸侯太祖廟中,公迎賓於大門內,入廟之儀,禮經云:"公皮弁,迎賓于大門內。大夫納賓。賓入門左,公再拜,賓辟,不答拜。公揖入,每門每曲揖。及廟門,公揖入。"公與賓由大門內入廟門,亦不見有閤門。然此處亦云"每門每曲揖",與冠禮僅言"每曲揖"者亦不相同。此言"每門"者,蓋非止一門。然"每門"之義究竟如何? 大體而言,後世約有三説:

　1."每門"是指閤門

　《聘禮》:"公揖入,每門每曲揖。"賈疏云:"祖廟已西隔墻有三,則閤門亦有三,東行經三門,乃至太祖廟。門中則相逼,入門則相遠,是以每門皆有曲,有曲即相揖,故每曲揖也"。① 又洪氏《禮經宮室答問》云:"大祖之廟居中,天子七廟必經三隔墻門,諸侯五廟必經二隔墻門,然後至於大祖廟門,故《聘禮》公迎賓於大門內,及廟門,有每門每曲揖也。"②賈氏、洪氏皆認爲禮經所言"每門"是指閤門。二説所

① 《儀禮注疏》卷二〇,第2277頁上。
② 洪頤煊:《禮經宮室答問》卷上,第152頁上。

不同者,賈氏認爲由大門内入廟需經過三閣門,洪氏認爲需經過二閣門。

2."每門"是指閣門與都宫之門

盛氏《儀禮集編》云:"每門者,庫門内之東閣門及都宫之門也。"①焦以恕《儀禮彙説》又云:"然此有'每門每曲'者何也? 入大門北行,折而東入廟,必有西向之門爲廟與朝之限,此即謂之閣門也。既入閣門,則當有南向都宫之門,又一門也。都宫内左昭右穆,其廟門之外或亦各有閣門,東西相向與? '每曲'則《士冠禮》見之,但此五廟者曲彌多耳。"②盛氏、焦氏二義相同,他們認爲"每門"有二:一是指廟與朝中間之閣門;二是南向都宫之門,諸侯五廟在都宫門之内。

3."每門"是指大門、中門

金鶚認爲禮經"每門",文承大門入門而言,其非閣門。金氏《求古録禮説》云:"經典所稱門者皆指庫、雉、路諸門而言,閨、閣不得混稱門也。《曲禮》'每門讓於客',《周官·閽人》'王宫每門四人',與此'每門'文同,其爲庫、雉二門甚明。(廟在雉門内,經文先言"每門",後言"及廟",是每門爲庫、雉二門也。)賈以爲閣門,誤矣。"③於"每曲"者,又云:"'每曲'者,謂入雉門之後,折而向東是爲一曲,直廟門折而北是又一曲,曲不屬於門。賈以爲門皆有曲,抑又誤矣。"④金氏認爲廟在雉門内,禮經云"每門"是連大門而言。公與賓入廟,先入大門,再入雉門,既而折而東,乃至廟門。

胡培翬從金氏説,又云:"今案此經'每門',金氏以爲庫、雉二

① 盛世佐:《儀禮集編》卷一六,第 580 頁下。
② 焦以恕:《儀禮彙説》卷八,第 64 頁。
③ 金鶚:《求古録禮説》卷一,《續修四庫全書》經部禮類第 110 册,上海古籍出版社,2002 年,第 194 頁上。
④ 金鶚:《求古録禮説》卷一,第 194 頁上。

門,甚是。蓋公迎賓於庫門内,賓入庫門,公拜,賓辟,於是公乃揖之,
使北行入雉門。既入雉門,公又揖之使行,於是折而東則有東曲之
揖,折而北則有北曲之揖,故言'每門'先於'每曲'也。於是乃至廟
門,或謂宗廟外爲都宫,則每門中兼有都宫門在内,然總不得以'每
門'爲廟中三閣門。蓋'每門'之揖在前,及廟之揖在後。經文次序
顯然不容紊耳。"①

　　"每門"之義,蓋如以上諸家所言。我們認爲諸侯廟門前無閣門,
禮經所言"每門"是指大門與五廟外都宫之門。理由有三:

　　一是,禮經中不見有閣門。經文、記文、鄭注皆不見言及閣門,
"閣門"之説實始自賈疏,信疏不如信經、記、鄭注也。

　　二是,《士冠》入門,禮經僅言"每曲"不言"每門",是因爲大門與
廟門之間並無他門,故不言"每門"。《聘禮》公與賓入廟門言"每門"
者,是因爲大門與太祖廟門之間還有一都宫門。進入都宫門後,直行
才能至於廟門前。

　　三是,《爾雅·釋宫》云:"宫中之門謂之闈,其小者謂之閨。小
閨謂之閣。"闈門是宫中之門,禮經所涉宫室有闈門,在堂下之東壁。
闈門小於闈門,閣門又小於閨門,由此可見閣門之狹小。《周禮·考
工記》云:"闈門容小扃參个。"鄭注云:"廟中之門曰闈。小扃,膷鼎
之扃,長二尺,參个六尺。"②此言闈門,是據天子之制而言。天子闈
門廣六尺,諸侯、大夫、士之闈門則不足六尺。閣門小於闈門,則更不
足六尺。

　　考諸禮經,經文多言有車出入於廟或至於廟門前者,例如:《聘
禮》賓館於大夫廟,大夫帥至於館,卿致館,"門外米、禾皆二十車,薪
芻倍禾";上介"門外米、禾皆十車,薪芻倍禾"。又君使卿歸饔餼於

① 胡培翬:《儀禮正義》上册,卷一六,第67頁。
② 《周禮注疏》卷四一,第2007頁下。

賓，“門外，米三十車，車秉有五籔。設于門東，爲三列，東陳；禾三十車，車三秅。設于門西，西陳。薪芻倍禾”。上介饔餼，“門外米、禾視死牢，牢十車，薪芻倍禾”。米、禾、薪芻皆載之車上，設於廟門外。鄭注云：“乘車六尺六寸，旁加七寸，凡八尺，是謂轍廣。”①以此論之，若廟門外有閣門，衆車從大門而入，何以能至於廟門前也？又《既夕禮》遷柩於祖廟，廟中“薦車，直東榮”；將葬，“薦馬，馬出自道。車各從其馬，駕于門外，西面而俟，南上。……行器，茵、苞、器序從，車從”。若是廟門外有閣門，衆車又何能入於廟中？

綜上可知，大門内至於廟門，其間並無閣門。禮經言“每門”者，即是指大門與公宫之門。“每門”之義清楚了，“每曲”之義也就明瞭了。“曲”者，曲折之處也。進大門後，折而東行爲一曲；至都宫門，又折而北入宫門，爲二曲。賈以爲“每門皆有曲”則誤也。

四、諸廟之位置

士有一寢一廟，寢廟制同，皆有門、庭、堂屋，左右相當，其南端寢門與廟門相齊，其北端兩堂屋相齊。然大夫三廟、一寢、二門，諸侯五廟、三朝、一寢、三門，天子七廟、三朝、一寢、五門，諸廟與各門及寢或朝之間的位置關係又如何呢？由於經、記、注、疏無文，現存典籍又言之不詳，考古所見宫室遺址又僅見及一隅，至於後世學者也鮮有論及。因此，想要瞭解包括廟、寢、朝、門在内的整個宫室結構的具體情形是非常困難的。

今所見者，唯有楊氏據朱子之説所推測的“諸侯五廟圖”、“大夫三廟圖”，與據賈疏之説所推測的“賈疏諸侯五廟之圖”、“賈疏大夫三廟圖”。“賈疏大夫三廟圖”、“賈疏諸侯五廟之圖”諸廟皆是東西一字排列，太祖廟居中，昭、穆居其東、西。諸侯五廟，皆在應門（賈氏

---

① 《周禮注疏》卷四一，第 2005 頁下。

以應門爲中門)内。廟北皆有寢,廟寢與路寢庭大約南北相齊;廟北
端與路寢南相齊,南端與應門北相齊;大夫三廟,東西一字排列,太祖
廟居中,左昭右穆,皆在大門内。廟北有寢,寢南北約與路寢堂相齊,
廟門約稍南於寢門。

　　"諸侯五廟圖"、"大夫三廟圖"皆是楊氏據朱子廟制之説而作,
太祖廟在北居中,昭、穆在其南之東、西。諸侯五廟,分成南北三排。
最北一排之太祖廟約在路寢之東;中間一排之昭廟、穆廟,其北端約
與路門南端相齊,南端約與外朝南端相齊;最南一排之昭廟、穆廟,其
北端約與外朝南端相齊,其南端則出於皋門之外。大夫三廟,在外門
内,分成二排。北爲太祖廟,其北端約與寢之房室相齊,南端約與寢
之中庭相齊;南爲一昭一穆,北端約與寢庭南部相齊,南端在外門
之内。

　　從楊氏所繪兩組圖的對比中我們可以發現,"賈疏諸侯五廟之
圖"與"諸侯五廟圖"除了在五廟佈局上不同外,還有其他許多不同
之處,例如:賈圖(楊氏據賈疏所繪禮圖,下同)中五廟皆在雉門内,朱
圖(楊氏據朱子之説所繪禮圖)五廟南端已出於皋門;賈圖五廟皆在
路寢及治朝以東,朱圖太祖廟約在路寢東,中間一昭一穆約在治朝與
應門以東,南端一昭一穆約在皋門之南以東。"賈疏大夫三廟圖"與
"大夫三廟圖"除了在三廟佈局上不同外,也有其他許多不同之處,例
如:賈圖之三廟約在寢東,寢、廟廣狹幾乎相同;朱圖中,太祖廟約在
寢堂屋及庭北部之東,其南一昭一穆,北端約與寢庭南部相齊,南端
在外門之内,三廟之廣狹明顯小於寢。

　　大夫三廟、諸侯五廟、天子七廟其具體位置是怎樣的呢? 它們與
寢以及諸門或諸朝間的位置關係又是如何呢? 如果想要得到一個較
爲可靠的答案,必須先要討論以下幾個問題:

(一)廟在大門内

諸廟之位置,究竟位於何處? 概而言之,凡有二説。

一是,諸侯之廟在中門以内。諸侯三門,庫門、雉門、路門,雉門爲中門。《穀梁傳》桓公三年:"禮,送女,父不下堂,母不出祭門,諸母兄弟不出闕門。"范注云:"祭門,廟門也。闕,兩觀也,在祭門之外。"①祭門即廟門,闕門即雉門。堂、祭門、闕門,由内而外。以此論之,廟則在雉門内。《禮記·禮運》:"昔者仲尼與於腊賓,事畢,出遊於觀之上,喟然而歎。"鄭注云:"觀,闕也。"②闕門即雉門也。夫腊賓在廟,觀在雉門。既腊而出遊於觀,則廟在雉門内。雉門即中門,以此言之,廟則在中門内。又金鶚云:"夫惟廟在中門内,賓客之入,必歷外門、中門而後及廟,故得有每門。若在中門外,則入大門即得及廟,何以有每門乎?"③以上諸説皆云廟當在中門内。

二是,廟在庫門内。天子五門,皋、庫、雉、應、路;諸侯三門,或曰庫、雉、路。庫門者,即天子之二門,諸侯之大門。《禮記·檀弓》云:"君復於小寢、大寢、小祖、大祖、庫門。"《禮記·郊特牲》云:"獻命庫門之内,戒百官也;大廟之内,戒百姓也。"鄭注云:"王自澤宮而還,以誓命重相申敕也。庫門在雉門之外,入庫門則至廟門外矣。"④曹元弼據此云:"皆廟與庫門連文,……明廟與庫門近,則廟在庫門内可知。"⑤

《禮記·郊特牲》:"孔子曰:繹之於庫門内,祊之於東方,朝市之於西方,失之矣。"鄭注:"祊之禮宜於廟門外之西室,繹又於其堂,神位於西也。"孔氏正義云:"繹之於庫門内者,繹祭之禮當於廟門外之西堂,今乃於庫門内;祊之於東方者,祊當在廟門外西室,今乃於廟門

① 《春秋穀梁傳注疏》卷三,阮元校刻《十三經注疏》(清嘉慶刊本),中華書局,2009年,第5151頁上。
② 《禮記正義》卷二一,第3061頁上。
③ 金鶚:《求古録禮説》卷一《廟在中門内説》,第193頁下。
④ 《禮記正義》卷二六,第3147頁下—3148頁上。
⑤ 曹元弼:《禮經學》,第320頁。

外東方。"①按其義,繹祭當於廟門外之西堂,今在庫門内,故孔子言
"失之矣"。《周禮》注云:"《郊特牲》譏'繹於庫門内'言遠,當於廟
門,廟在庫門之内見於此矣。"②《欽》云:"諸侯三門,庫、雉、路,廟在
庫門之内。天子五門,皋、庫、雉、應、路,廟亦在庫門之内,但天子之
庫門,則爲第二門耳。"③天子、諸侯之廟皆在庫門之内。以此言之,
諸侯五廟則在大門内,天子七廟則在第二門内。

以上二説皆文獻所載或後世諸家所論。考諸經義,禮經中所見
士宫室有寢、有廟,門有三:大門、寢門、廟門。士冠禮在廟,主人迎賓
之儀,禮經云"賓如主人服,贊者玄端從之,立于外門之外。擯者告。
主人迎,出門左,西面,再拜。賓答拜。主人揖贊者,與賓揖,先入。
每曲揖。至于廟門,揖入。"主人迎賓於外門外,入大門後,"每曲
揖",至於廟門。以此言之,廟則在大門之内。

禮經中所見大夫宫室有寢、有廟,有外門、寢門、廟門。《聘禮》君
使卿歸饔餼是在大夫廟,經云"賓皮弁迎大夫于外門外,再拜。大夫
不答拜。揖入。及廟門,賓揖入";又賓朝服問卿,卿受於祖廟,禮經
云"大夫朝服迎于外門外,再拜。賓不答拜。揖,大夫先入,每門每曲
揖。及廟門。大夫揖入"。賓與大夫入廟,先入外門,再入廟門。由
此可見,大夫廟也在外門之内。

禮經中所見諸侯宫室有寢、有朝、有廟,有大門、寢門、廟門。
《聘禮》公迎賓入廟,禮經云"賓皮弁聘,至于朝。……公皮弁,迎賓
于大門内。公揖入,每門每曲揖。及廟門,公揖入";又《公食大夫
禮》公迎賓,禮經云"公如賓服迎賓于大門内,大夫納賓,賓入門左。
公揖入,賓從,及廟門,公揖入。"由此可見,諸侯之廟也是在大

①《禮記正義》卷二五,第3138頁上。
②《周禮注疏》卷三五,第1895頁下。
③《欽定儀禮義疏》卷首下,第40頁。

門內。

礼經中所見天子宮室有朝、有廟，有外門、廟門。《儀禮》中記天子禮者僅有《覲禮》。礼經云："天子賜侯氏以車服。迎于外門外，再拜"；"侯氏入門右，坐奠圭，再拜稽首"；"乃右肉袒于廟門之東，乃入門右，北面立，告聽事"。按諸經義，天子迎候氏於外門外，乃入門，既而入於廟。由此可見，天子之廟也是在外門之內。

綜上可知，天子、諸侯、大夫、士之廟皆在大門之內。若諸侯三門，庫門、雉門、路門，庫門爲大門，那麼諸侯五廟在庫門之內；天子五門，皋門、庫門、雉門、應門、路門，皋門爲大門，那麼天子七廟則在皋門之內。

（二）諸廟皆周以墙，其南有宮門

由上文可知，大夫三廟、諸侯五廟、天子七廟，每廟皆別有門、垣。《聘禮》"公揖入，每門每曲"之"每門"是指大門與都宮門。大夫三廟、諸侯五廟、天子七廟，諸廟當皆周以墙，其南端有宮門。若無此宮門，《聘禮》公與賓入廟，"賓朝服問卿，卿受于祖廟"，大夫與賓入廟，皆不得云"每門"揖。由此可知，若要進廟，必先入諸廟南端之宮門。

（三）朝制考

天子、諸侯三朝，士、大夫無朝。諸侯三門、三朝，路門內爲燕朝，雉門至路門爲治朝，庫門至雉門爲外朝。《聘禮》中，使者將行、反命，皆陳幣於朝，其間諸儀，不言升階、入堂之事，蓋其無階、無堂也。無階、無堂，則無房室。或許朝本無階、無堂、無房室，猶如平地，與庭相似。朝之尺度，經、注無文。《大射》在諸侯路寢，庭中（即燕朝）設侯。侯道九十步，一步六尺，凡五十四丈。以此推之，諸侯燕朝之深當不少於五十四丈。天子五門、三朝，路門內爲燕朝，應門至路門爲治朝，皋門至庫門爲外朝。《考工記》云："市、朝一夫。"鄭注云："方各百步。"①以此推之,天子之朝,蓋深六十丈。(具體請參見第一章第一節《儀禮》宮室結構考"之"朝"的部分。)

以上幾個問題解決了,諸廟的位置也就可以推測出來了。大夫一寢、三廟、二門。三廟在寢東,皆周以墙,其南端有宫門。寢廟制同,太祖廟約與寢南北相齊。昭、穆在太祖廟東南與西南,其廟門與宫門必然不出於大門之外。然寢與太祖廟相當,寢南僅餘大門内至寢門之間的深度,若一昭一穆在太祖廟門之東南、西南,如此之深度則必然不能見容。因此,要想使一昭、一穆得容於大門内,昭、穆北端必然有與太祖廟相錯之處。從廣狹尺度與尊卑關係上來看,昭、穆北端當約與太祖廟堂廉相齊爲宜。如此佈局,大夫一寢、三廟、二門皆各得其所。

諸侯一寢、五廟、三門、三朝。庫門爲大門,入庫門爲外朝;外朝北爲雉門,入雉門爲治朝;治朝北爲路門,入路門爲路寢。五廟在大門内,朝、寢之東。五廟分成三排,北爲太祖廟,中爲一昭一穆,南爲一昭一穆。廟西若以門爲界,亦可分成三排,北爲路寢,中爲治朝,南爲外朝。寢、廟制同,路寢與太祖廟約東西相當。又朝制如庭,若中排之一昭一穆北端抵於太祖廟門,南排之一昭一穆北端抵於中排之昭廟門、穆廟門,則必不得容於庫門之内。因此,中排之昭廟、穆廟北部必然有與太祖廟相錯之處。若以廣狹尺度與尊卑關係言之,昭、穆北端仍以與太祖廟堂廉相齊爲宜。

天子一寢、七廟、五門、三朝。皋門爲大門,入皋門爲外朝;外朝北爲庫門;庫門北爲雉門;雉門北爲應門;應門内爲治朝;治朝北爲路門,路門内爲路寢。天子七廟亦在大門内,寢、朝之東。七廟分成五排,太祖廟在北,昭、穆依次而南。太祖廟與路寢相當,三昭三穆在路門外、大門内之東。三昭三穆分成三排,約有三廟之深,路門外至大門内僅二朝及庫門與雉門、雉門與應門間二門道之深,若昭、穆南北

---

① 《周禮注疏》卷四一,第 2006 頁。

相接排列,其必然不得見容於大門之内。以此論之,太祖廟南之一昭一穆也當如大夫、諸侯廟制,其北端當與太祖廟相錯於堂廉處。如此佈局,天子七廟皆得見容於大門之内。

五、結語

《儀禮》廟制研究是《儀禮》宫室研究的重要内容之一。本節通過梳理經學文本、辨析諸家異説,參證考古發現,對《儀禮》所載廟制的核心問題——廟數、廟名、佈局與位置等進行了較爲深入系統的考辨,並提出了自己的認識。

其一,廟數制度上,天子七廟(太祖廟、二祧廟及四親廟)、諸侯五廟(太祖廟與四親廟)、大夫三廟(别子始爵者立太祖廟,否則立曾祖廟)、士一廟(祖禰共廟)的等級序列得以明確;並厘清了廟名争議,尤其對大夫三廟的構成提出了新解。

其二,佈局結構上,論證宗廟群呈"縱列式"分佈:太祖廟在北居中,昭穆諸廟依序南列於東西兩側,此制既合昭穆倫理,亦與雍城秦宗廟遺址佈局暗合,否定了賈疏"平列式"及敖氏無序排列之説。

其三,位置關係上,確證諸廟均位於宫門(大夫廟、士廟在大門,天子廟、諸侯廟在庫門/皋門)之内,每廟獨立成院,自有門垣庭堂,廟前無"閣門"之設,且廟門皆南向,與考古所見佈局不同。

其四,通過辨析"每門每曲"之義,探明其所指大門與都宫門之間的路徑轉折,解決了門制争議。

我們仍然需要注意的是,《儀禮》廟制仍是屬於《儀禮》宫室結構的内容,它反映出的廟制結構僅僅是《儀禮》中的廟制結構,仍然具有一定的獨立性與特殊性。然禮制幽邃,文獻闕略,所論未必盡當,惟期拋磚引玉,求正於方家。

第三節 《儀禮》宮室與三代宮室結構考論①

《儀禮》宮室結構與夏、商、周三代宮室結構最爲密切。三代宮室結構如何？由於時代渺遠，古之宮室今不能見；文獻所載又少，且其真實性也存在一定問題。爲了能對三代宮室的結構情況有一個大體認識，今從文獻學與考古學兩個角度對三代宮室結構進行詳細考察。

一、文獻記載中的三代宮室結構

由於時代久遠，文獻中關於三代宮室的記録可謂鳳毛麟角。今所見者，僅有《周禮·考工記》、《大戴禮記》及《尚書大傳》中的少量材料。下文將分別言之。

（一）《周禮》中的三代宮室結構

《周禮·考工記》云："夏后氏世室，堂脩二七，廣四脩一。五室，三四步，四三尺。九階。四旁兩夾窗。白盛。門堂三之二，室三之一。殷人重屋，堂脩七尋，堂崇三尺，四阿重屋。周人明堂，度九尺之筵，東西九筵，南北七筵，堂崇一筵，五室，凡室二筵。"這是關於三代宮室較爲完整的文獻記録。

1. 夏代宮室

"夏后氏世室，堂脩二七，廣四脩一。五室，三四步，四三尺。九階。四旁兩夾窗。白盛。門堂三之二，室三之一。"鄭注云："世室者，宗廟也。"②此言夏天子宗廟。從宮室結構上來説，夏后氏世室有堂、有室、有階、有門堂。

---

① 本節内容曾同名發表於《求索》2015 年第 8 期，發表時做了删減，今全文收録，並做了一些修改。
② 《周禮注疏》卷四一，第 2006 頁上。

（1）堂

此雖直言"堂"，實則是指堂屋。"堂脩二七，廣四脩一。"鄭注
云："脩，南北之深也。夏度以步，令堂脩十四步，其廣益以四分脩之
一，則堂廣十七步半。"賈疏云：

　　云"夏度以步"者，下文云"三四步"，明此"二七"是十四步
也。云"令堂脩十四步"者，言假令以此堂云二七約之，知用步無
正文，故鄭以"假令"言之也。知"堂廣十七步半"者，以南北爲
脩十四步，四分之，取十二步，益三步爲十五步，餘二步，益半步
爲二步半，添前十五步，是十七步半也。①

按鄭、賈之義，"堂脩二七"即堂南北之進深爲十四步；"廣四脩一"即
堂東西之廣爲堂深十四步，加之堂深的四分之一，凡十七步半。

（2）室

"五室，三四步，四三尺。"鄭注云："堂上爲五室象五行也。三四
步，室方也。四三尺，以益廣也。木室於東北，火室於東南，金室於西
南，水室於西北，其方皆三步，其廣益之以三尺。土室於中央，方四
步，其廣益之以四尺。此五室居堂，南北六丈，東西七丈。"賈疏云：

　　"五室象五行"者，以其宗廟制如明堂，明堂之中有五天帝、
五人帝、五人神之坐，皆法五行，故知五室象五行也。東北之室
言木，東南之室言火，西南之室言金，西北之室言水，五行先起東
方，故東北方之室言木，其實東北之室兼水矣，東南之室兼木矣，
西南之室兼火矣，西北之室兼金矣。以其中央大室有四堂，四角
之室皆有室，故知義然也。中央之室大一尺者，以其在中號爲大

①《周禮注疏》卷四一，第 2006 頁上。

室,故多一尺也。云"此五室居堂,南北六丈,東西七丈"者,以其大室居中,四角之室皆於大室外接四角爲之。大室四步,四角室各三步,則南北三室十步,故六丈。東西三室六丈,外加四三尺,又一丈,故七丈也。①

按鄭、賈之義,堂上有五室像五行。土室居中,其四角爲四室,凡五室。東北曰木室,東南曰火室,西南曰金室,西北曰水室。土室南北深四步,東西之廣爲南北之深又益之四尺,爲四步又四尺。一步六尺,那麽土室南北深二丈四尺,東西廣二丈八尺。其他四室皆南北深三步,東西之廣爲南北之深又益之三尺,則此四室南北長一丈八尺,東西長二丈一尺。以此計之,那麽南北三室凡六丈,東西凡七丈。

(3)室有户、牖

"四旁兩夾窗。"此言室之户與窗。鄭注云:"窗助户爲明。每室四户八窗。"賈疏云:"言'四旁'者,五室,室有四户,四户之旁皆有兩夾窗,則五室二十户、四十窗也。"②案堂上五室,每室四面的正中都開有門,門的兩旁各開有一窗,將門夾在中間,故曰"四旁兩夾窗"。堂上有五室,每室有四户八窗,五室凡二十户,四十窗。

"白盛"者,鄭注云:"蜃灰也。'盛'之言成也,以蜃灰堊墙,所以飾成宮室。"③即將宮室的墙染成白色。

(4)階

"九階"者,言升堂之階。鄭注云:"南面三,三面各二。"賈疏云:

按賈、馬諸家皆以爲九等階。鄭不從者,以周、殷差之,夏人

---

① 《周禮注疏》卷四一,第 2006 頁上。
② 《周禮注疏》卷四一,第 2006 頁下。
③ 《周禮注疏》卷四一,第 2006 頁下。

卑宫室,當一尺之堂爲九等階,於義不可,故爲旁九階也。鄭知南面三階者,見《明堂位》云"三公中階之前,北面東上。諸侯之位,阼階之東,西面北上。諸伯之國,西階之西,東面北上",故知南面三階也。知餘三面各二者,《大射禮》云"工人士與梓人升自北階";又《雜記》云"夫人至,入自闈門,升自側階";《奔喪》云"婦人奔喪,升自東階"。以此而言,四面有階可知。①

"九階"者,賈、馬以爲階有九等,然鄭注以爲"九階"是言升堂有九階:堂之四面皆有階,南面有三階,阼階、中階、西階;北面、東面、西面皆有左右兩階。按鄭義,夏天子宗廟有正堂,正堂之上有五室,五室又各有堂,那麼四面皆當有階。正堂在南,有三階;其他三面非正堂,等殺有別,故僅有左右兩階。

(5)門堂

"門堂,三之二。"此言"門堂",實則是指門屋也。鄭注云:"門堂,門側之堂。"專指門側之堂而言,則非也。門屋廣狹之數取於堂屋。堂屋南北進深十四步,東西廣十七步半。門屋廣狹爲正堂三分之二,那麼門堂南北進深爲九步二尺,即五丈六尺,東西廣十一步四尺,即七丈。

"室,三之一。"此言門屋室之廣狹。室有二,在門之兩側。鄭注云:"兩室與門各居一分。"賈疏云:"此室即在門堂之上作之也。言'各居一分'者,謂兩室與門各居一分。鄭不言尺數,義可知,故略而不言也。"②門屋東西廣爲七丈,兩室與門各占三分之一,那麼三者各廣二丈三尺三寸。

綜上可知,夏后氏宗廟有堂屋、門屋,雖不言及庭,其亦當有之。堂屋南北深十四步,即八丈四尺,東西廣十七步半,即十丈五尺。堂

---

① 《周禮注疏》卷四一,第 2006 頁下。
② 《周禮注疏》卷四一,第 2006 頁下。

上有五室,太室居中,南北深二丈四尺,東西廣二丈八尺。其他四室
在太室四角,每室南北深一丈八尺,東西廣二丈一尺。五室南北深凡
六丈,東西深凡七丈。堂屋四周皆有階,南面三階,其他三面皆二階。
門屋之廣狹爲堂屋的三分之二,門屋南北深十四步,東西廣十七步
半,那麼門堂南北深五丈六尺,東西廣七丈。門側兩室與門各占門屋
之廣三分之一,那麼門與兩室各廣二丈三尺三寸。

2. 商代宮室

"殷人重屋,堂脩七尋,堂崇三尺,四阿,重屋。"鄭注云:"重屋
者,王宮正堂若大寢也";又云"其脩七尋,五丈六尺,放夏、周,則其廣
九尋,七丈二尺也。五室各二尋。崇,高也。四阿,若今四注屋。重
屋,複笮也"。賈疏云:

> 云"王宮正堂若大寢也"者,謂對燕寢側室非正,故以此爲正
> 堂大寢也。言"放夏、周"者,夏在殷前可得言放,其周在殷後亦言
> 放者,此非謂殷人放周而爲之。鄭直據上文夏法,下文周法。言
> "放",猶言約夏、周者也。雖言放夏、周,經云"堂脩七尋",則其廣
> 九尋。若周言"南北七筵",則東西九筵,是偏放周法。而言放夏
> 者,七、九偏據周,夏后氏南北狹、東西長,亦是放之,故得兼言放夏
> 也。云"四阿,若今四注屋"者,《燕禮》云"設洗當東霤",則此四
> 阿,四霤者也。云"重屋,複笮也"者,若《明堂位》云"復廟重檐",
> 鄭注云"重檐,重承壁材也",則此複笮亦重承壁材,故謂之重屋。①

此言商天子路寢之制,其文上承"夏后氏世室",故兩者宮室多有相似
之處,所不同者僅在於廣狹尺度與宮室制度上的差異。按鄭、賈之
義,從宮室制度上來説,殷人"四阿重屋"。四阿即四注,即四面有霤

---

① 《周禮注疏》卷四一,第 2006 頁下—2007 頁上。

下注之屋,殿屋多此形制。重屋,謂屋上又起一屋。孫詒讓曰:"重
屋,謂屋有二重。下爲四阿者,方屋也。其上重者,則圓屋也。圓屋
以覆中央之五室,而蓋以茅;方屋以覆外出之四堂,而蓋以瓦。"①是
重屋上圓下方,今所見者亦有上下皆方,且上下皆以瓦者。簡言之,
"四阿重屋"即是重層的四坡式殿屋建築。

　　從結構上來説,殷人四阿重屋與夏后氏世室相似,兩者皆有堂,
堂上五室,太室居中,其他四室在太室四角,堂下有庭,庭南有門。從
廣狹尺度上來看,殷人重屋比夏屋更加廣闊高崇。堂脩(南北進深)
七尋,一尋爲八尺,七尋爲五丈六尺;堂脩七尋,則其廣爲九尋②,即
七丈二尺。五室亦仿周制"凡室二筵",則殷屋凡室二尋。那麼,五室
南北、東西各六尋,即四丈八尺。綜上可知,殷屋堂南北七尋,東西九
尋,室南北、東西各六尋。那麼殷人四阿重屋南北凡十三尋,即十丈
四尺;東西九尋,即七丈二尺。

　　3. 周代宮室

　　"周人明堂,度九尺之筵,東西九筵,南北七筵,堂崇一筵,五室,
凡室二筵。"此言周天子明堂之制,是承上文"夏后氏世室"、"殷人重
屋"而言,故其在宮室結構上相若。

　　周人明堂,東西九筵,南北七筵。一筵九尺,九筵八丈一尺,七筵六
丈三尺。那麼,周人明堂東西長約八丈一尺,南北長約六丈三尺。堂上
亦是五室,太室居中,其他四室在其四角。"五室,凡室二筵",二筵,一丈
八尺。那麼,五室東西、南北各長約五丈四尺。由此可知,堂室東西長約
八丈一尺,南北長約六丈三尺。堂下之庭若以"三堂之深"計,蓋有十八
丈九尺;門堂若以"三之二"計,東西蓋有五丈四尺,南北蓋有四丈二尺。

_____

① 孫詒讓:《周禮正義》卷八三,《續修四庫全書》經部禮類第 84 册,上海古籍出
　　版社,2002 年,第 636 頁上。
② 殷人之堂,形制蓋仿周制"東西九筵,南北七筵",故其堂東西九尋,南北七尋。

　　《周禮》所言三代宮室,殷人重屋四阿,夏后氏世室、周人明堂,經文未有言及。賈疏云:"殷之路寢四阿,則夏之路寢不四阿矣,當兩下爲之。周天子路寢制似明堂,五室十二堂,上圓下方,明四注也。諸侯亦然。"①以此言之,夏后氏世室爲兩下之屋,周人明堂爲四注屋。

　　就具體宮室結構而言,三代宮室,堂上皆有五室,太室居中,其他四室在其四角。每室有四户八窗,五室凡二十户,四十窗。鄭注言:"此三者或舉宗廟,或舉王寢,或舉明堂,互言之,以明其同制。"②其同制蓋指其宮室結構而言,廣狹尺度則有異,故賈疏云"云同制者,直制法同,無妨大矣。據周而言,則夏、殷王寢亦制同,而大可知也"。③張惠言《儀禮圖》中所繪天子路寢圖便是取這種宮室結構。(見下"張氏天子路寢圖"。)

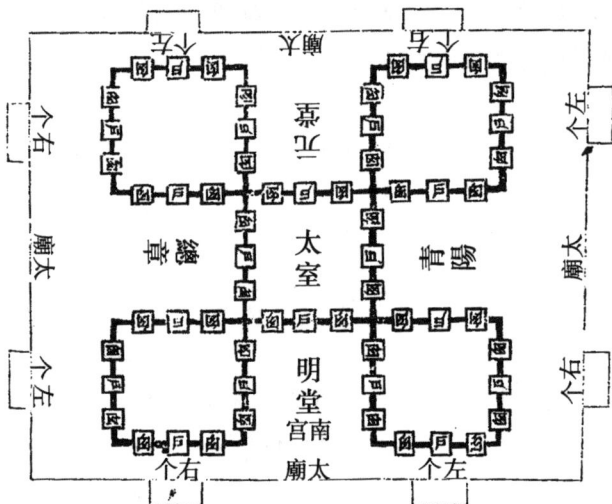

張氏天子路寢圖

① 《儀禮注疏》卷一,第 2043 頁下。
② 《周禮注疏》卷四一,第 2007 頁上。
③ 《周禮注疏》卷四一,第 2007 頁上。

(二)《大戴禮記·明堂》中的宮室

《大戴禮記·明堂》："明堂者,古有之也。凡九室,一室而有四户、八牖,三十六户、七十二牖。以茅蓋屋,上圓下方。明堂者,所以明諸侯尊卑。《明堂月令》:'赤綴户也,白綴牖也。二九四七五三六一八。堂高三尺,東西九筵,南北七筵,上圓下方。九室十二堂,室四户,户二牖,其宮方三百步。'"①

從結構上來説,此所載明堂之制,比《周禮》所言五室四堂制明堂更爲複雜。此明堂凡九室,每室四户、八牖,九室凡三十六户、七十二牖。又,此明堂"上圓下方",亦當是四注重屋。從尺度上來説,與周人明堂相同,皆是"東西九筵,南北七筵"。

(三)《尚書大傳》中的三代宮室

《尚書大傳》:"天子之堂廣九雉,三分其廣以二爲内,五分内以一爲高,東房、西房、北堂各三雉。公、侯七雉,三分其廣,以二爲内,五分内以一爲高,東房、西房、北堂各二雉。伯、子、男五雉,三分其廣以二爲内,五分内以一爲高,東房、西房、北堂各一雉。士三雉,三分其廣以二爲内,五分内以一爲高,有室無房堂。"鄭注云:"廣,榮間相去也。雉長三丈。内,堂東西序之内也。高,穹高也。今士禮有房,此云無房堂也。"②

此言天子、公侯、伯子男、士宮室與《周禮》載三代宮室不同。從宮室結構上來説,《周禮》載三代宮室是五室四堂制,而《書傳》所言宮室有序牆、有東房、西房、北堂,其結構更與《儀禮》中的宮室結構相同。從尺度上來説,此言天子、公侯、伯子男、士以"雉"爲尺度,一雉爲三丈,顯然此宮室比《周禮》所言宮室更爲闊大。此類宮室是兩下

---

① 黃懷信:《大戴禮記彙校集注》(下冊)卷八,三秦出版社,2005年,第914—923頁。

② 伏勝撰,鄭玄注,陳壽祺輯校:《尚書大傳》卷四,《四部叢刊》。

之制還是四注屋，《傳》文並未言及。鄭注云"廣，榮間相去也。"兩下屋有東西榮、南北霤，四注屋東西南北皆爲霤。以此言之，《書傳》所云天子、公侯、伯子男、士宮室似是兩下之制。

　　因此，從古代建築歷時發展的角度來說，《周禮》所載三代宮室"同制"，必然不是三代宮室情況的真實反映。《周禮》所言三代宮室堂屋之上有五室，太室居中，其他四室在其四角，每室有四門八牖，五室二十户，四十窗。宮室結構相當複雜。又《大戴禮記》所言明堂，九室十二堂，每室四户、八牖，九室凡三十六户、七十二牖。其結構更爲複雜。如此之繁複的宮室結構，若以當時的建築材料和技術條件是否能予以解決，看來頗存疑問。或許，此種結構本身，具有一定的理想色彩在裏面。《尚書大傳》所言宮室有序墻、有東房、西房、北堂，從具體結構上來説更爲簡單，與禮經所涉宮室則較爲相似。

二、考古所見三代宮室結構

（一）夏代宮室

　　劉叙傑《中國古代建築史》："宮室爲帝王諸侯施政與居息之地，而壇廟則爲其祭祀天地鬼神及追崇祖先之所。此二類建築之於夏代者，尚未遺留任何實物與可靠之文獻以供今日研討。由《論語》'夏卑宮室，而盡力乎溝洫'之記載，似乎在夏代之初，因致力於疏導天下洪水與興修農田水利，故對君王宮室之營建無暇注意。當時宮室之結構與外觀，可能仍沿襲前人'茅茨土階'的簡易形式。而一般建築，更不會超過這個水平。但是，後來情況有所改變，君王漸有沉溺於奢華享樂者，《史記·夏本紀》謂'夏作璇室'。此乃史家鍼砭夏桀宮室淫奢之簡單記載，其程度及具體情況均不得而知。但至少可以由此推測，夏末宮廷之部份建築，已脱離早期之淳樸風尚，而趨向於繁麗浮華矣。"①

　　據史籍記載,夏禹始定都於陽城,即今日河南登封縣境内,其後啓遷至陽翟,今河南禹縣。太康都斟尋,今河南鞏縣西南。最後桀居洛,今河南華陰縣至洛陽市間。"但就目前之考古發掘資料,上述夏都遺址均未得到發現,而一般城市之故迹,以未有確切之證明。過去曾將河南登封縣王城崗故城及淮陽縣平糧臺古城列爲夏代,後均改屬原始社會。過去曾有學者認爲偃師二里頭遺址是夏桀都城斟尋,衆説紛紜,未有定論。1997—1998 年對偃師商城的進一步發掘,確定了它是商湯滅夏後首建之都城西亳,并認爲二里頭是夏都斟尋。"②因此,我們對夏代宫室的考察以河南洛陽市偃師縣二里頭夏代晚期一號、二號宫殿遺址爲考察對象。

　　1. 河南洛陽市二里頭一號遺址③

　　一號宫室遺址是由門屋、回廊、庭及主殿組合成的宫室建築。整個宫室遺址有以下幾個特點:

　　(1)整個宫室遺址略呈正方形,東西約 108 米,南北約 100 米。《河南偃師二里頭早商宫殿遺址發掘報告》云:"宫殿遺址是一座大型的夯土臺基,整體略呈正方形,僅東北部凹進一塊。臺基東西長約 108 米,南北寬約 100 米。臺基面已被毀掉,下部保存完整。現存臺面平整,高出當時地面約 80 釐米,上面有成排成行的柱子洞和完整的墻基。"④

---

① 劉叙傑主編:《中國古代建築史》(第一卷),第 147 頁。
② 劉叙傑主編:《中國古代建築史》(第一卷),第 143 頁。
③ 具體參見《河南偃師二里頭早商宫殿遺址發掘簡報》,《考古》1974 年第 4 期,中國科學院考古研究所二里頭工作隊。
④ 見《河南偃師二里頭早商宫殿遺址發掘簡報》,《考古》1974 年第 4 期。

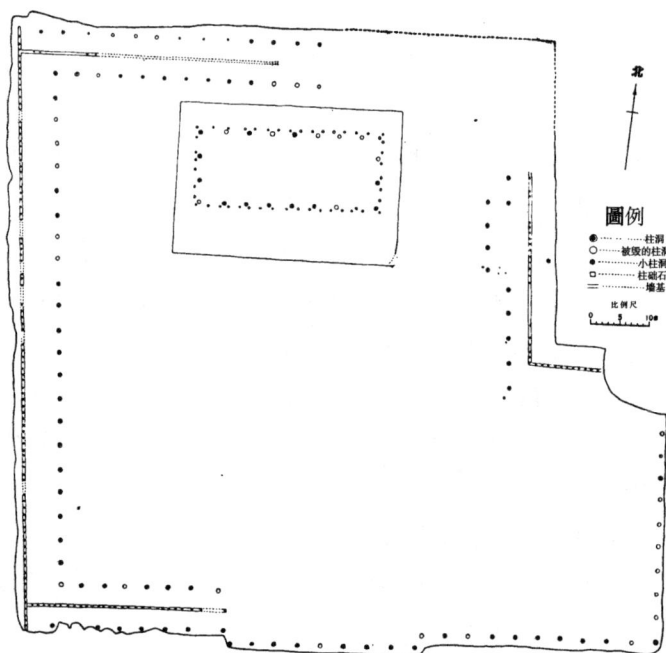

二里頭早商宮殿基址平面圖

（2）殿堂基址

臺基中部偏北的地方有一塊高起部份，呈長方形，東西約 36 米，南北約 25 米，是殿堂的基座。臺基中部的殿堂呈長方形，東西長 30.4 米，南北寬 11.4 米。四周有一圈大柱子洞或柱礎石，排列的情況是南北兩面各 9 個，南面現缺 2 個，北面現缺 5 個。東西兩面各 4 個。這一圈柱子可能是支撐殿堂出檐的挑檐柱。殿堂内部没有發現柱子洞或其他建築痕迹，可能爲後代地層毁掉了。檐柱東西 9 排，南北 4 排，是一座面闊 8 間、進深 3 間，雙開間的建築。檐柱外側一周挑檐柱的存在，説明殿堂的屋頂可能是四坡出檐式。與《周禮·考工記》載殷人"四阿重屋"相仿。

殿堂北距臺基邊緣約 20 米，東西距臺基邊緣各約 30 米，南距大門約 70 米。堂前是平整寬闊的廣庭。

（3）庭

整個遺址南北長約 101.4 米，東西長約 90.4 米。

（4）門

《報告》云：臺基南面中部有一塊東西長約 34 米，南北寬約 2 米的延出部份，其東端距臺基東邊緣約 39 米，西端距臺基西邊緣約 35 米。延出部份上面有宮殿大門的門柱痕迹。此部份蓋是宮室門之所在。此門北正與殿堂相對，兩者東西幾乎等長。

一號宮室是一組高臺建築，整個宮室建在一個高約 0.8 米的夯土臺基之上。自南而北有門、有庭、有殿堂。由於毀壞嚴重，現所知者，殿堂建築在高出周圍臺面的長方形基座上，在臺基中部偏北，基座東西長 30.4 米，南北長 11.4 米。殿堂四周有一圈柱子洞可能是支撐殿堂出檐的挑檐柱。由於破壞嚴重，殿堂內部結構我們則不得而知。殿堂南爲庭，南北長約 101.4 米，東西長約 90.4 米。庭南爲門，在臺基南面中部，與庭北殿堂基座相對，東西長約 34 米，南北寬約 2 米。由於破壞嚴重，其他結構部份則不得而知。

2. 二里頭二號宮室遺址①

二號宮殿遺址位於二里頭遺址的中部，西南距第一號宮殿遺址約 150 米。二號宮殿遺址是包括中心殿堂、庭、廊廡、大門、大墓在內的一組建築。整個宮室遺址呈長方形，東西約 58 米，南北以東墻計長 72.8 米。遺址的四邊包括北墻、東墻、東廊、西墻、西廊，南面爲復廊和大門。北墻與三面廊圍成一個廣庭。庭中央偏北是中心殿堂，中心殿堂與北墻之間有一大墓。（見下"河南偃師二里頭二號宮殿遺址平面圖"。）下文將根據《遺址》考古內容對每部份結構進行簡要說明：

① 具體參見《河南偃師二里頭二號宮殿遺址》，《文物》1983 年第 3 期，中國社會科學院考古研究所二里頭工作隊。

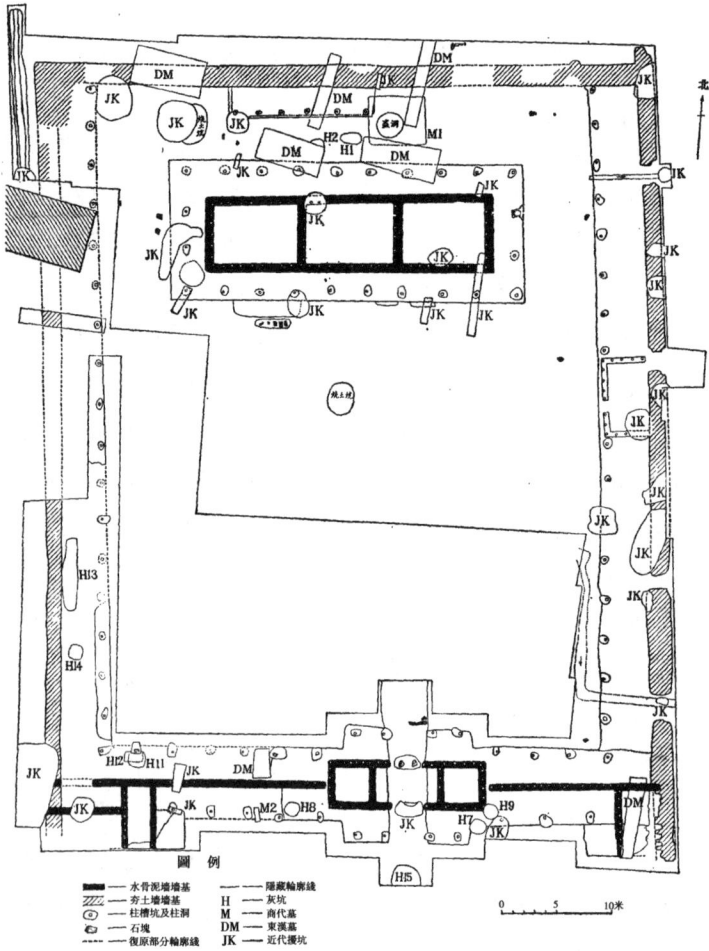

河南偃師二里頭二號宮殿遺址平面圖

（1）墻

　　宮室遺址東西南北皆有墻。北墻長約 57 米,寬約 1.9 米,西端略被破壞。東墻全長約 72.8 米,共有四個缺口,可能爲四道門。東墻北端超出北墻約 1.6 米,它的北頭寬 1.4 米,往南逐漸加寬到 1.8 米。西墻保存情況較差,長度與東墻相等,爲紅夯土築成,有墻基槽,其北、中部寬約 1.8 米,南部寬約 1.4 米。南牆約 57 米,被大門隔成東西兩段,東段長 15.6 米(其中嵌入東牆有 0.7 米),西段殘長 25 米。

(2)門

南大門爲廡式建築,位於南牆中部偏東,是一座由東西三間屋子及前後皆突出於左右復廊的廊子組成。東西二室略成正方形,相當於文獻上的東西塾,中間爲東西稍寬的大門道。三屋的四周皆有牆,但大門道牆槽有缺口。此建築以牆外側計,東西長 14.4 米,南北寬 4.35 米。牆有木骨,現僅存牆基槽。牆槽深 1—1.1 米,牆槽寬、木骨直徑、間距均同南牆。在東塾的西牆南端,西塾的東牆南端,兩處的柱洞距離均超過 1 米,可能爲二塾置門之處。東西二塾南北寬 3.15 米,東西長 3.3 米。大門道室內東西寬 5.4 米,南北寬同東西二塾。南北牆間的斷處正值此室的中部。間斷處寬 2.9 米,當屬置門處。

(3)庭

庭院南北長 59.5 米,東西寬 45 米左右。從中心殿堂到南面復廊爲 40.1 米。

(4)中心殿堂

此爲一高出整個宮殿夯土基址的長方形臺基,它是在宮殿基址上加築夯土而成。殿堂臺基北邊長 32.75 米,南邊長 32.6 米,東邊寬 12.4 米,西邊寬 12.75 米。現存臺基面高出當時庭院地面約 20 釐米。臺基距東廊、西廊約 6.5—6.6 米。

臺基上四邊各有一排柱洞,東西向一排十個,南北向一排四個,總共二十四個,現存二十個柱洞。柱洞之外有柱子坑,坑底有石礎。柱子洞洞徑 20 餘釐米,洞深一般在 40—75 釐米之間,間距(從柱洞中心計算)一般在 3.5 米左右。

柱洞里側約 2 米處有一周長方形牆槽,由兩道隔牆隔成三室。牆外爲回廊。牆東西長約 26.5 米,南北約 7.1 米。東西二室均寬 7.7 米,東室進深約 5.6 米,西室進深約 5.5 米。中間一室寬 8.1 米,進深 5.6 米。墙槽寬 0.75 米左右,南槽深 0.75 米,北槽深 1.1 米。墙内有木骨。木骨皆靠墙里側立著。墙槽内放有方形横木以承木骨。横木切面約 29×15 釐米。南北二槽内横木大體在同一水平上,即距臺基面約 60 釐米。木骨直徑 18—20 釐米,間距 1 米左右。

中心殿堂三室的門,估計在柱洞間距較大處,即西室的門在南面偏東處,東室的門在南面偏西處,中室的門大約在南面偏西處。東西二室通中室的門,西室的可能偏南,東室的可能偏北。是否各室均有北門,不敢斷定。此外,宫殿遺址還有廊廡、大墓,因《周禮》、《儀禮》二禮所言宫室結構不曾涉及,故不贅述之。

二號宫室也是一組包括大門、庭、中心殿堂、大墓、廊廡在内的高臺建築,整個宫殿基址普遍夯土,全組呈長方形,東西約 57.8—58 米,南北以東墙計長 72.8 米。大門爲屋三間,東西長約 14.4 米,南北寬 4.35 米。中間爲稍寬的大門門道,兩側爲東塾、西塾。兩塾皆東西長 3.3 米,南北長 3.15 米。大門道室内東西寬 5.4 米,南北寬同東西二塾,置門處寬約 2.9 米。大門北爲庭,南北長 59.5 米,東西寬 45 米。中心殿堂在整個基址北部,爲一高出整個宫殿夯土基址的長方形臺基,南北長 32.6—32.75 米,東西長 12.4—12.75 米。殿堂之上爲室三間,東西長約 26.5 米,南北長約 7.1 米。東西二室均寬 7.7 米,東西進深約 5.6 米,中間一室寬 8.1 米,進深 5.6 米。三室皆有門,皆在南面,西室之門在偏東處,東室之門在偏西處,中室的門在偏西處。

通過對一號、二號宫室遺址的發掘,我們可以看到,夏代晚期的宫室結構有以下幾個特點:

一是,整組建築有門、有庭、有中心殿堂,已經基本上具備了我國宫殿建築的形制和規模;

二是,整組建築以中心殿堂爲主,殿堂之上爲屋數間,四周出檐。此種結構與禮經中以堂爲主,堂、室分離的建築形式很不相同;

三是,殿堂四周皆有柱洞,説明已經出現了"四阿重屋"式的四坡出檐式結構。

(二) 商代宮室

據考古發現,現所發掘的商代宮室遺址已有多處,例如:河南洛陽市偃師縣尸鄉溝商城宮室遺址、河南鄭州市商城宮室遺址、河南安陽市殷墟晚商宮室遺址、湖北武漢市黃陂區盤龍城商代宮室遺址、四川成都市十二橋商代建築遺址、四川廣漢縣三星堆商代建築遺址等。由於時代久遠,大多數宮室遺址多殘缺不全。至於當代,在城市建設中,由於保護不當又屢遭破壞。今主要選取遺址中比較完整的河南洛陽市偃師商城 I 號宮室建築群 4 號宮殿、湖北武漢市黃陂區盤龍城商代宮室遺址 F1 基址爲研究對象。

1. 河南洛陽市偃師商城 I 號宮室建築群 4 號宮殿

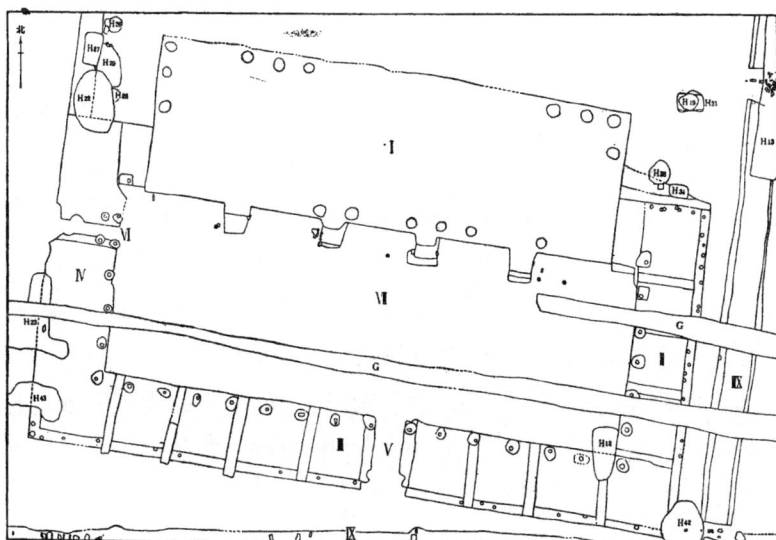

圖例:　○-夯土墩　○-柱洞　●-料砸石柱砸　○-石塊　G-漢代溝　H-灰坑

I.正殿　II.東廡　III.南廡　IV.西廡　V.南門　VI.西側門　VII.庭院　IIX.東圍墙

偃師尸鄉溝商城宮殿遺址平面圖

"D4 建築遺址平面爲長方形,東西全長約 51 米(以東、西兩廡外緣計算),南北寬約 32 米(北以正殿北緣、南以南廡南緣計算)。正殿朝南,基址全系夯土築成,包括正殿、東廡、西廡、南廡、南門、庭院和西側門等建築,自成一體。"①

正殿:正殿基址位於本組建築的北部,是 D4 基址的主體建築。此殿上部結構破壞較甚,但仍保存著高出當時地面約 25—40 釐米的臺基,下部基礎保存完好。臺基平面呈長方形,東西長約 36.5 米,南北寬約 11.8 米,邊緣清楚,南部邊緣出四個長方形臺階。由於破壞嚴重,正殿內部的結構如何,我們則不得而知。

臺基南邊的四個臺階,排列有序,自西向東編號爲階 1—4。四個臺階的間距自西而東是 5.5、5.3、5.5 米,大致相等。臺階平面爲長方形,南北長 2.3—2.5 米、東西寬約 2 米,一般保留有三級臺階,上連臺基表面,下達庭院地面。

庭院:庭院位於宮殿基址中部,四周有殿、廡相圍繞,構成一座長方形的天井。庭院南北長 14.1—14.4 米,東西寬 40.1—40.7 米。

南門:南門座落在南廡中部偏東處,上部建築結構已無存,殘留的門道已與庭院相平。門道北距正殿臺基爲 14.3 米,隔庭院與正殿階 3 相對照。門道東西兩側即是南廡東西部份的兩道隔墻,門道寬:北端 2.4 米,南端 2.1 米,中間全爲路土。隔墻的南端內側各有一個半圓形的凹槽,直徑約爲 1 米,左右對稱,可能與安裝大門一類的設施有關。此外,臺基東南、西南、正南有廡,因與《儀禮》宮室無涉,故不贅言。

---

① 具體參見趙芝荃《1984 年春偃師尸鄉溝商城宮殿遺址發掘簡報》,《考古》1985 年第 4 期,中國社會科學院考古研究所河南二隊。

2. 湖北武漢市黃陂區盤龍城商代宮室遺址 F1 基址①

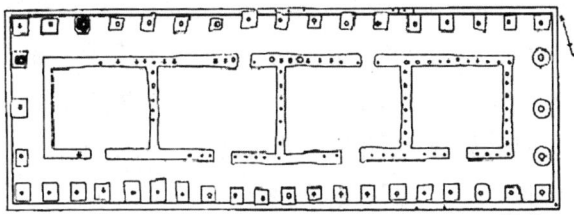

盤龍城商代宮室遺址 F1 基址平面圖

　　"商代諸侯方國一級之城邑,現僅發現一處,即地處湖北武漢市黃陂區葉店之盤龍城。該城建於盤龍湖畔府河北岸高地之東南側,最早發現于 1954 年。後經 1974 年、1976 年兩次發掘,測得此城平面作方菱形,東西距離 260 米,南北 290 米。城垣周長 1100 米。"②

　　此遺址中,"已經發現的上層宮殿基址有三座,它們前後平行,方向同城垣一致,可知是統一規劃的。已經基本清理出來的是 F1 基址。F1 的發現,是本次工作的最大收穫。F1 基址,臺基東西達 39.8 米,南北達 12.3 米,其地面雖已統統破壞,大部份柱穴及墻基的殘迹猶存,可據而判斷上面的建築物是四周有迴廊、中爲四室的大型寢殿"。"整個建築物以迴廊外沿大檐柱的柱中爲計,總面寬 38.2 米,進深 11 米。中間四室,每面都有土墻,以墻中爲計,通面寬 33.9 米,進深 6—6.4 米。每室四壁的夯土墻基厚約 70—80 釐米,皆有徑約 20 釐米的柱穴。""四室的中間二室較大,面寬各爲 9.4 米;兩端二室略窄,面寬都是 7.55 米;進深則同爲 6—6.4 米。各室都在南壁中間開一門,各寬 1.2 米;中間二室又在北壁偏東處多一後門,寬爲 90 和 95 釐米。四室之外,是一週迴廊,寬約 2 米多。迴廊外沿圍繞著 43

---

① 具體參見《盤龍城一九七四年度田野考古紀要》,《文物》1976 年第 2 期,北京大學考古專業、湖北省博物館盤龍城發掘隊。
② 劉叙傑主編:《中國古代建築史》(第一卷),第 147 頁。

個大簷柱,柱穴底皆有巨大的石礎。"①

　　通過對 4 號宮殿遺址與 F1 宮殿基址的發掘,我們會發現以此二者爲代表的商代宮室結構與夏代晚期宮室結構較爲相似。一、從總體結構上來説,整個宮室仍是以門、庭、主體殿堂三部份爲主;二、殿堂之上爲屋數間,皆東西鄉排列,皆有門;三、殿堂之上,房室與堂分別仍不明顯;四、殿堂周圍有簷柱,蓋仍是四坡式建築。所不同者,4號宮室殿堂之上爲屋三間,各有門,在南;F1 遺址殿堂之上爲屋四間,東西兩間僅南面有門,中間兩間南北皆有門。

(三) 周代宮室

　　周代分爲西周和東周,前後有大約八百年的歷史。"從西周初武王踐祚到戰國末秦王一統天下的八百年間,封建王朝帝王和各級諸侯營建宮室、壇廟的活動一直延續未斷,其數量與規模的宏巨,與人力和物力的耗費,都是難以想象和無法統計的。在其建築設計、技術和藝術水平方面,也曾達到很高的境界。可惜的是史籍闕録,文獻無載,而遺留下來的建築物既少又殘缺不全,因此使我們對代表這一時期最高建築水平的輝煌成就,瞭解和認識都非常有限。"②

　　"由於周代王都(豐、鎬、王城、成周等)久經破壞,未能給我們提供任何翔實資料,因此不得不將著眼點放到諸侯城的宮室上。"③根據考古發掘,現已被發現的周代諸侯宮室遺址有:楚都紀南城宮殿遺址、秦都雍城宮室建築遺址、魯國故城宮殿遺址、齊臨淄宮殿遺址、趙邯鄲宮殿遺址、燕下都宮殿遺址等。由於時代久遠,這些出土宮室遺址多殘缺不全,并不能反映出當時宮室結構的全貌。今從中選取結構較爲完整,且比較有代表性的陝西岐山縣鳳雛村西周建築遺址、陝

---

① 見《盤龍城一九七四年度田野考古紀要》,《文物》1976 年第 2 期。
② 劉叙傑主編:《中國古代建築史》(第一卷),第 256—257 頁。
③ 劉叙傑主編:《中國古代建築史》(第一卷),第 257 頁。

西鳳翔縣馬家莊春秋秦一號建築遺址爲研究對象。

1. 陝西岐山縣鳳雛村西周建築遺址①

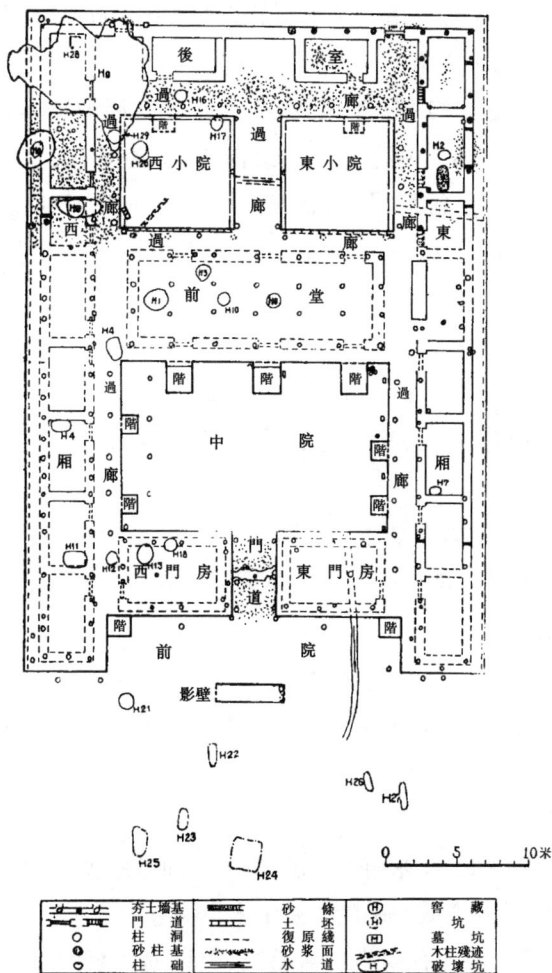

陝西岐山縣鳳雛村西周建築遺址平面圖

① 《陝西岐山鳳雛村西周建築基址發掘簡報》,《文物》1979 年第 10 期,陝西周原考古隊。

　　陝西岐山縣鳳雛村西周宮室遺址是周人在滅商以前在岐邑經營建造的早周宮室,爲滅商打下了很好的基礎。發掘證明,這里是一座大型的宮室建築基址。這個基址位於東西長約 100 米、南北寬約 100 米的遺址中間的東半部。

　　房基南北長 45.2 米,東西寬 32.5 米。房屋的基本佈局是:自南而北有影壁、門堂、中院、前堂、東西小院、過廊、後室,東西兩邊有門房、廂房,左右對稱,佈局整齊。下文僅就此遺址中主要建築門堂、中院、前堂等,據《陝西岐山鳳雛村西周建築基址發掘簡報》,略作介紹。

　　(1)門堂

　　門堂由正門、東門房、西門房三個部份組成。正門居中,門道南北長 6 米,東西寬 3 米。中間地面稍高,南北兩面有緩坡。門檻在門道中間偏北。

　　東門房臺基東西長 8 米,南北寬 6 米,高出南壁檐坡 0.48 米,高出中院南邊地面 0.6 米。西門房與東門房對稱,臺基的大小和高度與東門房相同。

　　在東西門房與東西廂房臺基相連接的交角處,有兩個對稱的斜坡狀臺階,長 1.2 米,寬 1.4 米。由這兩個臺階可分別進入東西門房和東西廂房。

　　(2)中院

　　中院東西長 18.5 米,南北寬 12 米。周圍略高,低於房屋臺基 0.61 米,中間最低處低於房屋臺基 1 米。

　　中院東西兩邊各有兩組三層臺階,分別通往東西廂走廊。每階大小相同,階長均 1.2 米,階寬約 1.3 米。東邊兩階相距 2.5 米,西邊兩階相距 2.9 米。

中院北面有三組大臺階,正對前堂門。三階大小不一。東階長
1.9 米,寬 1.9 米;中階長 2.1 米,寬 2.2 米;西階長 1.8 米,寬 1.9
米。東階距中階 4 米,中階距西階 4.4 米。

(3)前堂

前堂是此建築群中的主體建築。廳堂有柱洞,排列整齊,南北四
行,東西七列。東西間距各約 3 米,南北間距各約 2 米。面闊六間,
東西通長約 17.2 米;進深三間,南北通長約 6.1 米。

2.陝西鳳翔縣馬家莊春秋秦一號建築遺址①

雍城秦國宗廟遺址發掘於 1981 至 1984 年間,地點位於該城的
中部偏南,發掘報告稱之爲馬家莊春秋秦一號建築遺址。

建築遺址呈規整之矩形,東西長 87.6 米,南北長 82 米,周圍以
垣。此建築群自南而北包括:門屋、中庭、三廟(太廟、昭廟、穆廟。太
廟在北,昭、穆在其南東西兩側)、後寢。

(1)門屋

門屋位於南墙中央,爲一東西寬、南北狹之矩形平面。門屋包括
門道、東西塾、東西半塾等部份組成。因門屋南部已毀,現所見者僅
有北部部份。

門道:現存北段門道寬 3.35 米,殘長 6.95 米。門道南端有東西
鄉的門限凹槽一道,長約 2.55 米,寬 0.25 米,深 0.12 米。

東西塾:現僅餘東西內塾,外塾部份已毀。東塾室內東西寬 3.6
米,南北進深 3 米;西塾室內東西寬 3.5—4.6 米,南北進深 3.2 米。

---

① 具體參見《鳳翔馬家莊春秋秦一號建築遺址第一次發掘簡報》,《考古與文
物》1982 年第 5 期,陝西省雍城考古隊;《鳳翔馬家莊一號建築群遺址發掘簡
報》,《文物》1985 年第 2 期,陝西省雍城考古隊;韓偉:《馬家莊秦宗廟建築制
度研究》,《文物》1985 年第 2 期。

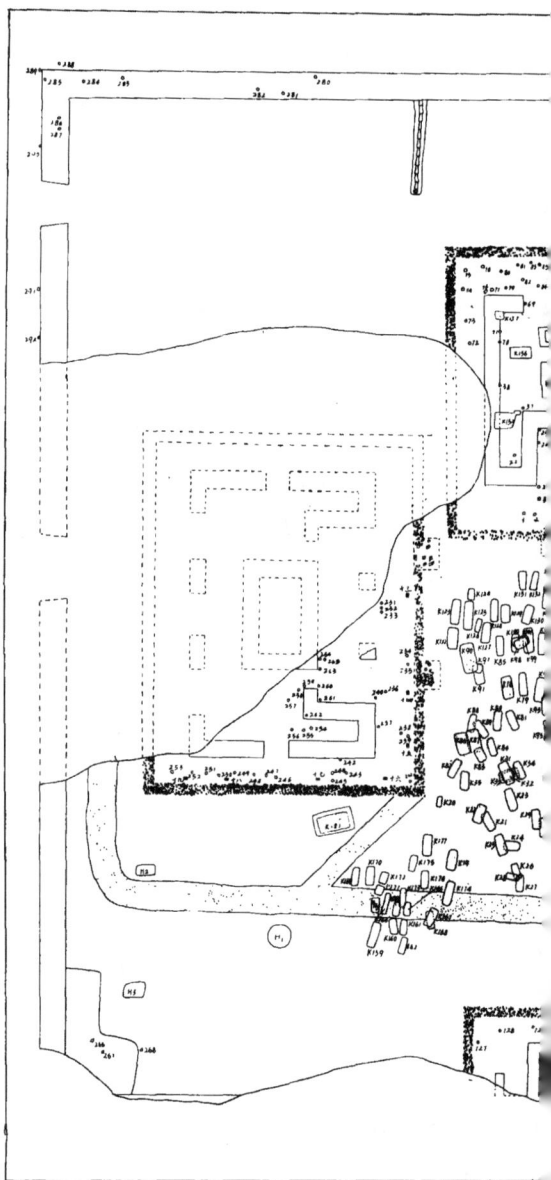

馬家莊春秋秦一號建築遺址

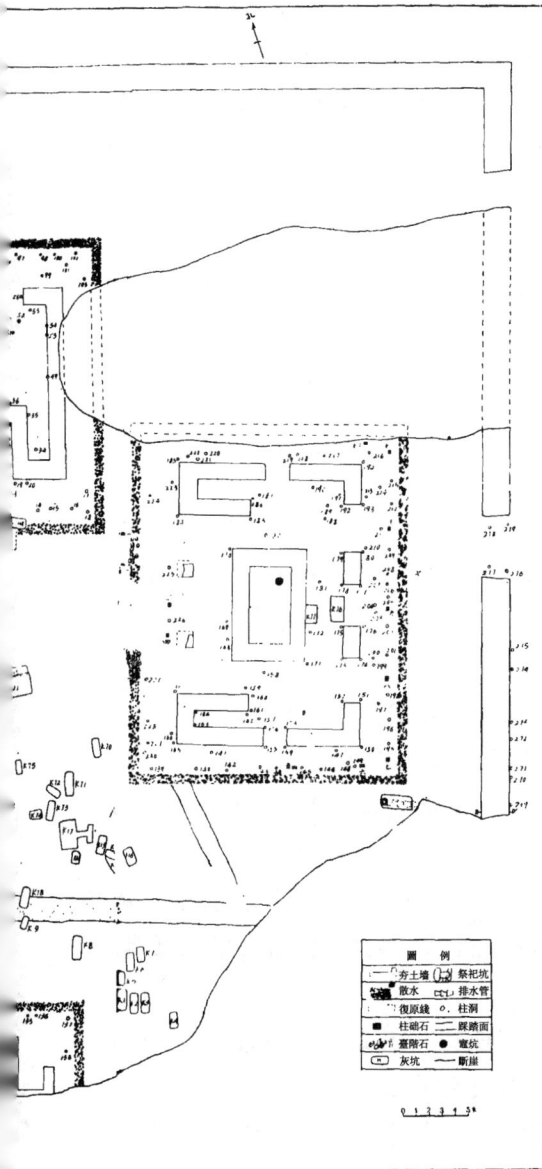

圖　例

夯土墙　　祭祀坑
散水　　　排水管
復原線　　柱洞
柱礎石　　踩踏面
臺階石　　窖坑
灰坑　　　斷崖

　　東西半塾:東西對稱地配置在東西塾的兩側,形制亦基本一致。平面爲長方形,北側均無夯墙痕迹。其進深僅有東西塾的一半,故暫稱東西半塾。東半塾內東西面闊 2 米,南北進深 1.55 米;西半塾內東西面闊 1.9 米,南北進深 1.65 米。

　　(2)中庭

　　中庭爲門屋以北,太廟以南,昭廟以西,穆廟以東之間的庭院。東西寬約 30 米,南北進深約 34.5 米。

　　(3)三廟

　　太廟位於中庭之北,基臺作矩形,坐北朝南。東西廣 20.8 米,南北進深 13.9 米。建築平面呈"冂"形。其内部又可分爲前堂、後室、東西夾室、東西房、東堂西堂北堂。

　　前堂:位於太廟"冂"形之凹口處。平面呈長方形,南面未有土垣。堂内東西廣 12.8 米,南北進深 4.3 米。在"南檐墙"部位的中心處,有兩個高出地面的夯土臺,可能是置雙楹柱之基礎,復原長度 1.2 米×1.2 米。

　　後室:在前堂北墙外正中,平面亦呈矩形。室内東西寬 5.75 米,南北進深 3.25 米。後室南墙即前堂北墙偏西處有一門,寬 1.6 米,似爲通往前堂之前門。室内東北角有圓坑一個,直徑 0.82 米,深 1.5 米,估計爲一竈坑。

　　東西夾室:爲前堂東西墙(東序、西序)外之狹長夾室,東西寬 1.7 米,南北長 4.2 米。據發掘報告,東夾室之西墙、西夾室之東墙,各辟有寬 1 米之小門,通向前堂。

　　東房、西房:在後室之兩側,東西均寬 5.2 米,南北皆深約 4.5 米。北側與東西堂間及南側與東西夾室間均未築土垣。

　　東堂、西堂、北堂:在東房、西房以及後室以北。三堂相連,唯有土垣相隔。東西寬 18.33 米,南北深 5.2 米。東堂、西堂、北堂之北垣,各辟有一門。東堂、西堂門寬約 3.5 米,北堂門寬 3.25 米。

　　迴廊：環繞建築四周，建有寬 2.2—3 米不等之迴廊。四面各遺有柱洞若干，計南廊 17 處，西廊 4 處，北廊 27 處，東廊 6 處。其於北廊者，大體排爲東西方向之二列，間距爲 1.2 米左右。

　　東階、西階：在前堂東西次間正前方，根據出土情況復原，東階東西寬約 2.2 米，南北長 2 米。西階亦是如此。

　　昭廟位於中庭東側，坐東朝西，平面亦作“冂”形，南北廣 21 米，東西進深 13.9 米。內部諸堂、室之劃分，基本與太廟相若。各室面積亦大體相仿。所不同者有二：一是，前堂與後室之門道，置於其東垣之兩端，即直接通向南房、北房，而太廟之門道在東西序牆北端，直通東西夾室，門道寬度 2.4 米；二是，南、北房于南北牆中部，各開一通向迴廊之門，寬度約 2 米。

　　穆廟位於中庭西側，坐西朝東，平面大部份被毁，應與昭廟形制形同。其唯一與昭廟不同者，乃是由前堂通往南房之門較窄，僅1.4 米。

　　從鳳雛村遺址與馬家莊春秋一號遺址的發掘情況來看，周代宮室比夏、商宮室結構上更爲複雜。夏、商宮室的整組建築一般有門、有庭、有主殿，周代宮室則更爲複雜。例如：鳳雛村遺址前堂之後更有東西小院，小院後還有後室；馬家莊春秋一號遺址除大門、庭、主體建築太廟外，太廟之南東西還有昭廟與穆廟。

　　從單體宮室結構上來看，鳳雛村宮室遺址爲早周時期建築，其建築風格與夏、商宮室結構相似。例如：大門居中，門兩側爲塾；前堂之上堂、室結構不分明。但是馬家莊春秋一號宮室遺址，三廟結構中，堂與房室分明，堂在前，堂左右爲序牆，房、室在後。這種結構，與《儀禮》、《書傳》中的宮室結構更爲相似。從主體殿堂的總體結構上來説，鳳雛村宮室遺址前堂臺基周圍皆有柱洞，馬家莊宗廟遺址三廟之臺基四面亦有柱洞若干。以此言之，此二建築蓋亦是四坡式建築。

三、三代宮室與《儀禮》宮室

夏、商、周三代前後約一千八百年，從中國古代社會發展史上來看，這是一個奴隸制社會初步建立并不斷鞏固發展的社會。在這一時期，農業、手工業、商業逐漸發展起來，與之相應，各類建築或由水利需要，或由戰爭需要，或由統治者享樂的需要，也得到了長足發展。中國古代建築史是一個不斷發展變化的過程，各個時期的宮室建築雖然具有前後相續性，但是也往往會留下它獨特的時代烙印。從夏朝建立時的"茅茨土階"，到商、周時代的高臺四阿重屋似的宮殿建築，這都反映了古代宮室建築的發展性與時代性。

《周禮》所載三代宮室有門、有庭、有殿堂，已經具備我國古代傳統宮室建築的形制與規模。從建築形式上來說，夏后氏的兩下世室，殷人的四注重屋，周人的四注明堂，則與考古所見的三代宮室基本一致。它們所具有的建築要素都可以在三代考古發現中找到。

但是，從其具體宮室結構上來說，《周禮》中的三代宮室皆是"五室四堂"制，整個殿堂以室為主，室前皆有堂，每室四面皆有戶，每戶兩旁皆有窗，五室凡二十戶、四十窗。其結構何其複雜。如此複雜的建築結構，在三代宮室遺址中未曾發現。由此而論，此類建築形式存在的可能性頗讓人懷疑。若以當時的建築材料和技術條件是否能予以解決，看來頗存疑問。或許，《周禮》所載宮室就像其本身一樣，帶有一定的理想色彩在裏面。以此論之，《大戴禮記》所言"九室十二堂"制的明堂結構，則更具理想性。

通過對考古材料的分析我們知道，從夏代晚期開始，就已經有了四坡式的宮室結構，但是從具體結構上來說，整個殿堂仍是以橫向排列房、室為主，既不像《周禮》中以太室為中心的"五室四堂制"，也不像禮經中以堂為主、前堂後室式的宮室結構。商代的宮室建築，與夏代晚期大略相同。至於周代，除了保留有夏商時代的建築風格外，還出現了堂室分明、堂在前而房室在後的宫室結構。此類建築則與《書傳》、《儀禮》中所涉宫室相似。

《書傳》所涉宫室有天子、公、侯、伯、子、男六等。六等宫室結構相同，所不同者僅在於廣狹尺度。按鄭、賈之義，諸宫室皆是兩下結構，有堂、有房、有室，堂上有東西序，與《周禮》所載三代宫室不同。

《儀禮》所涉宫室可分爲兩類：一是天子、諸侯宫室，此類宫室爲四注屋，有房、有室、有堂，堂與房、室分明，堂在前、房室在後。這與考古所見周代馬家莊春秋一號宫室之太祖廟堂屋結構相似；二是大夫、士、庠、序宫室，此類宫室爲兩下屋，亦有房、有室、有堂，堂與房、室分明，堂在前、房室在後。這與《尚書大傳》所載諸宫室結構相似。

通過與出土所見三代宫室遺址相較，我們没有發現任何一種宫室遺址與禮經所涉宫室完全相同或基本相同。由此，我們是否可以說禮經中所記述的宫室是不存在的呢？ 正好相反，我們認爲禮經所涉宫室是具有真實性的。

考古所見宫室遺址雖然與禮經所涉宫室結構不能完全相合，但是禮經所涉宫室中的多種建築因素在考古所見的三代宫室遺址中都已經出現了。從建築形式上來說，禮經所涉宫室有兩種建築形式，一是天子、諸侯四阿重屋式宫室。通過考古發現，這種建築形式在夏代晚期已經出現了，例如二里頭一號宫室遺址。二是大夫、士兩下式宫室。從中國古代建築史上來說，兩下式的建築形式要早於四阿重屋式。夏代早期及中期的建築多是這種形式的。從宫室結構上來說，第一，《儀禮》所涉宫室爲高臺式建築，房室等往往建於高臺之上，升堂有階。考古所見宫室遺址皆是高臺式建築，升堂皆有階。所不同者，《儀禮》所涉宫室有阼階、西階二階；考古所見宫室遺址則有二階、三階、四階不等。第二，從堂屋（或主殿）建築結構上來說，禮經所涉宫室之堂屋有堂、有房室。堂在前，房室在後。堂與房室分明，堂是整個堂屋的主體部份，按鄭、賈之說，堂占整個堂屋的四分之三，而房室僅占四分之一。正堂空間廣闊,而房室較爲迫狹。從考古所見宮室遺址來看,夏、商時代的宮室多是以房室爲主體的建築,整個臺基之上僅僅建有房室,分成數間,房室四周出檐,並没有特別明顯的堂。至於周代,堂與房室分明的建築形式才出現。例如陝西岐山鳳雛村西周建築遺址中的三廟,它們與禮經中堂與房室分明的建築形式非常相似。因此,我們可以説禮經所涉諸宮室在中國古代建築史上是完全可能真實存在的。①

四、結語

　　《説文》云:"禮,履也,所以事神致福也。"②《論語》云:"興於詩,立於禮,成于樂";"不學詩,無以言","不學禮,無以立";又"子曰:能以禮讓爲國乎,何有? 不能以禮讓爲國,如禮何?"禮者,重在實踐。對於個人來説,禮即是個人日常行爲的準則,也是立身之本;對於國家來説,它既是治國的重要方法之一,也是古代法律的重要組成部份。由禮而衍生出的各種典禮儀式,其重要性更自不待言。《儀禮》所載諸禮就是關於這類典禮儀式文獻的記録。從禮的實踐性上來説,它應該是真實的。從制禮之初,至孔子,至後世學者,在這一漫長的過程中,其間不免會存在或多或少的删定與增補。但是,我們相信《儀禮》所載諸禮及所描繪出的宮室結構,還是存在基本上的真實性。

―――――――――

① 本部份内容僅從宮室建築形式及具體結構上來論證《儀禮》宮室存在的真實性,不涉及宮室尺度問題。
② 許慎撰,段玉裁注:《説文解字注》,第 2 頁下。

第二章　儀節研究

第一節　《儀禮》中與"席"相關的幾個問題[①]

一、"筵"與"席"

《儀禮》諸禮多言"筵"與"席",據筆者統計《儀禮》全文言"席"者有 241 次,言"筵"者有 101 次。"筵"與"席"兩者之意或同或非,其用法又是如何,後世學者鮮有論及。然從其在《儀禮》中使用的頻率來看,兩者似有其不同之處。

《周禮·司几筵》:"司几筵,下士二人,府二人,史一人,徒八人。"鄭注云:"筵亦席也。鋪陳曰筵,藉之曰席。然其言之筵、席通矣。"賈疏云:

　　"鋪陳曰筵,藉之曰席"者,設席之法,先設者皆言筵,後加者爲席。……假令一席在地,或亦云筵,《儀禮·少牢》云"司官筵于奧"是也。是先設者爲鋪陳曰筵,藉之曰席也。云"然其言之筵、席通矣"者,所云"筵"、"席",惟據鋪之先後爲名,其筵、席止

---

① 本節内容曾同名發表於《甘肅高師學報》2020 年第 1 期,收録時做了一些修改。

是一物,故云"然其言之筵、席通矣"。①

鄭注云"鋪陳曰筵,藉之曰席";賈疏云"是先設者爲鋪陳曰筵,藉之曰席也"。二者先鋪設者稱之爲"筵",後設者布之於筵上則稱之爲"席"。由鄭注、賈疏可知,筵即是席,兩者實爲一物,一物而有二名者,是由它們在鋪設時的不同情況而決定的。"筵"是鋪之於地上先設,"席"鋪之於"筵"上後設,此"筵"、席"所以稱之有別也。

　　所以知稱"筵"是先設者,稱"席"是後設者,《周禮》云:"司几筵掌五几、五席。"鄭注云:"五席,莞、藻、次、蒲、熊。"②經、注皆稱之爲"席",而不稱之爲"筵"。此言"席"是據物而言,不是據設而言。若是設時先設於地,則當變言"席"爲"筵",後布於"筵"上者,則當稱之爲"席"。例如下經云:

> 《周禮·司几筵》:"凡大朝覲、大饗、射,凡封國、命諸侯,王位設黼依,依前南鄉設莞筵紛純,加繅席畫純,加次席黼純,左右玉几。"
> 《周禮·司几筵》:"諸侯祭祀,席蒲筵繢純,加莞席紛純,右彫几。昨席莞筵紛純,加繅席畫純。筵國賓于牖前,亦如之,左彫几。"

上言五席時稱"莞席"、"蒲席",此設時變言"莞筵"、"蒲筵",可知是先設者稱"筵"。"繅席"、"次席"、"莞席"是加席,加之于筵上,故稱之爲"席"。

　　《周禮》中所言"筵"、"席"之別蓋如是也,然其在《儀禮》中的意

---

① 《周禮注疏》卷一七,第 1623 頁下。
② 《周禮注疏》卷二〇,第 1671 頁下。

義又是如何呢？我們仍需仔細分析。《儀禮》中言"筵"、"席"者大體可分爲以下四種情況：

（一）與《周禮》所言"筵"、"席"相同，經文中先言"筵"，後言"席"。例如：

> 《公食大夫禮》："宰夫設筵加席几。"
>
> 《公食大夫禮》："司宮具几與蒲筵常緇布純，加萑席尋玄帛純。"

以上諸例皆先言"筵"，後言"加席"或"加某席"，與《周禮》中所言"筵"、"席"之例相同。先設於地者稱之爲筵，後加之於筵上者稱之爲席。禮經先言"筵"，後又言"席"者，是設多重席可知。

（二）經文中不言設筵，僅單言"加席"或"重席"。例如：

> 《燕禮》："小臣設公席于阼階上，西鄉，設加席。"
>
> 《鄉射禮》："主人大夫之右拜送。大夫辭加席。主人對，不去加席。"
>
> 《大射》："小臣設公席于阼階上，西鄉。司宮設賓席于戶西南面，有加席。"
>
> 《燕禮》："卿升拜受觚，主人拜送觚。卿辭重席。司宮徹之。"
>
> 《大射》："司宮兼卷重席，設于賓左，東上。"
>
> 《大射》："卿升拜受觚，主人拜送觚。卿辭重席，司宮徹之。"

此不言設筵，僅單言"加席"、"重席"者，其實亦是加之於筵上之席，是設多重席。經文所以不見設筵之文，是省文。《禮記·禮器》："天子之席五重，諸侯之席三重，大夫再重。"天子設席五重，諸侯三重，大夫設二重，席之多少，蓋以尊卑而定之。

（三）經文中單言"筵"，例如：

《士冠禮》："筵于東序，少北，西面。"
《士冠禮》："筵于户西，南面。"
《士昏禮》："主人筵于户西，西上，右几。"
《燕禮》："司宫筵賓于户西，東上。"
《聘禮》："有司筵几于室中。"
《少牢饋食禮》："司宫筵于奥。祝設几于筵上。"
《特牲饋食禮》："祝筵几于室中，東面。"
《有司》："司宫筵于户西南面，又筵于西序東面。"

天子設席五重，諸侯三重，大夫設二重。士卑於大夫，大夫二重，士之席當一重可知。《儀禮》諸禮以士禮爲主，故經文多言爲士設席之例。考之經意，此單言"筵"者，即是爲士所設一重席。

（四）經文中單言"席"者，例如：

《士冠禮》："布席于門中闃西闑外，西面。"
《士昏禮》："贊見婦于舅姑。席于阼，舅即席。席于房外南面，姑即席。"
《鄉飲酒禮》："設席于堂廉，東上。"
《燕禮》："席于阼階西，北面東上，無加席。"
《大射》："席於阼階西，北面東上。"
《士虞禮》："布席于室中，東面，右几。"

此亦是爲士所設之席，士席一重，設之于地，當稱"筵"，然此稱"席"者，蓋是統稱，不別"筵"、"席"之分。清人吴之英《禮器圖》云："席謂之筵，對言則在地曰筵，加之曰席，故《詩·大雅》云'肆筵設席'。特言在地亦曰席,如此經是已。"①

綜上可知,《儀禮》中所言"筵"字,與《周禮》完全相同,皆是設之於地。"席"字在《儀禮》中則有兩用,一是與《周禮》相同,布之於筵上稱席,二是其意與"筵"字相同,設之於地時亦可稱"席"。

二、席面

《儀禮》中布席常言面位。例如《士冠禮》:"布席于門中闑西閾外,西面。"《士昏禮》:"席于房外,南面。"《燕禮》:"小臣設公席于阼階上,西鄉。"《大射》:"席于阼階西,北面東上。"禮經中或言"面",或言"鄉",皆指席面而言。然何爲席面,後世學者鮮有論及,蓋是時席面是衆人所熟知,毋庸言之。今宴不用席,席面更無所知之。

《周禮·考工記》:"周人明堂,度九尺之筵。"《儀禮》所用之席是否爲九尺,經無正文,不置可否,然其形制大略無異。席是一長方形,有兩長邊,兩短邊。席既設之,四邊朝向四方。布席之時,何爲席面?《禮記·曲禮上》云:"請席何鄉? 請衽何趾?"鄭注云:"順尊者所安也。衽,臥席也。坐問鄉,臥問趾,因於陰陽。"孔穎達正義曰:

> "請席何鄉? 請衽何趾"者,既奉席來,當隨尊者所欲眠、坐也。席,坐席也。鄉,面也。衽,臥席也。趾,足也。坐爲陽,面亦陽也,坐故問面欲何所鄉也? 臥是陰,足亦陰也,臥故問足欲何所趾也? 皆從尊者所安也。②

此問布坐席、臥席之法,我們所討論的是坐席之面。孔氏認爲"鄉"即

① 吳之英:《壽櫟廬儀禮奭固禮器圖》卷一,《續修四庫全書》經部禮類第 93 冊,上海古籍出版社,2002 年,第 606 頁。
② 《禮記正義》卷二,第 2683 頁上。

是"面","請席何鄉",即是問席面該鄉何方？孔氏又云席面"當隨尊者所欲眠、坐也",這就是説席面的方向要按照坐席者的面位來定,人入席坐位朝向何方,席面就該向何方。由此可知,孔氏認爲席面不是根據席子的四邊來定的,而是由人坐席時的面向決定的。

若如孔氏所言,人入席時,面位朝東,席面則是東向;面位朝西,席面則是西向。其他亦是如此。《儀禮》中所言席面是否如此,下文將細細考之。

《士冠禮》:"布席于門中闑西閾外,西面。"此言冠禮筮日,爲筮人及卦者布席,布席"西面";下經云"筮人許諾,右還,即席坐,西面。卦者在左。"前言席"西面",是布席時席面朝西,此言筮人"即席坐,西面",是説人入席時面向西,則席面與筮人入席之面相同。《燕禮》:"小臣設公席于阼階上,西鄉,設加席。公升,即位于席,西鄉。"小臣在阼階上設公席,席面朝西,公升入席亦是西向,席面與人面同。《大射》云"小臣設公席于阼階上,西鄉";下經云"公升,即位于席,西鄉"。前言設席西鄉,此言入席"西鄉",席面與人面亦是相同也。綜上可知,《儀禮》中言"席面"是據人入席時面向而言。經文中,布席不言面位者,亦當如此。

一般來説,主人之席常設于阼階上,西面;賓之席常設于户牖之間,南面;室中之席常設於奧,東面;婦人之席常設於房内,南面,其席面亦與人入席時面位相同。

三、席之首尾

《士昏禮》:"主人筵于户西,西上,右几。"鄭注云:"席有首尾。"賈疏云:"云'席有首尾'者,以《公食記》'蒲筵、萑席皆卷自末',是席有首尾也。"[1]鄭氏、賈氏皆謂席有首尾,然何以爲席之首尾？《公食

---

[1]《儀禮注疏》卷四,第 2074 頁下。

大夫禮》："司宫具几與蒲筵常緇布純,加萑席尋,玄帛純,皆卷自末。"鄭注："末,經所終,有以識之。"賈疏云："'有以識之'者,席無異物爲記,但織之自有首尾可爲記識耳。"①鄭氏認爲席之首尾有標識可尋;賈氏認爲席的首尾相同,首端和尾端没有標識,但是通過席的紋理能够辨識出。席之首尾是否有異物作爲標識,鄭、賈之説是否可信,我們都無從考證,但是有一點可以肯定的是,席是有首尾的。

又《禮記》云："奉席如橋衡。"鄭注云："横奉之,令左昂右低,如有首尾。"孔穎達正義云:

　　"奉席如橋衡"者,所奉席,席頭令左昂右低如橋之衡。衡,横也。左尊故昂,右卑故垂也。但席舒則有首尾,卷則無首尾,此謂卷席奉之法,故注云"如有首尾"。然言"如有",則實無首尾。至於舒席之時,則有首尾,故《公食禮》云"莞席尋卷自末",注云"末,終也,終則尾也"。②

案孔疏所言,席首尾之有無,是據席之卷、舒而言的。席卷之時,首尾相疊,則無首尾可言;舒席之時,席陳于地,則有首尾。又鄭注云"如有首尾",則是説席没有首尾,此是據卷席奉時而言,故言無首尾。孔氏之言不虚,席卷之時,首尾卷成一束,無所謂首尾,故言無首尾也;舒席之時,首尾各居一端,首尾可見矣。

四、席上

《儀禮》布席不僅言面位、首尾,還言席上。何爲"席上"? 鄭注云：“上，謂席端也。”①席上，即是説布席時以席的一端爲上位。如《士昏禮》：“主人筵于户西，西上，右几。”此布席言“西上”，即是布席時以席的西端爲上位。席南面，席西爲右，“右几”者，則是几設於席上。席的上位是如何確定的呢？《禮記·曲禮上》云：“席南鄉北鄉，以西方爲上；東鄉西鄉，以南方爲上。”鄭注云：“布席無常，此其順之也。上，謂席端也。坐在陽則上左，坐在陰則上右。”孔氏正義云：

　　“席南鄉北鄉，以西方爲上”者，謂東西設席，南鄉北鄉則以西方爲上頭也。所以然者，凡坐隨於陰陽，若坐在陽則貴左，坐在陰則貴右。南坐是陽，其左在西；北坐是陰，其右亦在西也，俱以西方爲上。東鄉西鄉以南方爲上者，謂南北設席，皆以南方爲上也。坐在東方西鄉，是在陽，以南方爲上；坐若在西方東鄉，是在陰，亦以南方爲上。亦是坐在陽則上左，坐在陰則上右。此據平常布席如此，若禮席則不然，案《鄉飲酒禮》注云“賓席牖前南面，主人席阼階上西面，介席西階上東面”，與此不同是也。②

鄭氏、孔氏都認爲席上端是根據“陰陽”而定的，坐在陽則以席之左端爲上位，坐在陰則以席之右端爲上位。何爲“陰陽”呢？東、南、西、北四方，東方、南方爲陽，西方、北方爲陰。“席南鄉北鄉，以西方爲上”者，是説坐在南方則席面北鄉，南方爲陽，以席左爲上，席左即席西也，故以西方爲上；坐在北方則西面南鄉，北方爲陰，以席右爲上，席右即席西，故以西方爲上。“席東鄉西鄉，以南方爲上”者，是説坐在東方則席西鄉，東方爲陽，以席左爲上，席左即席南也，故以南方爲上；坐在西方則席東鄉，西方爲陰，以席右爲上，席右即席南也，故以

---

① 《禮記正義》卷二，第 2683 頁上。
② 《禮記正義》卷二，第 2683 頁。

南方爲上。

　　但是,此布席之法與《儀禮》所言多不相同,故孔氏又以"此據平常布席如此,若禮席則不然"解之。然何爲"平常布席",何爲"禮席",孔氏不言,我們更不得而知也。

　　凌廷堪《禮經釋例》云:"凡設席,南鄉、北鄉,于神則西上,于人則東上;東鄉、西鄉,于神則南上,于人則北上。"[①]凌氏論之詳矣,兹不贅述,僅概而言之,條其大意如下:

　　(一)爲神布席

　　1. 布席于堂,南鄉,西上

　　《士昏禮》納采及親迎,皆云"主人筵于户西,西上,右几"。《聘禮》行聘之時,"几筵既設"。凌氏以之爲例。

　　2. 布席于室,東鄉,南上

　　《特牲饋食禮》:"祝筵几于室中,東面。"《少牢饋食禮》:"司宫筵于奥,祝設几于筵上,右之。"《聘禮》賓將行,告禰,有司筵几于室中,使還奠告,"乃至于禰。筵几于室"。此皆室中東鄉之筵,凌氏亦以之爲例。凌氏由此認爲,爲神布席,南鄉北鄉以西爲上,東鄉西鄉以南爲上。

　　(二)爲人布席

　　1. 布席于堂,南鄉,東上

　　《士昏禮》爲賓布席,"主人徹几改筵,東上"。《聘禮》禮賓,"宰夫徹几改筵",鄭注云"賓席東上"。《鄉射禮》:"乃席賓,南面東上。衆賓之繼而西。"《燕禮》:"司宫筵賓于户西,東上。"《大射》:"司宫設賓席于户西,南面有加席。卿席賓東,東上;小卿賓西,東上。大夫繼而東上。"以上諸席皆是南鄉,東上于堂上。

---

① 凌廷堪:《禮經釋例》,第92頁。

2.布席于堂,北鄉,東上

《大射》:"諸公阼階西,北面東上。"又《鄉飲酒禮》爲四工布席,"設席于堂廉,東上","工入,升自西階,北面坐"。由此可知亦是北鄉,東上。

3.布席于堂,西鄉,北上

《鄉飲酒記》:"若有諸公,則大夫于主人之北,西面。"遵者有諸公(孤卿),有大夫。諸公遵者"席于賓東",大夫遵者統於諸公遵者,故大夫遵者席於主人之北,西面,北上。

4.布席于堂,東鄉,北上

《大射》:"若有東面者,則北上。"此是爲大夫布席也。凌氏由此認爲,爲人布席,南鄉北鄉以東爲上,東鄉西鄉以北爲上。此外,凌氏又云:

　　考《曲禮》"席南鄉北鄉,以西方爲上","席東鄉西鄉,以南方爲上",蓋禮家見《士昏禮》有"筵于户西,西上"之文,遂爲此説,不知經所謂"西上",指神席也。《禮經》之例,"席于人,南鄉北鄉,以東方爲上;東鄉西鄉,以北方爲上",與《曲禮》正相反。《曲禮》出諸儒所記,信傳固不如信經也。①

凌氏認爲《曲禮》所言蓋據《士昏禮》爲神布席之一例所出,故有所偏頗。考諸經義,爲人、爲神布席之法,實則異也,凌氏所言不虛也。

　　按凌氏所言布席之法,則孔氏正義所謂"平常布席"則是指爲神布席,"禮席"則是爲人布席。然凌氏言爲神、爲人布席之法,皆據席在堂、在室而言,其在房、廟門與喪禮中,布席之法又當如何呢?下面將分別申述之。

① 凌廷堪:《禮經釋例》,第94頁。

(一) 布席于房中

1. 房中南面,東上

《有司》:尸酢主婦"司宮設席于房中,南面。主婦立于席西。"敖氏《儀禮集説》云:"立于席西者,亦西爲下。"設席于房中南面,席西爲下,此席是東上可知。《特牲饋食禮》:主人"致爵于主婦。席于房中,南面。"其所言席之面位亦與《有司》同,其席東上,亦可知矣。

2. 房中東面,南上

《有司》:"主婦北堂。司宮設席東面。主婦席北東面拜受爵。"鄭注云:"席北東面者,北爲下。"此席布于房中北堂東面,鄭注云"北爲下",則此席南上可知。

由上可知,婦席布于房中,其南鄉北鄉,當以東爲上;東鄉西鄉,當以南爲上。此房中爲婦人布席之法,亦與凌氏所言爲人設席同也。

(二) 布席于廟門,席西鄉,南上

《士冠禮》:筮日"布席于門中,闃西,閾外,西面",此言冠禮筮日時所布之席,席西鄉,入席時經言筮人"即席坐,卦者在左",筮人尊于卦者,卦人在左,筮人在右,席右爲上也。席西鄉,席右即席南也,此席南上可知也。又《特牲饋食禮》筮日"席于門中闃西閾外","筮人許諾,還,即席,西面坐,卦者在左";《喪禮》卜日"席于闃西閾外","即席,西面坐"。此布席皆與冠禮筮日同也,同是布席于"門中闃西閾外",席西鄉,南上。門中布席蓋如是也。

由此可知,廟門布筮席之法亦是東鄉、西鄉,以南爲上,與凌氏所言爲人布席同也。

(三) 喪禮中的布席

《士虞禮》爲尸"布席于室中,東面右几"。席東面,以南爲右,"右几"則是几在席南,那麼席是南上可知。《士虞禮》餞尸時,"席設于尊西北,東面,几在南"。席東面,"几在南",席仍是東上。喪禮中爲尸布席,席東面時,以南爲上,與凌氏所云爲神布席"東鄉西鄉以南爲上”相同。由此可知,喪禮中尸與神席相同。

鄭氏言“布席無常,此其順之也”,“順”者,順其鬼神陰陽,特指神席而言也。孔氏正義所謂“平常布席”則是指爲神布席,“禮席”蓋爲人布席。淩氏以神、人有別,以此來區分布席之例,可謂慧眼獨具。然考諸經義,席南鄉、北鄉,於人仍有西上者,席東鄉、西鄉,於人仍有南上者。淩氏之説仍需細細考之。①

五、結語

《儀禮》中“席”的形制與使用規則,是理解周代禮制實踐的關鍵環節。本節通過系統梳理經注文獻,厘清了幾個核心問題:

其一,“筵”與“席”實爲一物異名,其區別在於鋪設次序之不同——先設於地者爲筵,疊加於上者爲席;席或有多重,有尊卑之別。

其二,席面朝向取決於人的坐向方位,如主人席設於阼階西面,賓席户牖間南面,室中神席東面,皆與入席者面向一致,此即鄭玄所謂“隨尊者所安”。

其三,席有首尾,舒席時首尾分明,捲席時首尾合一;席之首尾或有紋理、配飾等以爲標識。

其四,“席上”規則,存在神、人之別。爲人設席時,南北向以東爲上,東西向以北爲上;爲神設席則南北向以西爲上,東西向以南爲上。

總之,這些與“席”相關的具體而微的儀節問題,不僅是準確理解經義的關鍵,更揭示了周代禮制的空間符號學——通過席的層數、方位、朝向構建尊卑秩序。除此之外,禮經中其他禮器(例如鼎、俎、豆、籩等)的形制與使用規則,也同樣具有這樣一種文化功能,值得我們進一步深入探究。

《儀禮》中的禮器研究是“《儀禮》學”研究的重要内容之一,也是

① 具體請參見“第三章　禮例研究”内容。

"《儀禮》學"研究中最基本的問題,只有這些問題順利解決,才能有助於我們準確理解《儀禮》本經,有助於進一步探研"《儀禮》學"的相關問題。

第二節　"左還"、"右還"考

《儀禮》經文多用"左還"、"右還",據統計,禮經全文共出現"左還"十五次,"右還"六次。"左還"、"右還"之義究竟如何,後世學者則多有異議。《鄉射禮》云:"(上射)執弦而左還,退反位。"賈疏云:"左還者,以左手向外而西回。"①賈氏於此僅指出"左還"的結果,但對於轉動的方向沒有明確的説明。又清人吳廷華《儀禮章句》云:"(還)同旋。左旋者,上射在西方東面,以左手向外,由東面而北面而西面。"②"還"與"旋"同,"左還"即"左旋","左旋"是"以左手向外","由東面轉向北面,繼而轉向西面"。由此而論,則"左旋"是有左轉之意。

考諸經義,以上兩種説法均未能指出"左還"、"右還"的確切含義。筆者認爲,在《儀禮》中,"左還"、"右還"的含義有二:一是"還"與"旋"通,"左還"、"右還"即"左旋"、"右旋"。左旋是向右轉之意,右旋是向左轉之意。二是"還"與"環"是古今字,"左還"、"右還"可作"左環"、"右環"。左環是自左向右繞行,右環是自右向左繞行。"左還"、"右還"之義,二者相兼得備。

---

① 《儀禮注疏》卷一二,第 2163 頁下。
② 吳廷華:《儀禮章句》,《景印文淵閣四庫全書》經部禮類第 109 册,臺灣商務印書館,1983 年,第 330 頁下。

一、“左還”、“右還”與“左旋”、“右旋”

“還”與“旋”在古代是通假字，這一點我們可以從古籍舊典中看出，例如：《山海經·北海經》卷三：“其名曰驒，善還。”郭璞注：“還，旋。”①又《小爾雅·廣言》、《廣雅·釋詁四》、《毛詩·小雅·正月》陳奐疏、《文選·曹植·朔風詩》皆釋“旋”爲“還”②，二字意義相同。另外，二者讀音也相同，《經典釋文·儀禮音義》云：“還，音旋。”③《廣韻》中“還”、“旋”皆是似宣切、下平聲，仙韻、邪母。④ “還”“旋”二字音義相通，故可假借。所以朱駿聲《説文通訓定聲》云：“還，假借爲旋。”⑤

“還”與“旋”通假，那麽“左還”、“右還”可作“左旋”、“右旋”。“左旋”、“右旋”是如何旋轉，是向右還是向左還呢？ 這仍需細細考之。

《周易口義》云：“《象》曰：天與水違行。”義曰：“天之運行則左旋而西，水之流行則無不東流。”⑥“天道左旋”即是太陽東升西落之運行，古人認爲天圓地方，自東向西爲左旋，從太陽運行軌迹來看，“左旋”即是右轉。又《易學象數論·先天圖二》云：

---

① 郭璞注：《山海經》，《景印文淵閣四庫全書》子部小説家類第 1042 册，臺灣商務印書館，1983 年，第 25 頁上。
② 宗福邦等主編：《故訓匯纂》，商務印書館，2003 年，第 1001 頁。
③ 《士冠禮》：“筮人許諾，右還，即席坐，西面。”陸德明：《經典釋文》卷一〇，中華書局，1983 年，第 143 頁上。
④ 《宋本廣韻（附：韻鏡、七音略）》，江蘇鳳凰教育出版社，2008 年影印本，第 39 頁下。
⑤ 朱駿聲撰：《説文通訓定聲》，《續修四庫全書》經部小學類第 220 册，上海古籍出版社，2002 年，第 218 頁。
⑥ 胡瑗撰，倪天隱述：《周易口義》，《景印文淵閣四庫全書》經部易類第 8 册，臺灣商務印書館，1983 年，第 219 頁上。

邵子先天方位,以"天地定位,山澤通氣,雷風相薄,水火不相射,八卦相錯"爲據,而作乾南、坤北、離東、坎西、震東北、兑東南、巽西南、艮西北之圖。於是爲之説,曰:"數往者順,若順天而行,是左旋也,皆已生之卦也。"注云:"乾一、兑二、離三、震四,生之序也。震初爲冬至,離兑之中爲春分,乾末交夏至,故由震至乾皆已生之卦。"

知來者逆,若逆天而行,是右行也,皆未生之卦也。注云:"巽五、坎六、艮七、坤八,生之序也。巽初爲夏至,坎艮之中爲秋分,坤末交冬至,故由巽至坤,皆未生之卦。"①

"左旋"是"順天而行",即是順"乾一、兑二、離三、震四,生之序"而運行,按方位來説,則是從南至東南、至東、至東北、至北,那麽此"左旋"之意即是向右轉。此言"右行"是與"左旋"對文,實則是"右旋"之意。"右行"是"逆天而行",即順"巽五、坎六、艮七、坤八,生之序"而行。按方位來説,則是從西南至西、至西北、至北。那麽,此"右行"之意即是向左轉。(見下"先天圖"。)由此可知,左旋是向右轉,右旋是向左轉。

先天圖

① 黄宗羲撰:《易學象數論》,《景印文淵閣四庫全書》經部易類第 40 册,臺灣商務印書館,1983 年,第 11—12 頁。

　　《儀禮》行禮主於敬,故在揖讓、左還、右還、行走之間,儘可能不背對尊者,以示尊尊之意,此禮之通例,在諸多儀節中都有體現。《士喪禮》云:"朋友親襚如初儀,西階東北面,哭踊三,降。主人不踊。"鄭注云:"朋友既委衣,又還哭於西階上,不背主人。"①

　　主人在堂上南面,朋友親襚訖,適西階上北面哭,故鄭注云"不背主人"。"不背主人"者,以示尊主人之意也。經云"左還"、"右還"時,亦當不背尊者。《士冠禮》云:"筮人許諾,右還,即席坐,西面。"鄭注云:"東面受命,右還北行就席。"賈疏云:"知'右還北行就席'者,以其主人在門外之東南,席在門中,故知"右還北行",乃得西面就席坐也。"②

　　前經言主人"即位于門東,西面";宰"自右少退,贊命",則宰在主人之北,少後于主人。筮人屬有司,前經云"有司如主人服,即位于西方,東面北上",今筮事將始,故"進受命于主人"前。筮人向者在門西方東面,今進於主人前受筮命,當東面也。筮人於主人前西面,席在筮人西北,筮人"右還"入席。若不背主人,則當自東面轉而北面,"北行"入席;若自東面轉而南面、轉而西面、轉而北面,則是背主人。由此可知,此言"右還"、"右手向外"是自東面轉而北面,即自右向左轉也。

　　綜上可知,"左還"即是向右轉,"右還"即是向左轉。《儀禮》所言其他"左還"、"右還"("還"與"旋"同)之意亦是如此。《大射》云:

　　　　遂命三耦各與其耦拾取矢,皆袒決遂,執弓右挾之。一耦出,西面揖,當福北面揖,及福揖。上射東面,下射西面。上射揖,進坐,橫弓卻手,自弓下取一个,兼諸弣,興,順羽且左還,毋

① 《儀禮注疏》卷三六,第 2463 頁上。
② 《儀禮注疏》卷一,第 2040 頁下。

周,反面揖。下射進坐,橫弓覆手,自弓上取一个,兼諸弣,興,順羽且左還,毋周,反面揖。既拾取矢,捆之,兼挾乘矢。

此云三耦拾取矢之節,一耦取矢,上射取訖"左還,毋周,反面揖"。"左還,毋周,反面揖"即《鄉射禮》所言"左還,退反位,東面揖"之意。"退返位"是反於向者"及楅揖"之位。"及楅揖"是在楅之西東面。今上射在楅之西東面,欲"退,返位,東面揖",當先"左還"適之。"左還"者,按上言推之,是自左轉向右,即自東轉而南、轉而西。"左還"後,直西行至"及楅揖"之位。"毋周,反面揖","反面揖"即轉而東面揖,《鄉射禮》言"東面揖"是也。

言"毋周"者,鄭注云"毋周,右還而反東面也",此"毋周"是承上"左還"而言,如若繼續"左還",則是旋轉一周也,"毋周"之意則是改"左還"而"右還"。"左還,毋周。反面揖"之意,即是上射取矢訖,興,"左還"(由東而南、而西)至西面,然後向西直行至"及楅揖"之位,再"右還"(右還,自右向左轉,即自西面而南面、而東面)東面揖。下射取矢亦如之。

經所以言"毋周"者,鄭注云"君在阼,還周,則下射將背之"。賈疏云:"上射左還已還背君,而據下射而言者,上射去君遠,故據下射而言,以其下射若右還周,爲背君。若左還鄉東,覆即右還西面,是不背君,周即背故也。"由此可知,"毋周"是據下射而言也,下射於楅之右側西面取矢訖,興,由西面"左還"(由西面轉而北面、轉而東面)東面,再"右還"(由東面轉而北面、轉而西面,即"毋周"之意)西面揖。如果不"毋周",繼續"左還",則是由東面轉而南面、轉而西面,當轉至南面時,君在阼階上,則是背君,背君是不敬,故注、疏皆言不當背君。

《聘禮》云:"至于階,三讓。公升二等。賓升,西楹西東面。擯者退中庭。賓致命,公左還北向。"鄭注云:"當拜。"賈疏云:"言'左還北向'者,公升受賓致命時西向,以左手向外迴身北面乃拜,故云當拜。"①此言賓升堂致命之禮,賓升堂于"楹西東面"致命,公左還,由西面轉而北面。按上所言"左還"即由左轉向右,則此"左還"即是由西面而北面,不言"右還"者,蓋是"左還"由便也。

《士喪禮》:"主人拜賓旁三,右還,入門哭。"此言士喪禮朝夕哭,主人門外拜賓之禮。此時"婦人即位于堂,南上,哭。丈夫即位于門外,西面北上。外兄弟在其南,南上。賓繼之,北上。"他國之異爵者在門西,卿大夫在門東北面。主人出門立於門東西面之位,"拜賓,旁三,右還"。鄭注云:"先西面拜,乃南面拜,東面拜也。"賈疏云:"知'先西面,後東面'者,以經云'旁三,右還,入門',故知先西面後乃東,遂北面入門。以一面,故云旁。"②"旁三"者,每旁三拜也。主人門東西面,先拜他國異爵者,他國異爵者是卿大夫,主人尊之,故先拜之。然後轉而南面拜卿大夫,轉而東面拜眾丈夫、外兄弟、眾賓。主人拜訖時東面,言"右還"者,是指主人由東面轉而北面,那麼,此"右還"之意即是由東面轉而北面。

《既夕禮》云:"二人還重,左還。"重,初置北面向柩,至是乃旋而向外也。言"左還"者,即是由北面而東面、而南面。又云:"薦馬,纓三就,入門,北面交轡。圉人夾牽之。御者執策立于馬後。哭成踊。右還出。"此言陳柩於祖廟時陳馬、出馬之儀。此所薦爲駕車之馬,每車二馬,三車則六馬。圉人牽馬入,每人牽二馬,將二馬之轡交於一手,圉人夾兩馬之間"入門,北面"。陳馬訖,圉人牽馬"右還出",馬不可久在庭也。向者牽馬北面,"右還"出門則當南向,故此言"右還",即是由北而西、而南。

綜上可知,《儀禮》中言"左還"(即"左旋")是向右轉,"右還"

（即“右旋”）是向左轉。賈疏所言“左還者，以左手鄉外”者，蓋是此意也，蓋因“左還”時，右手不動，好似中軸，左手在外，劃弧而轉動，故賈氏言“以左手向外”。然賈氏闡之不明，今人又不明其意，故惑説多生爾。

吴氏雖亦言“左旋”是“以左手鄉外”，但釋“左旋”爲“由東面而北面、而西面”，卻是“右旋”之意。蓋其以爲“左旋”、“右旋”與後世之“左轉”、“右轉”之意相同，其實正相反也。近人錢玄先生《三禮辭典》云：“古之右還，今謂之左轉；古之左還，今謂之右轉。還，通旋。因古以在外之手言之，今以在内之手言之。”①其意得之。

二、“左還”、“右還”與“左環”、“右環”

“還”與“環”是古今字，這在古代典籍中亦可見。《説文解字》段注云：“環引伸爲圍繞無端之義。古祇用還。”②《士冠禮》云：“主人受脈反之。”鄭注云：“反，還也。”《經典釋文·儀禮音義》云：“還音環，一音旋。”③又“還”，《唐韻》“户關切”，《集韻》、《韻會》“胡關切，音環。”“環”，《唐韻》“户關切”，《集韻》、《韻會》“胡關切，音還。”“還”與“環”讀音相同。

《左傳·襄公十年》：“還鄭而南。”杜注云：“還，繞也。還本亦作環，户關反，徐音患，注同。”④錢大昕按：“還，與環通。”⑤“還”與“環”

---

① 錢玄、錢興奇：《三禮辭典》，江蘇古籍出版社，1998 年，第 260 頁。
② 許慎撰，段玉裁注：《説文解字注》，上海古籍出版社，1988 年，第 18 頁上。
③ 陸德明：《經典釋文》卷一〇，第 143 頁下。
④ 《春秋左傳正義》卷三一，阮元校刻《十三經注疏》（清嘉慶刊本），中華書局，2009 年，第 4230 頁上。
⑤ 錢大昕著，方詩銘、周殿傑校點：《廿二史考異（附：三史拾遺、諸史拾遺）》，上海古籍出版社，2004 年，第 126 頁。

意義相同。又鄭注直言“古文‘環’作‘還’”①，那麼“還”是古文，“環”是今文，故《戰國策·燕策三》“秦王還柱而走”②用古文，但《史記》“還”作“環”，用今文③。《説文·辵部·還》段注云：“今人‘還繞’字用‘環’，古經傳祇用‘還’字”。④ 那麼“還”與“環”是古今字明矣。

《禮記·檀弓下》云：“既封，左袒，右還其封，且號者三。”鄭注云：“還，圍也。”孔穎達正義云：“左袒訖乃右而圍遶其封，兼且號哭，而遶墳三帀也。”⑤“還”者，鄭氏言“圍”，孔氏言“圍遶”，則“還”有“繞，圍繞”之意，此“還”即“環”之意也。“右還”者，孔氏言“左袒訖乃右而圍遶其封”，即是先適其右，再繞墳而行之三帀。從其右而繞，則是自右向左繞墳三帀。其“右還”之意，則是自右向左繞行也。

《燕禮》云：“司正降自西階，南面坐取觶，升，酌散，降，南面坐奠觶，右還，北面少立，坐，取觶興，坐，不祭卒觶，奠之，興，再拜稽首。”鄭注云：“右還，將適觶南，先西面也。必從觶西，爲君之在東也。”賈疏云：

> “右還，將適觶南，先西面也”者，右還謂奠時南面，乃以右手向外而西面，乃從觶西南行而右還北面。云“必從觶西，爲君之在東也”者，若從觶東而左還北面則背君，以其君在阼故也。⑥

此言“右還”是從觶北繞行至觶南，則“還”有“繞，圍繞”之意，此“還”即“環”也。“右”者，鄭注云“從觶西”也，司正南面，觶西是司

---

① 《儀禮注疏》卷三五，第 2448 頁上。
② 劉向輯録：《戰國策》，上海古籍出版社，1978 年，第 1139 頁。
③ 司馬遷撰：《史記》，中華書局，1959 年，第 2535 頁。
④ 許慎撰，段玉裁注：《説文解字注》，第 72 頁上。
⑤ 《禮記注疏》卷一〇，第 2844 頁上。
⑥ 《儀禮注疏》卷一五，第 2209 頁。

正之右也。右還從觶西，不左還從觶東者，賈疏云"若從觶東而左還
北面則背君"。"右環"時，司正由觶北南面向右，經由觶西，繞行至
觶南北面。（見下"還觶圖"。）此"右還"之意，亦是自右向左繞行也。
下經言司正"左還，南面"，此時，司正在觶南北面，其左則是觶西，
"左還"之意即是由觶南北面，從觶西繞行至觶北南面。（見下"還觶
圖"。）左還即自左向右繞行可知。

　　《士喪禮》云："既井椁，主人西面拜工，左還椁，反位，哭，不踊。"
此云主人拜謝工匠、視椁之儀。鄭注云："匠人爲椁，刊治其材，以井
構於殯門外也。反位，拜位也。"①椁陳之於殯門外，主人位在門外西
面。經言"左還椁，反位"，則是主人"左還椁"後，反之於門外西面
位。此"還"當作"環"，即"繞，環繞"之意。"左還"亦當作"左環"。
敖繼公《儀禮集説》云："拜工，謝其勞也。主人西面拜工，則工東面
矣。左還椁，由椁之東南行而繞之也。"②主人向者西面，將南行則轉
而南面。主人南面，其左則是椁東。"左還椁"即主人由椁東南行，再
折而西行，再折而北行，再折而東行，繞椁環視一周。（見下"左還椁
圖"。）左還之意亦是自左向右繞行。

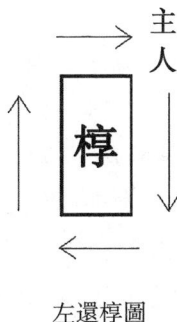

還觶圖　　　　　　　　　　　左還椁圖

---

① 《儀禮注疏》卷三七，第 2476 頁上。
② 敖繼公：《儀禮集説》卷一二，第 458 頁。

　　綜上可知，"還"與"環"是古今字，"左還"、"右還"可作"左環"、"右環"。"環"有"繞，圍繞"之意。"左環"即是自左向右繞物而行，"右環"即是自右向左繞物而行。

　　三、結語

　　總結上文，"左還"、"右還"其意有二：(一)"左還"、"右還"即"左旋"、"右旋"。"還"與"旋"是通假字，"左旋"是由左向右轉；"右旋"是由右向左轉。錢玄所言"古之右還，今謂之左轉；古之左還，今謂之右轉。還，通旋。因古以在外之手言之，今以在内之手言之"是也。(二)"左還"、"右還"即"左環"、"右環"。"還"、"環"是古今字，"還"字出現早于"環"字，"還"本有"繞，環繞"之義項。"環"字出現以後，承襲了"還"字"繞，環繞"之義項，故段注云"今人'還繞'字用'環'，古經傳祇用'還'字"。"左旋"、"右旋"與"左環"、"右環"，相同之處在於"左旋"、"左環"都是自左向右轉或繞行，"右旋"、"右環"都是自右向左轉或繞行；二者不同之處在於"左旋"、"右旋"是旋轉者本身所自轉，"左環"、"右環"是繞物而轉。

第三節　門闑考
——兼論《禮記·曲禮》、《儀禮·聘禮》中的入門之儀

　　《儀禮》素稱難治，學者一則苦其古禮湮渺不可求，一則苦其名物度數不可徵。《儀禮·士冠禮》云："布席于門中，闑西，閾外，西面。"何爲闑？古之門制，是一闑還是二闑，後世聚訟不已，爭議巨大。溯本求源，一闑之説源自鄭注，後有崔靈恩、皇侃、孔穎達、李如圭、楊復、江永、凌廷堪、張惠言、王引之、胡培翬等皆從鄭氏之説；二闑之説則源自賈疏，其後有焦循、黄以周等多從其説。

　　二者相較，從"一闑"説者衆，從"二闑"説者寡。時至于今，更有

學者對此問題繼續展開討論。錢玄先生認爲："門中有東西兩短木曰闑。兩闑之間曰中門。"①由此可見，錢先生是持"二闑"説。徐到穩有《闑與中門：三説源流考鏡》一文，他根據闑與中門之不同，將門制分爲"闑一中門二"、"闑二中門一"、"闑一中門一"三説，並對三種觀點考鏡其源流，然而文章並未對"一闑"、"二闑"之説做出判斷。②後有彭林先生《孔穎達、賈公彦門闑制度異説辨正》，文章以孔疏、賈疏肇啓一闑、二闑之争展開論説，深入探討了孔疏、賈疏二説的合理性與不足，並對焦循非孔説、王引之非賈説進行了辨析，最後指出了一闑、二闑争端之癥結在於"《玉藻》設二闑表中門，旨在體現主客之君匹敵；《曲禮》根闑間之中門，意在提示尊者立行之處。二者各有矩矱，不可等同。"③彭先生所言具有極大的啓示意義。此外，後又有王鍔教授大作《周代宫室門制與入門禮儀——以"中門"爲中心》，他認爲"門有一闑兩根，根、闑之間曰中門"，亦是持"一闑"之説。④

　　"一闑"、"二闑"之論争實源自鄭注、賈疏，論證的問題則是《聘禮》中的君與聘客入門之儀，旁證的材料則是《禮記·玉藻》中的兩君入門之儀，論證的焦點則涉及到闑之功能、"門中"、"中門"、"夾闑"等問題。由於理解的角度不同，觀點也不盡相同。爲能正本清源，今欲在前人研究基礎之上，對禮經中的門闑之制加以重新疏證，以求正于博雅君子。

一、"闑"之名義

　　"闑"之名義，大約有二，一則源出於《爾雅》之説，一則源出於

① 錢玄：《三禮通論》，南京師範大學出版社，1996年，第174頁。
② 徐到穩：《闑與中門：三説源流考鏡》，《中國經學》2015年第15輯。
③ 彭林：《孔穎達、賈公彦門闑制度異説辨正》，《中國經學》2018年第22輯。
④ 王鍔認爲："鄭玄、皇侃、孔穎達、朱熹認爲，門有一闑，秦蕙田、王引之力主此説，甚是。"參見王鍔《周代宫室門制與入門禮儀——以"中門"爲中心》，《古文獻研究》2022年第1期，第19頁。

《説文》之説。《爾雅·釋宮》云:"橛謂之闑。"①鄭注、陸德明《經典釋文》、顔師古《漢書》注、賈公彦《儀禮疏》、《集韻》等從其説;又許慎《説文解字》云:"(闑)門梱也。"②郭璞《爾雅注》、《玉篇》、《廣韻》等多從其説。至於北宋邢昺《爾雅疏》,又合其二説③,故段玉裁注云:"(闑)梱、門橛也,相合爲一義。"④此外,《玉篇》又云:"(闑)門欒也,亦名門梱也。"⑤"門欒"之説,不知何謂? 考諸鄭注"古文闑爲槷",《玉篇》蓋以"門槷"誤作"門欒"也。

　　闑即是門橛、門梱,但其具體爲何物,我們仍不得而知。孔穎達《禮記·玉藻》正義曰:"闑謂門之中央所豎短木也。"⑥至此,門闑之義才略可見矣。後李如圭、楊復等皆沿襲其説。⑦ 闑爲門中央所豎於地之短木,但是此"闑"究竟爲何用,後世學者多不言及。蓋"闑"乃時人所常見之物,毋須贅言爾。時至今日,"闑"之制不見於門,文獻又無備載,只能於浩瀚之古籍鉤沉一二,以補史料之不足。

　　　《廣韻·薛韻》云:"闑,門中礙也。《説文》:'礙,止也'。"⑧
　　　《儀禮節解》云:"闑當兩門間,置木窒門者也。"⑨

---

① 《爾雅注疏》卷五,上海古籍出版社,2010 年,第 236 頁。

② 許慎撰,段玉裁注:《説文解字注》,上海古籍出版社,1988 年,第 588 頁上。

③ 《爾雅》疏云:"門中之橛名闑,一名梱。"《爾雅注疏》卷五,第 237 頁。

④ 許慎撰,段玉裁注:《説文解字注》,第 588 頁上。

⑤ 顧野王撰、孫强增補、陳彭年重修:《大廣益會玉篇》卷一一,清同治十二年粵東書局刻小學彙函本。

⑥ 《禮記正義》卷三〇,第 3216 頁上。

⑦ 李如圭《儀禮集釋》云:"闑,門中央所豎短木也。"又《儀禮釋宮》云:"然則闑者,門中所豎短木在地者也。"分别見《儀禮集釋》第 37 頁,《儀禮釋宮》第 530 頁。

⑧ 《宋本廣韻》,第 147 頁上。

⑨ 郝敬:《儀禮節解》,《續修四庫全書》經部禮類第 85 册,上海古籍出版社,2002 年,第 554 頁下。

由上可知，闑當爲“門中”（或者“兩門閒”）之短木，其作用則是爲了
止門。又江永《鄉黨圖考》云：“闑用短方木爲之，門扉合，則闑上亦
掩密門間。”①按其義，闑爲兩門扉閒之短方木，門關閉時，兩扉相合
於闑之上端。如此，門才能閉緊。

闑在兩門扉之間，關閉之時，兩門扉由內而向外關閉。關閉之
時，兩扉下端則止于闑處，故《廣韻》言“礙門”、“止門”，郝氏言“窒
門”。闑之所在，或言在“門中”者，是指闑實在之處；或言在“兩門
閒”者，則是指兩門關閉時而言。

闑的作用是用來“止門”，“止門”者爲何？錢玄先生認爲：“（闑）
以擋住門的向外。”②我們知道，門關閉時，兩扉由內而外，相合於闑
處，門則止之不動。此時，門止於闑處，則不能再向外推動。因此，錢
先生認爲闑的作用是“以擋住門的向外”，實乃精闢之言。門關閉時，
若是繼續推動，闑處上端短木必將首先崩斷，其次兩門扉外端與門框
（或曰根）的連接之處也將崩壞，最後兩門扉將會徹底掉落下來。因
此，門闑的作用確實是爲了“止門”，並“以擋住門的向外”，以此來保
護門扉不會脫落、崩壞。

今之門不見門闑，然古人何以用闑來止門？于鬯《香草校
書》云：

鬯案：闑者，乃所以止扉之木也。《論語·鄉黨篇》皇疏云：
“門中央有闑，闑以硋門兩扇之交處也。”其説爲得。蓋古人門限
上不鑿門溝，則門閛無著，苟從內推之，門必反開於外矣，故爲闑
以止之。不然儻虛設此一木於兩門之中，礙於行者，古人何以創
此制乎？

_____

① 江永：《鄉黨圖考》，第 299 頁上。
② 錢玄：《三禮通論》，南京師範大學出版社，1996 年，第 174 頁。

　　郝懿行義疏云:"所以門必設根與闑者,以爲尊卑出入中間及兩旁之節制。"此不知古人門限上無門溝,以爲虛設此闑而生此解。夫古人因根闑而定尊卑入出之制,豈因尊卑出入之制而特設此根闑乎? 如爲尊卑出入之制而特設此根闑,則如荀子《略篇》言"井里之厥"。《史記·循吏·孫叔敖傳》言"教閭里,使高其捆"。厥捆並闑也。(説見王引之《儀禮述聞》。)彼爲里門,既非行禮之地,何爲亦有闑乎? 故其物既依門而立,必其因門而設,則爲所以止扉之木,無可疑矣。後人以其礙於行者,即於門限上鑿爲門溝,則門闔而自有著,無慮反開於外,此後人巧勝前人之一端,而闑遂廢不用。乃視此闑真若虛設者,然而不知在古實必不可少之物也。①

　　門闑處爲古人行禮之大節,郝懿行以爲門中設根、闑,是爲"尊卑出入中間及兩旁之節制",即是爲禮而設也。于鬯以爲根、闑之設必不如此,古之門制,無論廟門、寢門、里門皆當有闑,闑之所設"依門而立"、"因門而設",非爲行禮而虛設也。闑爲門中央所設短木,必礙於行者,何以如此? 在于氏看來,此皆因"古人門限不鑿門溝",若無門溝"則門闔無著,苟從内推之,門必反開於外",致門崩壞,故古人設闑以"止門"。至於後世,古人"於門限上鑿爲門溝,則門闔而自有著,無慮反開於外"。門限上鑿有門溝用以止門,則無需再用闑,故而"闑遂廢不用"。此種設計更加精巧,既可用於止門,又不"礙於行者",可謂遠勝門闑之制。

　　然以上所論者皆爲門有一闑者所言,若是門有二闑則當有别。禮經門制,有"一闑"、"二闑"之説,後世多聚訟不已,不能定之。如果從現實中的情況來看的話,"兩闑"門制確實是存在的。門之

---

① 于鬯:《香草校書》卷五五,清光緒二十九年刻本。

設闑,是爲了能够止門,以便更好的保護門扉。門若不算太廣,設一闑於"兩扇之交處",則足以止門。(見下"門有一闑圖"。)門若太廣,設一闑則不足以更好的止門,因此則需要爲每扉設闑,這樣才能更好的止門。(見下"門有二闑圖"。)後世門限鑿有門溝,代替門闑,用以止門,故無需再言一闑、二闑,但入門之儀仍當與有闑時同。

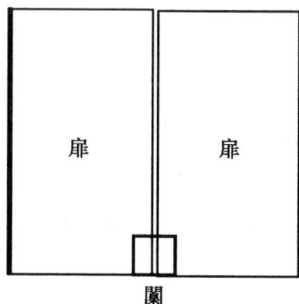

門有一闑圖

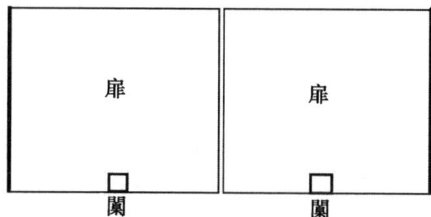

門有二闑圖

二、孔氏"一闑"説及《玉藻》中的入門之儀

"一闑"説言"闑東"、"闑西","二闑"説言"東闑"、"西闑"。從《儀禮》經文來看,經文中只言"闑東"、"闑西",不言"東闑"、"西闑"。例如:

> 《士冠禮》:"布席于門中,闑西,閾外,西面。"
> 《士喪禮》:"席于闑西,閾外。"

若是以宫室類别來看,士冠禮所言闑是指士之廟門,士喪禮所言闑是指士之寢門。至於諸侯、天子之門,禮經則未曾涉及。從鄭注來看,注文亦是皆言"闑東"、"闑西",例如:

　　《士喪禮》:"甸人抗重出自道,道左倚之。"鄭注云:"出自
道,出從門中央也。不由闑東西者,重不反,變於恒出入道左。"
　　《燕禮》:"小臣納卿大夫,卿大夫皆入門右北面東上。"鄭注
云:"凡入門而右由闑東,左則由闑西。"
　　《聘禮》:"卿爲上擯,大夫爲承擯,士爲紹擯。擯者出請
事。"鄭注云:"於是時,賓出次,直闑西北面。上擯在闑東,闑外,
西面。"
　　《聘禮》:"納賓,賓入門左。"鄭注云:"公事自闑西。"

士喪禮將葬,甸人抗重木由廟門門道出,鄭注言"不由闑東西"。鄭注
之義,士之廟門僅有一闑。燕禮是諸侯在路寢宴飲群臣的禮儀,小臣
納卿大夫入,鄭注言"由闑東"、"由闑西";又聘禮迎賓於廟門外,鄭
注言上擯位在"闑東"。納賓時,賓入"自闑西"。由此可知,鄭注似
是認爲諸侯之門也是僅有一闑。

　　《禮記·玉藻》云:"賓入不中門,不履閾。公事自闑西,私
事自闑東。"
　　《禮記·曲禮上》云:"大夫、士出入君門由闑右,不踐閾。"

《禮記》言"闑東"、"闑西"、"闑右",亦是爲"一闑"言之。鄭
注《曲禮上》云:"臣統於君。"孔穎達正義云:"此一節明大夫、士出
入君門之法。今此大夫、士是臣,臣皆統於君,不敢自由賓,故出入
君門恒從闑東也。其士之朝位,雖在西方東面,入時仍依闑東。"[1]
此言大夫、士出入君門皆當由闑右,是入門由闑右,出門也應由闑
右。出門闑右是門西,入門闑右是門東,故言"闑右"而不言"闑

---

[1]《禮記正義》卷二,第 2681 頁上。

東"或"闑西"。鄭注云"天子、諸侯及卿大夫有地者皆曰君",則此
言"君門"可指大夫之門,也可指諸侯、天子之門。又士之門制與大
夫同。由此可知,鄭玄、孔穎達皆是認爲士、大夫、諸侯、天子之門
皆當有"一闑"。後世學者,宋代李如圭《儀禮集釋》、元代敖繼公
《儀禮集説》、明代郝敬《儀禮節解》、清代秦蕙田《五禮通考》、《欽
定儀禮義疏》、王棻《柔橋文鈔·闑考》、胡培翬《儀禮正義》皆認爲
門當有一闑。

　　鄭氏、孔氏以爲門有一闑,並將之用於《禮記·玉藻》兩君入門之
儀的闡釋之中。

　　　　《玉藻》云:"君入門,介拂闑,大夫中,棖與闑之間,士介拂棖。"
　　　　鄭注云:此謂兩君相見也。棖,門楔也。君入必中門,上介夾
　　闑,大夫介、士介鴈行於後,示不相沿也。君若迎聘客,擯者亦然。
　　　　孔穎達正義:此一節論兩君朝聘卿大夫入門之儀,各依文解
　　之。君入門者,此一經明朝法也。入門,謂入大門也。君必中門。
　　介拂闑者,介謂上介,稍近君,故拂闑。大夫中,棖與闑之間者,大
　　夫之介微遠於闑,故當棖與闑之間。士介拂棖者,士介卑,去闑遠,
　　故拂棖。闑,謂門之中央所豎短木也。棖,謂門之兩旁長木,所謂
　　門楔也。介者,副也。以經云"君入門",故知兩君相見也。云"鴈
　　行於後,示不相沿也"者,鴈行參差節級。崔氏、皇氏並云:"君必
　　中門者,謂當棖闑之中。主君在闑東,賓①在闑西,主君上擯在君
　　之後稍近西而拂闑,賓之上介在賓之後稍近東而拂闑。大夫擯、
　　介各當君後,在棖闑之中央。"義或當然,今依用之。②

———————————

① 即"聘君"。
② 《禮記正義》卷三〇,第3216頁上。

此一節言兩君相見入門之儀,其間也涉及到擯、介的入門之儀。兩君相見,有主國國君、聘國國君,主國之擯(即上擯、大夫擯、士擯)、聘國之介(即上介、大夫介、士介)。入門之時,兩兩相偶:兩君爲偶,上介與上擯爲偶,大夫介與大夫擯爲偶,士介與士擯爲偶。門有一闑,入門之時,主君之黨在闑東,聘君之黨在闑西,兩君"必中門"。"中門"者,鄭玄《曲禮》注云:"中門,謂根闑之中央。"此處孔氏引崔氏、皇氏亦云中門"當根闑之中"。

上介與上擯爲偶,"介(上介)拂闑",鄭注云"上介夾闑"。何爲"夾闑"?誰與誰夾闑?後世頗多異説。概而言之,言"一闑"説者多認爲是上介與上擯夾闑,言"二闑"説者多認爲上介與君夾闑。[1] 終其緣由,皆是爲其"一闑"、"二闑"之説尋找學理上的論據,難免具有本末倒推之嫌。

"介拂闑"者,上介也,言上介近闑,可以拂之也。孔氏正義云:"介拂闑者,介謂上介,稍近君,故拂闑。"又引崔氏、皇氏云:"主君在闑東,賓在闑西,主君上擯在君之後稍近西而拂闑,賓之上介在賓之後稍近東而拂闑。"若依鄭、孔一闑言之,上介與上擯爲偶,其位必當相稱。上介近朝君,且"拂闑",其位必當在闑西且近之;上擯近主君,且"拂闑",其位必當在闑東且近之。如此,上介在闑西,上擯在闑東,是爲"夾闑"。

士介近根拂之,其位最確,後世無異議。至於大夫介、大夫擯之位,後世異説頗多。大夫介之位,《玉藻》云"大夫中,根與闑之間"。鄭注不言其位,孔氏正義云"大夫之介微遠於闑,故當根與闑之間"。朝君之黨在門西,"根闑之間"則是指整個門西所在。此間之中,朝

---

① 焦循:《群經宫室圖》:"上介夾闑,言君與介夾臬之左右。若止一臬,是介與君並行矣,孔氏非也。"清光緒十四年南菁書院刻《皇清經解續編》本。劉寶楠撰、劉恭冕補《論語正義》:"鄭云夾闑者,謂上介行闑西,與上擯行闑東相夾也。"清光緒十四年南菁書院刻《皇清經解續編》本。

君、上介、大夫介、士介皆在“根與闑之間”。由此可知，此云“根與闑之間”是指大略而言。孔氏正義進一步闡釋，認爲“根與闑之間”是言“大夫之介微遠於闑”。據前文文意，朝君之位“中門”，在“根闑之中央”，上介“拂闑”，士介“拂根”，大夫介“微遠於闑”。“微遠於闑”則是較“拂闑”更遠於“闑”，故而大夫介當在上介之西。又孔氏引崔氏、皇氏之説，進一步指出大夫擯、大夫介的具體位置：“大夫擯、介各當君後，在根闑之中央。”按照鄭注的解釋，“中門，謂根闑之中央”①，也就是朝君的位置。如此，朝君與大夫介的位置是相同的，主君與大夫擯的位置是相同的。所不同者，大夫介、大夫擯“鴈行”於君後。

如此，朝君、上介、大夫介、士介，主君、上擯、大夫擯、士擯的位置就可以確定了：兩君門中，上介、上擯拂闑，大夫介、大夫擯當兩君之後，士介拂根。後世學者多作此解。例如彭林先生繪製的“孔疏兩君入門之法圖（即下‘圖一：一門一闑’）”②，王鍔教授繪製的“兩君相見入門禮儀圖（即下‘圖二：兩君相見入門禮儀’）”③，皆是如此。

但是，此種解讀確實存在一個致命問題。鄭注《聘禮》云：“介與擯者鴈行，卑不踰尊者之迹，亦敬也。”賈疏云：“云‘卑不踰尊者之迹’者，士以大夫爲尊，大夫以上介爲尊，上介以君爲尊也。”“卑不踰尊者之迹”，此禮之通例，介與擯者皆不可踰尊者之迹。朝君尊於上介，上介尊於大夫介，大夫介尊於士介，皆不可踰之。這正如彭林先生所言：“孔説影響甚大，爲後世多數學者所宗。但若細考禮書相關文字，則知其説未臻嚴密，其要害在兩君從根闑之間入門，而大夫之介亦從此處通過，與鄭注‘卑不踰尊者之迹’之原則顯相抵牾”。④

---

① 鄭玄《曲禮》注云：“中門，謂根闑之中央。”《禮記正義》卷一，第 2669 頁上。
② 彭林：《孔穎達、賈公彥門闑制度異説辨正》，第 45 頁。
③ 王鍔：《周代宮室門制與入門禮儀——以“中門”爲中心》，第 21 頁。
④ 彭林：《孔穎達、賈公彥門闑制度異説辨正》，第 45 頁。

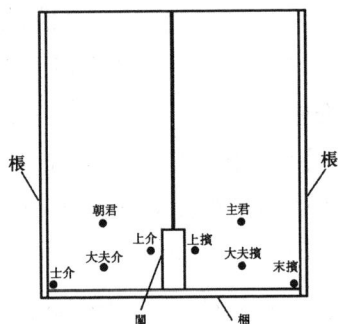

圖一：一門一闑

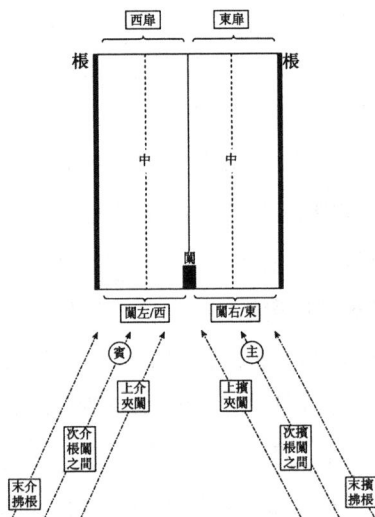

圖二：兩君相見入門禮儀

　　然細細考之，經文、孔氏正義、崔氏、皇氏所言大夫介之位似有不協之處。《玉藻》言"君入門，介拂闑，大夫中，棖與闑之間"，是言大夫介在棖闑間，是指大略所在，並未明言在"棖闑之中央"。孔氏正義認爲"棖與闑之間"，是言"大夫之介微遠於闑"。據前文文意，朝君之位"中門"，在"棖闑之中央"，上介"拂闑"，士介"拂棖"，大夫介"微遠於闑"。"微遠於闑"則是較"拂闑"更遠於闑，故而大夫介當在上介之西，此處亦未明言大夫介當在"棖闑之中央"。以大夫介位在"棖闑之中央"，實屬崔氏、皇氏之首創，後世皆以其爲古説，或以爲此説與經、注之意同而多從之，實則各説之間互有不同。只此"卑不踰尊者之迹"一條，便知其訛，絶非經、注、正義之本義。又鄭注、孔氏正義皆言"鴈行"，由此亦可知也。

　　鄭注云："君入必中門，上介夾闑，大夫介、士介鴈行於後，示不相沿也。"

孔氏正義云："云'鴈行於後,示不相沿也'者,鴈行參差節級。"

按鄭義,朝君、上介、大夫介、士介皆"鴈行",且前後"不相沿",即孔氏所云鴈行時需有"參差節級"。若大夫介當朝君後,只是"相沿",並無"參差節級",明顯與注、疏之義相悖,必不如此。王鍔教授繪製的"兩君相見入門禮儀圖",主黨、賓黨入門呈"八"字形,君臣之間有"參差節級"。如果僅從站位來說確實是符合"鴈行"之意的,但是從行進路線來看,卻不當如此。禮經言行進,確實無斜行之法。孔氏引崔氏、黃氏言"大夫擯、介各當君後,在根闑之中央","根闑之中央"或疑當做"根闑之間"。待考。

孔氏正義云"大夫之介微遠於闑,故當根與闑之間",此説雖可拋去"卑不踰尊者之迹"之嫌,然其間亦有可商之處。按《玉藻》君入"中門"、上介"拂闑",若"大夫之介微遠於闑",則是大夫介在上介之西。(見下"朝君、上介、大夫介、士介入位圖"。)

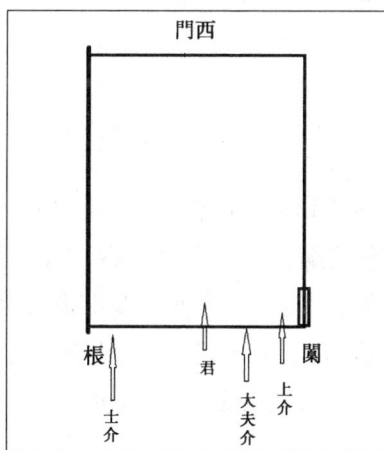

朝君、上介、大夫介、士介入位圖

若以孔氏之説，其間存在兩個問題：第一，君居"中門"，中門至根與中門至闑的距離相等，君與闑間有上介、大夫介，而君與根間僅有士介。如此，中門與闑間有上介、大夫介，何其迫狹？中門與根間僅有一士介，又何其闊廣？第二，君居中門，上介拂闑，大夫介微遠於闑，則是大夫介居於君與上介之間。禮之通例，近君者爲尊，按孔氏"大夫之介微遠於闑"之義，大夫介近於君，上介遠於君，必不如此。揆諸禮義、經義，私以爲大夫介當在君與士介之間。如此，君居中門，上介在君左，大夫介在君右，士介卑又在大夫之右。若是以此，孔氏所言"大夫之介微遠於闑"則當更正爲"大夫之介微遠於根"。不知是否如此，待考。

綜上所述，若門有一闑，《曲禮》中的聘君入門之儀當是如此：君入中門，即根闑之中央，上介近闑，下介近根，大夫介在士介與君中間。（見下"大夫介之位當在根闑之間圖"。）

> 《禮記·少儀》云："贊幣自左，詔辭自右。"
>
> 鄭注云："自，由也。謂爲君授幣，爲君出命也。立者尊右。"
>
> 孔氏正義云："此一經論贊幣、贊辭之異。自，由也。贊，助也。謂爲君授幣之時由君左。'詔辭自右'者，詔辭，謂爲君傳辭也。君辭貴重，若傳與人時，則由君之右也。"[1]

贊者，即佐禮者，在主人曰擯，在客曰介。《少儀》所言即是君之介。君之介有贊幣者，有詔辭者。贊幣之介在君左，詔辭之介在君右。"君辭貴重"，故詔辭者在君右，由此可知詔辭之介尊於贊幣之介。《曲禮》所言朝君之介有三：上介、大夫介、士介。上介爲卿，尊於大夫介，當爲"詔辭"之介，故在朝君之右；大夫介次之，當爲"贊幣"之介，

---

[1]《禮記正義》卷三五，第 3284 頁上。

故在朝君之左；士介最卑，蓋爲執幣者，在大夫介西，近事也。如此之位，則正當《少儀》"贊幣自左，詔辭自右"之意。（見下"大夫介之位當在根與闑之間圖"。）

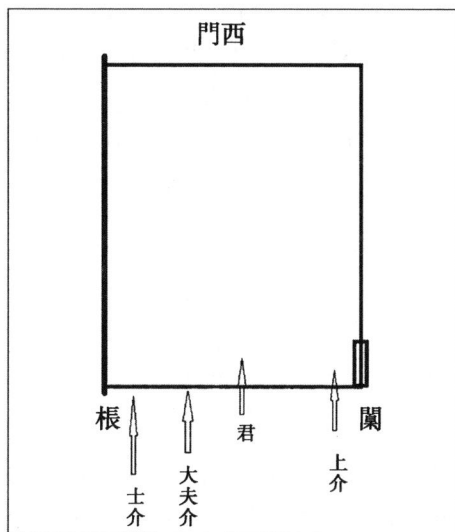

大夫介之位當在根與闑之間圖

三、賈疏"二闑"説與《聘禮》中的入門之儀

"二闑"之説源自賈公彦。《儀禮·聘禮》云："公揖入，每門每曲揖。"鄭注引《玉藻》曰："君入門，介拂闑。大夫中，根與闑之間。士介拂根。賓入不中門，不履閾。"賈疏云："主君既出迎賓，主君與賓竝入，主君於東闑之内，賓於西闑之内，竝行而入。上介於西闑之外，上擯於東闑之外，皆拂闑。"①

《聘禮》言君與使者（身份爲卿，賈疏稱"聘客"）的入門之儀，《玉藻》言"兩君相見"時的入門之儀，二者有相似之處，故鄭注引

---

① 《儀禮注疏》卷二〇，第 2277 頁上。

之。鄭注於《玉藻》入門之儀持一闑之説,但是賈氏並不認同鄭氏之説,他認爲門當有二闑,並明言"東闑"、"西闑"。清人胡培翬《儀禮正義》引張氏惠言云:"案《聘禮》疏先云'聊爲一闑言之',下乃申'二闑'之説,則一闑爲古説,二闑乃賈意也。"①"一闑"之説爲"古説","二闑"之説則是源自賈氏新説,其後有焦循、黄以周等多從其説。

　　賈疏持"二闑"説,並以此重新闡釋《玉藻》中的兩君入門之儀,以此來發明、論證《聘禮》中的君與聘客入門之儀。《儀禮·聘禮》云:"公揖入,每門每曲揖。"

　　　　鄭注云:凡君與賓入門,賓必後君,介及擯者隨之,並而鴈行。既入,則或左或右,相去如初。《玉藻》曰:"君入門,介拂闑,大夫中,棖與闑之閒,士介拂棖。賓入不中門,不履閾。"此賓謂聘卿大夫也。門中,門之正也。不敢與君並由之,敬也。介與擯者鴈行,卑不蹂尊者之迹,亦敬也。賓之介,猶主人之擯。

　　　　賈疏云:《玉藻》曰:"君入門,介拂闑,大夫中,棖與闑之閒,士介拂棖。"鄭注云:"此謂兩君相見也。君入必中門,上介夾闑,大夫介、士介鴈行於後,示不相沿也。君若迎聘客,擯者亦然。"又云:"賓入不中門,不履閾。"鄭注云:"辟尊者所從也。"

　　此經謂聘客,鄭君并引朝君,欲見卿大夫聘來,還與從君爲介時入門同,故并引之也。云"君入門,介拂闑",又云"門中,門之正",又云"卑不蹂尊者之迹",若然,聊爲一闑言之。君最近闑,亦拂之而過,上介則隨君而行,拂闑而過,所以與君同行者,臣自爲一列。主君既出迎賓,主君與君並入,主君於東闑之内,

① 胡培翬:《儀禮正義》卷一六,第766頁下。

賓於西闑之內，並行而入。上介於西闑之外，上擯於東闑之外，
皆拂闑。次介、次擯皆大夫。中，棖與闑之閒。末介、末擯皆士，
各自拂棖。如是，得君入中門之正，上擯、上介俱得拂闑，又得不
踰尊者之迹矣。又云“賓入不中門”者，此謂聘賓，大聘大夫，故
鄭卿、大夫並言。入門之時，還依與君爲介來入相似，賓入還拂
闑，故上注賓自闑西，擬入時拂闑西故也。云“門中，門之正也”
者，謂兩闑之閒。云“卑不踰尊者之迹”者，士以大夫爲尊，大夫
以上介爲尊，上介以君爲尊也。云“賓之介猶主人之擯”者，欲見
擯、介鴈行不别也。①

《聘禮》言卿爲使者出使他國，主國國君出迎使者入門之儀。使者爲
卿，鄭注稱之爲“賓”，“謂聘卿大夫也”，賈疏則稱之爲“聘客”。賈疏
云：“君若迎聘客，擯者亦然。”“此經謂聘客，鄭君并引朝君，欲見卿
大夫聘來，還與從君爲介時入門同，故并引之也。”賈氏認爲此使者爲
卿，與《玉藻》中上介爵同，入門之位亦與《玉藻》中上介之位相同，因
此鄭注、賈疏皆引《玉藻》入門之法以證之。

　　賈疏雖然徵引《玉藻》入門之法以證《聘禮》中的入門之儀，但是
賈氏對《玉藻》入門之儀的闡釋卻與孔氏完全不同。在孔氏對《玉
藻》兩君入門之儀的闡釋中，是根據門有“一闑”來解讀的，但是賈疏
卻明言門有“東闑”、“西闑”，並以“二闑”來解讀《玉藻》、《聘禮》中
的入門之儀。此處賈疏疏解經、注，卻未遵循“疏不破注”的原則，並
與孔氏立異，足見其自信之處。

　　若以賈氏“二闑”説言之，《玉藻》兩君入門之儀當是如下：主君
出迎朝君，主君與朝君並入。門有二闑，東闑在東門之中，西闑在西
門之中。兩闑之間爲“内”，東闑之東、西闑之西爲“外”。入門之時，

---

① 《儀禮注疏》卷二〇，第 2277 頁上。

主君由東闑之内、朝君由西闑之内,並行而入。上介由西闑之外、上擯由西闑之外,隨君而入。兩君在闑内,"最近闑,亦拂之而過",上介則"隨君而行,拂闑而過"。由此可知,主君與上擯、朝君與上介夾闑,皆得拂闑也。次介、次擯(即大夫介、大夫擯)隨之,在棖與闑之間,也就是棖與闑之中央。末介、末擯(即士介、士擯),近棖,得拂棖隨之。(見下"賈氏《玉藻》兩君入門之儀圖"。)

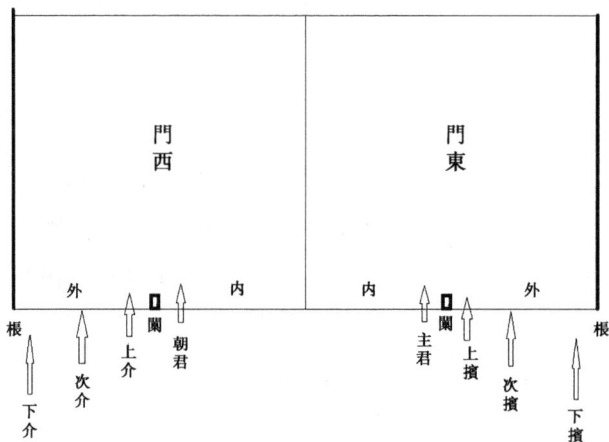

賈氏《玉藻》兩君入門之儀圖

朝君入門,賈氏先言"君最近闑,亦拂之而過",後又言"如是,得君入中門之正"。《玉藻》云"君入門,……賓入不中門,不履閾"。

> 鄭注《玉藻》云:"君入必中門。"
> 鄭玄《曲禮》注云:"中門,謂棖闑之中央。"
> 孔氏引崔氏、皇氏亦云:"君必中門者,謂當棖闑之中。"

然此賈氏言君"近闑"、"拂之而過",是必不當"中門"。二者看似矛盾,細細閱讀,我們會發現鄭注、賈疏中不僅言"中門",還有"門中"。

鄭注《聘禮》：門中，門之正也。

賈疏：云“門中，門之正也”者，謂兩闑之閒。

由此可知，“中門”、“門中”之義有別。質言之，言“中門”者，是據門有“一闑”立説，門有一闑，中門當根闑之中。敖氏云：“乃云‘門中’，則二扉之間惟有一闑明矣。”[1]言“門中”者，是據門有“二闑”立説，門有二闑，門中在兩闑之間。段氏云：“古者門有二闑。二闑之閒謂之中門。惟君行中門。臣由闑外。”[2]“門中”爲“門之正”，故惟君行中門，臣則由闑外。段氏於此言“中門”，不言“門中”，是亦不能辨明二者之義。

　　賈疏言《聘禮》中入門之儀，是據鄭氏、孔氏《玉藻》所解兩君入門之儀爲説。然鄭氏、孔氏於《玉藻》入門之儀實持“一闑”之説，賈氏則是持“二闑”説，故而賈氏引鄭氏、孔氏説時仍用“中門”，而在自論《聘禮》入門之儀時則用“門中”，以示二者門闑有別。

　　賈氏的“二闑”説清楚了，那麼我們就可以來討論《聘禮》中的入門之儀了。鄭注、孔氏正義、賈疏及後世學者在討論《聘禮》中的入門之儀時，往往皆以《玉藻》中的入門之儀爲準。細細考之，二者既有相似之處，也有不同之處。《玉藻》所言爲兩君入門之儀，《聘禮》所言爲君與使者(或言聘客)入門之儀。最大的不同在於《聘禮》中入門之儀少一“朝君”，其他基本相同。以此，賈疏認爲：“此經謂聘客，鄭君并引朝君，欲見卿大夫聘來，還與從君爲介時入門同，故并引之也。”(見下“《聘禮》入門之儀圖”。)

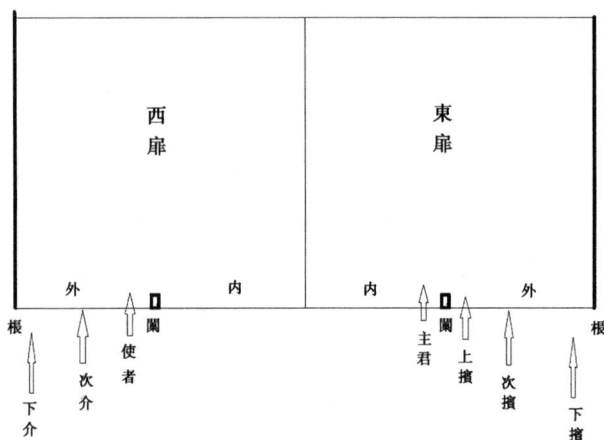

《聘禮》入門之儀圖

四、結語

　　鄙人以爲,於此最值得玩味的是鄭注。一直以來,我們都認爲鄭玄是持"一闑"説。當然,不可否認的是,鄭玄在對於《玉藻》入門之儀的闡釋中,確實是持"一闑"説的。此外,鄭玄在《聘禮》注中又引《玉藻》入門之儀以證之,故而後人皆以爲鄭玄在此亦是持"一闑"之説。但是需要注意的是,鄭玄於《聘禮》注中又言"門中,門之正也"。鄭玄於此言"門中",不言"中門"。"門中"者,"兩闑之間"之謂也。由此可見,鄭玄於此似乎又是持"二闑"説。揆之鄭氏之意,門實有"一闑"、"二闑"之别,《玉藻》所言實爲"一闑"門制,《聘禮》則實爲"二闑"門制。清人胡培翬《儀禮正義》引張氏惠言云:"案《聘禮》疏先云'聊爲一闑言之',下乃申'二闑'之説,則一闑爲古説,二闑乃賈意也。"①可見,賈疏也並未否認"一闑"之説。後世不明其理,或持"一闑"説,或持"二闑"説,聚訟不已,須知《玉藻》與《聘禮》當分别

---

① 胡培翬:《儀禮正義》卷一六,第 766 頁下。

言之也。

"一闑"、"二闑"門制,古皆有之。于鬯《香草校書》云:

《儀禮·聘禮》賈公彥釋有東闑、西闑之説,是闑有二。焦循《群經宫室圖》及《禮記補疏》從之。

　鬯謂兩闑、一闑,古制當並有之。焦據《小戴·玉藻記》言"君入門,介拂闑,大夫中,棖與闑之間,士介拂棖",則確是兩闑之證;而《儀禮·冠禮》云"布席於門中,闑西,閾外",又是一闑之證。彼言士廟,《玉藻記》所言指諸侯,豈士制一闑,諸侯乃兩闑與? 蓋士之門狹,故止須一闑,已足砝門兩扇矣;諸侯之門廣,一闑之力不足砝之,故須兩闑,每扇一闑也,要其爲止扉同。①

于氏認爲古之門制一闑、二闑並當有之,《玉藻》所言是"兩闑"門制,《士冠禮》所言是"一闑"門制。蓋古代門之廣狹不同,士之門狹小,僅需一闑即可止門,諸侯之門廣大,則需兩闑才能止門。于氏之説可謂振聾發聵,發前人所未發。

據禮經宫室之制,諸侯、天子堂屋四注,士、大夫堂屋兩下。門屋下於堂屋,士、大夫、諸侯、天子門屋皆是兩下。士、大夫、諸侯、天子門屋雖同爲兩下,但又皆當以堂屋之度爲準②,故而諸侯、天子門屋必當廣於士、大夫門屋。如此推之,士、大夫門制一闑,諸侯、天子門制二闑,確是極有可能的。

然就實際情況而言,也未必盡是。時有古今,地有南北,文獻所載或據事實,或據禮義而發,其間多有理想因素,不可一概論之。《聘

---

① 于鬯:《香草校書》卷五五,清光緒二十九年刻本。
② 《周禮·考工記》云:"夏后氏世室,……門堂三之二,室三之一。"以此論之,門屋尺度爲堂屋的三分之二。

禮》、《玉藻》皆言諸侯門制,《聘禮》是二闑,《玉藻》是一闑。以此言之,諸侯既有一闑門制,也有二闑門制。諸侯門制如此,天子門制亦或當如此。又,前人論門闑之制,賈疏以前多言“一闑”,賈疏以後“二闑”之説繼起。蓋唐代以後,宮室更加廣大,所見二闑之門制踰多,賈氏不得不面對“現實”,重新思考適合“二闑”門制的入門之儀。因此,門闑之討論,當分別論之,不應非此即彼。

第三章　禮例研究

第一節　堂上布席例探析①

席是禮經之大節,《儀禮》諸禮多言布席之事。禮經所涉宫室有寢、有廟、有庠、有序②,皆可作爲行禮之所。布席之處,有在堂、在室、在東房、在門外者。具體來説,堂爲主、賓行禮之所,布席之處有户牖間(或言"户西")、東序(或言"阼"、"阼階下")、西序(或言"西階下")、房户外、堂廉等;室中爲祭祀場所,布席以奥爲正,布席之處有室奥、室奥之東、西北隅、北墉下、户内等;東房爲婦人行禮之所,席布於房中;門外之席則布於闑西、闑外。此外,從布席對象上來説,又有爲人布席與爲神布席之别。爲人布席又分主人席、主婦席、新婦席、冠子席、賓席、外賓席、介席、衆賓席、遵者席、天子席、公席、諸公席、卿席、小卿席、大夫席、工席、筮者席、祝席、侑席、餕者③席等;爲神布席,又分先祖席、尸席等。

① 本節内容曾發表於《經學研究》2023 年第六輯,爲"《儀禮》布席例探析"一文的部分内容,收録時做了一些修改。
② 《儀禮》宫室結構繁雜,不再贅言,具體可參考陳緒波《儀禮宫室考》,上海古籍出版社,2017 年。
③ 餕者包括《士昏禮》中的婦、媵、御,《特牲饋食禮》中的嗣子、長兄弟,《少牢饋食禮》中的上佐食、下佐食、賓長二人等。

　　布席之例,尤以席面、席上二要素最爲重要。席面即人入席時之面鄉,學者幾無異議。何爲席上?經文中雖多有東上、西上、南上、北上之言,但又多顯混雜,不知以何爲據。後世所論,又往往囿於《曲禮》"席南鄉、北鄉,以西方爲上;東鄉、西鄉,以南方爲上"之説。凡與此例合者則順而解之,其不合者則聚訟不已。清人淩廷堪《禮經釋例》歸納禮經布席之例,又以人、神二分論之,認爲"凡設席,南鄉、北鄉,於神則西上,於人則東上;東鄉、西鄉,於神則南上,於人則北上。"①後人多從其説。然淩氏所言布席之法,也多有與禮經所言不合者。臺灣大學葉國良先生在論及禮經中的布席例時曾指出,淩氏"論几、席位向,人神雜述,又不分室中堂上,以故滋生錯誤,故其所括列未可完全據信"。② 可謂中的之言。今在先賢研究基礎之上,重新考察禮經中的布席之例,敬祈博雅君子正之。

一、前人"席上"之討論

　　席之形制,禮經無文。《周禮·考工記》:"周人明堂,度九尺之筵。"③《公食大夫記》:"司宮具几與蒲筵常。"鄭注云:"丈六尺曰常,半常曰尋。"賈疏:"云'丈六尺曰常,半常曰尋'者,此皆無正文。"④《禮記·文王世子》:"凡侍坐於大司成者,遠近間三席,可以問。"鄭注云:"席之制,廣三尺三寸三分,則是所謂函丈也。"⑤聶崇義《新定三禮圖》:"舊《圖》云:士蒲筵,長七尺,廣三尺三寸,無純。"⑥席之廣

---

① 淩廷堪:《禮經釋例》,第 92 頁。
② 葉國良:《論〈儀禮〉中的几席位向》,2019 年 6 月 29 日復旦大學"東亞禮學與經學國際研討會暨上海儒學院第三屆年會"論文,第 20 頁。
③ 《周禮注疏》卷四一,第 2007 頁上。
④ 《儀禮注疏》卷二六,第 2349 頁。
⑤ 《禮記正義》卷二〇,第 3043 頁下。
⑥ 聶崇義纂輯,丁鼎點校、解説:《新定三禮圖》,第 240 頁。

狹,異説頗多,或因尊卑不同,或因時地而異,難以考定。《儀禮》所用席之形制,經無正文,不置可否。但是有一點可以肯定的是,席是長方形,有兩長邊,兩短邊。

《儀禮》布席多言"席上",何爲"席上"? 鄭注云:"上,謂席端也。"①席上,即是説布席時以席的一端爲上位。席有四邊,人入席時坐在一長邊,面鄉另一長邊。另外兩短邊在其左右,其中一邊就是"席上"之所在。那麼,"席上"的一邊是如何確定的呢?《禮記·曲禮上》云:"席南鄉、北鄉,以西方爲上;東鄉、西鄉,以南方爲上。"(見下"圖一:《曲禮》席上圖"。)

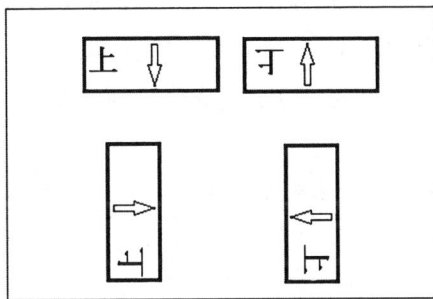

圖一:《曲禮》席上圖

　　鄭注云:布席無常,此其順之也。上,謂席端也。坐在陽則上左,坐在陰則上右。

　　孔氏正義云:"席南鄉、北鄉,以西方爲上"者,謂東西設席,南鄉、北鄉則以西方爲上頭也。所以然者,凡坐隨於陰陽,若坐在陽則貴左,坐在陰則貴右。南坐是陽,其左在西;北坐是陰,其右亦在西也,俱以西方爲上。"東鄉、西鄉,以南方爲上"者,謂南北設席,皆以南方爲上也。坐在東方西鄉是在陽,以南方爲上;坐若在西方東鄉是在陰,亦以南方爲上。亦是坐在陽則上左,坐

---

① 《禮記正義》卷二,第 2683 頁上。

在陰則上右。此據平常布席如此,若禮席則不然。①

鄭氏、孔氏都認爲席上端是根據"陰陽"而定的,坐在陽則以席之左端
爲上位,坐在陰則以席之右端爲上位。何爲"陰陽"呢? 東、南、西、北
四方,東方、南方爲陽;西方、北方爲陰。坐在陽,即是坐南朝北或者坐
東朝西,坐在陰,即是坐北朝南或坐西朝東。"席南鄉、北鄉,以西方爲
上"者,是説坐在南方則席面北鄉,南方爲陽,以席左爲上,席左即席西
也,故以西方爲上;坐在北方則席面南鄉,北方爲陰,以席右爲上,席右
即席西,故以西方爲上。"席東鄉、西鄉,以南方爲上"者,是説坐在東方
則席面西鄉,東方爲陽,以席左爲上,席左即席南也,故以南方爲上;坐在
西方則席面東鄉,西方爲陰,以席右爲上,席右即席南也,故以南方爲上。
　　《曲禮》所言布席之法,實則與《儀禮》所言布席多不相同。例如:

　　　《鄉射禮》:"乃席賓,南面東上。"
　　　《燕禮》:"若有諸公,則先卿獻之,如獻卿之禮。席于阼階
　　　西,北面,東上,無加席。"

《鄉射禮》爲賓布席,席南鄉,以東爲上;《燕禮》爲諸公布席,席北鄉,
以東爲上。以上所言諸席,皆與《曲禮》所云"席南鄉、北鄉,以西方
爲上;東鄉、西鄉,以南方爲上"不同。鄭氏、孔氏也認識到了這個問
題,故鄭氏又以"布席無常,此其順之也"做解。孔氏又進一步解釋説
"此據平常布席如此,若禮席則不然"。然何爲"平常布席",何爲"禮
席",孔氏不言,我們更不得而知。
　　席上之例,清人淩廷堪有更爲詳細的論述,其《禮經釋例》云:
"凡設席,南鄉、北鄉,於神則西上,於人則東上;東鄉、西鄉,於神則南

① 《禮記正義》卷二,第 2683 頁。

上,於人則北上。"①(見下"圖二:淩廷堪席上圖"。)按淩氏之義,禮經中爲神、爲人布席之法不同。設席時,若是席面南鄉或北鄉,爲人布席當以東面爲上,爲神布席當以西面爲上;設席時,若是席面東鄉或西鄉,爲人布席當以北面爲上,爲神布席當以南面爲上。錢玄先生認爲:"淩説可信。"②

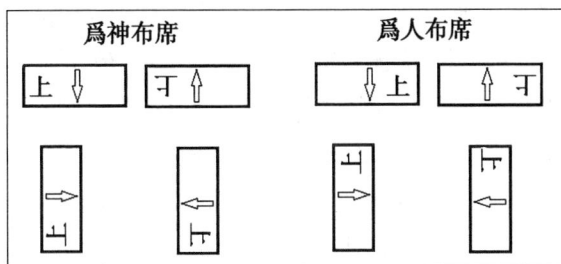

圖二:淩廷堪席上圖

淩氏又云:"考《曲禮》'席南鄉、北鄉,以西方爲上';'席東鄉、西鄉,以南方爲上'。蓋禮家見《士昏禮》有'筵于户西,西上'之文,遂爲此説,不知經所謂'西上',指神席也。《禮經》之例,'席於人,南鄉、北鄉,以東方爲上;東鄉、西鄉,以北方爲上',與《曲禮》正相反。《曲禮》出諸儒所記,信傳固不如信經也。"③淩氏認爲《曲禮》所言蓋據《士昏禮》爲神布席之一例所出,故有所偏頗。鄭氏言"布席無常,此其順之也","順"者,順其鬼神陰陽,特指神席而言也。孔氏正義所謂"平常布席"則是指爲神布席,"禮席"蓋爲人布席。淩氏以神、人有別,以此來區分布席之例,可謂慧眼獨具。然考諸經義,席南鄉、北鄉,於人仍有西上者,席東鄉、西鄉,於人仍有南上者。淩氏之説仍需細細考之。

堂廉與房室間爲堂。堂是古人最爲重要的行禮場所。行禮時,

---

① 淩廷堪:《禮經釋例》,第 92 頁。
② 錢玄、錢興奇:《三禮辭典》,第 628 頁。
③ 淩廷堪:《禮經釋例》,第 92 頁。

堂上常爲尊者設席。考諸禮經，堂上既可布生人席，也可布神席。鬼神之席以室爲正，行禮以尸爲中心。禮經所言鬼神布席之節，集中體現在《士虞禮》、《特牲禮》、《有司》等祭禮當中。生人之席以堂爲正，行禮以主、賓爲主。禮經所言生人布席之節，集中體現在《士冠禮》、《士昏禮》、《鄉飲酒禮》、《鄉射禮》、《燕禮》、《大射》諸禮中，其中尤以《鄉飲酒禮》、《鄉射禮》、《燕禮》、《大射》最爲典型。然《鄉飲酒禮》、《鄉射禮》與《燕禮》、《大射》雖同是燕、射之禮，但由於參禮對象的不同，其布席之節又存在較大差異，故二者又需分別言之。

爲了便於對堂上布席之例有一個全面具體的考察，我們根據布席地點、對象以及所涉禮儀性質的不同，將禮經中的布席之節分爲五類進行討論。一是主人席與賓席，二是介席與侑席，三是《鄉飲酒禮》、《鄉射禮》中的遵者席，四是《燕禮》、《大射》中的卿、大夫席，五是《燕禮》、《大射》中的諸公席、外賓席、工席。（具體可參考本章“第一節”文後附圖：“圖三：《鄉飲酒禮》堂上布席圖”、“圖四：《鄉射禮》堂上布席圖”、“圖五：《燕禮》堂上布席圖”、“圖六：《大射》堂上布席圖”。）下文將分別言之。

二、主人席與賓席

古人行禮，以主、賓二人爲主。行禮之處，以堂爲正。主、賓尊，故堂上有席。主人者，一家之主也。禮經於主人設席，或稱“主人”，或不稱“主人”。賓客，與主人行禮者也。鄭注《士冠禮》云：“賓，主人之僚友。古者有吉事，則樂與賢者歡成之；有凶事，則與賢者哀戚之。”①

（一）主人席

主人席布於阼階上，經文或言“阼”，或言“阼階上”，或言“東序”。例如：

---

① 《儀禮注疏》卷一，第 2041 頁下。

《士昏禮》婦見舅姑，布舅席："席于阼，舅即席。"

《鄉射禮》爲主人設席："席主人于阼階上，西面。"

《有司》尸酢主人，爲主人設席："司宫設席于東序，西面。"

主人席布於阼階上，席西鄉。席西鄉，那麽席是北上或南上，禮經不言。《鄉飲酒禮》："主人降席自南方。"鄭注云："不由北方，由便。"① 又《鄉飲記》："主人、介，凡升席自北方，降自南方。"鄭注："席南上，升由下，降由上，由便。"②

鄭玄"升席降席説"（即"升由下，降由上"），對後世影響深遠，學者或推之以爲凡例③，或加以修正④，或加以批判。⑤ 諸家所論，各執一詞，聚訟不已。然考之諸家之説，人們爭論的焦點都在降席之例，

---

① 《儀禮注疏》卷九，第 2130 頁上。
② 《儀禮注疏》卷一〇，第 2139 頁下—2140 頁上。
③ 方苞《儀禮析疑》卷四："主人及介升席自北方，經有明文而記復舉，此何也？主人之降席無文，介之降席雖見於受獻，而將徹俎，賓、主人、介降席皆不自其方，故舉此以著升席之凡例。而賓降席之方亦可於升席自西方比類而得之矣。"《景印文淵閣四庫全書》經部禮類第 109 册，臺灣商務印書館，1983 年，第 57 頁上。
④ 褚寅亮《儀禮管見》卷上之四："此正禮也，即康成所云'升由下，降由上也'。其主人受酢而自席前適阼階上者，以啐酒在席北端，故由便而非正也。然則此記是正禮，何以注亦云'由便'，蓋升以自下而上爲便，降以自上而下爲便，因其便而禮節生，即以是爲正焉，指身在正席中者言也。若身在席北而必拘由下之禮，則反躐席不便矣。故徑從北降，此則真由便也。注兩'由便'，須如此分别看乃得。"《續修四庫全書》經部禮類第 88 册，上海古籍出版社，2002 年，第 396 頁。
⑤ 敖繼公《儀禮集説》卷四："此儀各一見，於經、記云'凡'者，似爲不見者言也。二席南上，升降皆當由下，其降由上者，由便耳。若例指爲正禮，則似失之，且經於主人之酢云'自席前適阼階上'，是其降亦未必皆自南方也。乃言'凡'，何與？"《欽定四庫全書薈要》經部禮類第 50 册，吉林出版集團有限責任公司，2005 年，第 106 頁下。

至於升席之例,學者並無異議。據此可知,禮經所言升席皆是由席下。《鄉飲酒禮》、《鄉射禮》賓酢主人,經皆云"主人升席自北方";《鄉飲記》云"主人、介,凡升席自北方";《有司》主人受尸酢,經云"主人升筵自北方"。依此例,主人升自北方,是席南上。

　　主人爲一家之主,舅是婿家之主。公爲諸侯,是一國之主。如是,公、舅之等皆是"主人"。"主人"席皆設於阼階上。例如:

　　　　《士昏禮》布舅席:"席于阼,舅即席。"
　　　　《燕禮》布公席:"小臣設公席于阼階上,西鄉,設加席。"
　　　　《大射》布公席:"小臣設公席于阼階上,西鄉。"

公席、舅席於阼階上西鄉,經文不言席南上,蓋係省文,當與主人席同。又《聘禮》使者還,奠廟,酢主人於堂,設主人席,禮經省文,亦當如是。

　　主婦之席,以東房爲正,然亦有堂上之席。《士昏禮》婦見舅姑,舅姑異席,舅席設於阼上西面,姑席設於房外南面。經云:"席于阼,舅即席。席于房外,南面,姑即席。"姑爲主婦,席于房外。房外亦在堂也。鄭注云:"房外,房户外之西。"賈疏:"鄭知房外是房户外之西者,以其舅在阼,阼當房户之東。若姑在房户之東,即當舅之北,南面向之不便。又見下《記》云'父醴女而俟迎者,母南面於户外,女出於母左',以母在房户西,故得女出於母左。是以知此房外亦房户外之西也。"[1]郝敬《儀禮節解》:"舅席在阼,示爲主也。姑席在東房户外南面,示爲内主也。"[2]主婦爲内主,其席以東房爲正,席於房户外南面東上,主婦堂上之席位也。

① 《儀禮注疏》卷五,第 2088 頁上。
② 郝敬:《儀禮節解》卷二,第 572 頁下。

舅姑異席者,蔡德晉《禮經本義》引高紫超言"夫婦各異席,亦取夫婦有別之意。"①姑席南面,經、注、疏不言何爲席上。考諸經義,婦見舅姑,舅席在阼,姑席在房外。見舅姑訖,贊代舅姑禮婦,"席于戶牖間"。是時,堂上有三席。婦席在戶牖間,賓之位,尊之也。舅爲主人,姑爲内主。舅尊於姑,姑當統於舅,故姑席亦東上。

(二)賓席

考諸禮經,賓席設於堂正中,即室户與室牖之間,南面。經文布席或言"户西",或言"户牖間",其實一也。例如:

> 《士昏禮》:"贊醴婦,席于户牖間。"
> 《燕禮》:"司宫筵賓于户西,東上。"
> 《大射》:"司宫設賓席于户西,南面,有加席。"

《儀禮釋宫》云:"室南其户,户東而牖西。"②室有户有牖,户在東而牖在西。若是室户,經文皆稱之爲"户"。例如《聘禮》:"堂上八豆,設于户西。"鄭注:"户,室户也。"③《士冠禮》:"筵于户西,南面。"鄭注:"户西,室户西。"④若是室牖,經文則皆稱之爲"牖"。例如《士昏禮》:"席于户牖間。"鄭注:"(户牖間)室户西、牖東。"⑤室東户西牖,户西即室户之西,也就是室牖之東。"户西"與"户牖間"其實一也。

户牖間是堂上尊處,是賓席之所在。例如《士昏禮》之賓,《鄉飲》、《鄉射》之賓,《燕禮》、《大射》之賓,《聘禮》、《公食》之賓皆設於

① 蔡德晉:《禮經本義》卷二,《景印文淵閣四庫全書》經部禮類第 109 册,臺灣商務印書館,2008 年,第 522 頁下。
② 李如圭:《儀禮釋宫》卷一,第 525 頁上。
③ 《儀禮注疏》卷五,第 2291 頁上。
④ 《儀禮注疏》卷二,第 2055 頁下。
⑤ 《儀禮注疏》卷五,第 2089 頁上。

此。席之面位，經有明文。例如：

《士昏禮》："主人筵于户西，西上，右几。"
《士昏禮》："主人徹几，改筵，東上。"
《鄉射禮》："乃席賓，南面東上。"
《燕禮》："司官筵賓于户西，東上。"

《鄉射》、《燕禮》設賓席，經文直云"東上"。《士昏禮》納采、問名，女父先設神席，"筵于户西，西上，右几"。納采、問名訖，將禮賓，女父改設賓席，經云"主人徹几，改筵，東上"。又《聘禮》禮賓，改設賓席，經云"宰夫徹几改筵"。鄭注"將禮賓，徹神几，改神席，更布也。賓席東上"。經、注皆以賓席南面東上。

《士冠禮》："筵于户西，南面。"三加訖，賓禮冠者，冠者之席亦布于此。鄭注云："户西，室户西。"賈疏云："'户西，室户西'者，以下《記》醮於客位在户西①，醮、醴同處，故知户西也。"②蔡德晋《禮經本義》云："筵謂醴冠者之席。户西，室户之西，即户牖之間。"③敖繼公《儀禮集説》云："户西即户牖間也。後皆放此。户西，客位也。筵於此者，以其成人尊之。此席東上。"④由此可知，户西即賓客之位。所以席於此者，尊之也。不於阼階上者，異於主人，且非代父也。冠者初成人，當以成人之禮待之，故與禮賓同，《冠義》所謂"成人之者，將責成人禮焉也"。

《士昏禮》贊代舅姑禮婦、舅姑共饗婦以一獻之禮，皆"席于户牖

① 《士冠禮記》："若不禮，則醮用酒。"按賈氏之義，醮、醴同處，亦於客位也。
② 《儀禮注疏》卷二，第 2055 頁下。
③ 蔡德晋：《禮經本義》卷一，第 507 頁下。
④ 敖繼公：《儀禮集説》卷二，第 18 頁下。

間"。鄭注云"室西，牖東，南面位"，是在賓客之位。郝敬《儀禮節解》云："舅姑使贊代爲賓以醴婦，亦猶冠之醴子，嘉其成也。設婦席于户牖間，客位也。"①婦見舅姑，舅姑禮之，婦饋舅姑，舅姑饗婦以一獻之禮，"成婦禮，明婦順，又申之以著代"，皆昏禮之大節。婦初至，有賓客之尊，又承以大任，布席於此，重之也。《昏義》云："昏禮者，將合二姓之好，上以事宗廟，而下以繼後世也，故君子重之。"②由此可知，冠者之席與新婦之席皆席於客位，尊之也。冠者、新婦與賓客席面位相同，席皆南面東上。

　　神席以室奥爲正，然堂上賓客位又有爲神設席者，禮經涉及到的有先祖席、尸席等。例如：

　　　　《士昏禮》納采，主人先設先祖席："筵于户西，西上，右几。"
　　　　《聘禮》使者至，公設先祖席："几筵既設，擯者出請命。"
　　　　《有司》侑尸，設尸席："司官筵于户西，南面。"

以上所言皆是於堂上户牖間設神席，面位相同。《士昏禮》先祖席經文直言"西上"。《聘禮》設祖席，鄭注云："有几筵者，以其廟受，宜依神也。賓至廟門，司宫乃於依前設之。神尊，不豫事也。席西上。"③《有司》侑尸，設尸席，鄭注云"爲尸席也"，經文直言南面，不言席上。禮之常，几設於席上。此尸席上設几，據此可知何爲席上。尸席設几，經云"宰授几，主人受，二手横執几，揖尸。主人升，尸、侑升，復位。主人西面，左手執几，縮之，以右袂推拂几三，二手横執几，進授尸于筵前。尸進，二手受于手間。主人退。尸還几，縮之，右手執外

_____

① 郝敬：《儀禮節解》卷二，第 21 頁。
② 《禮記正義》卷六一，第 3647 頁。
③ 《儀禮注疏》卷二〇，第 2278 頁上。

廉,北面奠于筵上,左之,南縮,不坐。"宰授主人几,主人又授之尸。尸席前北面,將之設於席左,席左即席西。由此可知,尸席南面西上。

《士昏禮》納采、問名,主人先設先祖席,"筵于户西,西上,右几"。鄭注云:"户西者,尊處,將以先祖之遺體許人,故受其禮於襧廟也。""席西上,右設几,神不統於人。"賈疏:"云'席西上,右設几,神不統於人'者,案《鄉射》、《燕禮》之等設席皆東上,是統於人。今以神尊,不統於人,取地道尊右之義,故席西上,几在右也。"①神人有別,神尚右,人尚左。爲神布席西上,右几;爲人布席則東上,左几。納采、問名訖,主人將禮賓,先改設賓席。所以改設者,神人異席。向者堂上設先祖席,"筵于户西,西上,右几"。今將禮賓,故改先祖席爲賓席。經云"主人徹几,改筵,東上",是其義也。鄭注云:"徹几改筵者,鄉爲神,今爲人。"賈疏云:"徹几改筵者,於户西禮神,坐徹去其几,於後授賓,改設其筵。經云'東上'者,統於主人。注云'鄉爲神,今爲人'者,爲神則西上,爲人則東上,不同,故辨之。"②由此可知,堂上賓客席位,爲人則東上,爲神則西上。

堂爲陽,室爲陰。生人席主於堂,神席主於室。今神席設於堂上,禮之變也。所以變者,與生人交接也。《士昏禮》設先祖席,以先祖之遺體許人;《聘禮》設先祖席,重聘事也。《有司》設尸席於堂,侑尸以爲敬也。神、人有別,堂上户牖間布席,生人席南面東上,神席則南面西上。

(三)天子席

《覲禮》:"天子設斧依于户牖之間,左右几。"《覲禮記》:"几俟于東箱。"鄭注云:"王即席,乃設之也。"賈疏:"云'王即席,乃設之也'者,案《公食大夫記》'宰夫筵出自東房',則此天子禮。几筵亦在東

---

① 《儀禮注疏》卷四,第 2074 頁下。
② 《儀禮注疏》卷四,第 2076 頁上。

房，其席先敷，其几且俟於東箱，待王即席，乃設之，謂若《聘禮》賓即席乃授几。"①此言爲天子設席，經文不言，乃省文。《司几筵》："凡大朝覲、大饗射，凡封國、命諸侯，王位設黼依，依前南鄉設莞筵紛純，加繅席畫純，加次席黼純，左右玉几。"鄭注云："時見曰會，殷見曰同。大會同或於春朝，或於秋覲，舉春秋則冬夏可知。"②《覲禮》所言蓋秋覲也。

　　禮經布席，常爲尊者設几。敖繼公《儀禮集説》云："凡設几，例在席之上端。"③几設於席上，或在席左，或在席右，有几必席。例如《士昏禮》納采，女父爲先祖設席，經云"主人筵于户西，西上，右几"。今天子布席"左右几"，實則與他禮不同。《覲禮》爲天子布席於户牖間，席南鄉，"左右几"。鄭注云："几，玉几也。左右者，優至尊也。"賈疏云："'几，玉几也'者，案《周禮·司几筵》云'左右玉几'，故知此几是玉几也。注'左右有几，優至尊也'，亦與此同。又案《大宰》云'贊玉几'，鄭注云'玉几，王所依也。立而設几，優尊者'。但几唯須其一，又几坐時所以馮依。今左右几立而設之，皆是優至尊也。"④天子至尊，左右几，故經文不言席上。

　　綜上可知，堂上席位以主、賓爲主。賓客席於户牖間，堂上正中之位，南面東上，尊之也。冠子、新婦席於此者，以其新成，賓客之也。或於此設神席者，神尊，尊之，且與生人交接也。然神、人異，所上不同，生人席東上，神席西上，鬼神陰陽也。阼階，主人之位，故主人席於此，西面南上。公席、舅席亦席於此者，皆主人也。天子席於户牖間，南鄉，左右几，至尊也。天子至尊，故不言東上、西上也。

---

① 《儀禮注疏》卷二七，第 2367 頁上。
② 《儀禮注疏》卷二〇，第 1672 頁上。
③ 敖繼公：《儀禮集説》卷二，第 52 頁上。
④ 《儀禮注疏》卷二七，第 2356 頁上。

三、介賓席、衆賓席

古人行禮以主、賓爲主,但有時也會有其他賓客參加。在這些賓客當中,卑者則直立於階下無席,尊者則於堂上設席。例如介賓席、衆賓席等。

(一) 介賓席

《鄉飲酒禮》:"主人就先生而謀賓、介。"鄭注:"賓、介,處士賢者。"賈疏云:"'主人就先生而謀賓、介'者,謂鄉大夫尊敬之。先就庠學者,若先生謀此二人道藝優者爲賓,稍劣者爲介。"①介爲賓之屬,與主賓同爲賢者,尊卑僅次於賓,仍屬尊者,故堂上有席。《鄉飲酒禮》:"乃席賓、主人、介。"鄭注云:"介席,西階上,東面。"②介席布於西階上,東面。席是北上,或南上,禮經不言。《鄉飲酒禮》主人獻介,經云"介升席自北方";又《鄉飲記》云"主人、介,凡升席自北方,降自南方"。由前文可知,禮經中凡言升席者皆由席下,此乃通例。今介升席由北方,介席南上可知。

《鄉射記》"西序之席北上",此言鄉射禮中,衆賓若有席於西階上者則北上。然《鄉飲酒禮》介席同是設於西階上,卻是南上,二者正相反。何謂也? 考諸經義,《鄉射禮》無介席,衆賓統於賓,故衆賓席南面者則東上,若有東面者則北上,北上近賓也。③ 鄭注《鄉飲酒禮》於主人、介席言"升由下,降由上",賈疏更以《曲禮》"席南鄉、北鄉,以西方爲上,東鄉、西鄉,以南方爲上"解之,以爲主人、介席皆南上,是主人席、介席尊,無所統也。考諸禮經,鄭注所言"統"者,皆是卑者統於尊者。此介雖次於賓,仍屬尊者,故無所統。衆賓,賓之屬,卑於

---

① 《儀禮注疏》卷八,第 2115 頁上。
② 《儀禮注疏》卷八,第 2116 頁下。
③ 見下"衆賓席"節。

賓、介，雖席於西階上，卻爲賓所統，故席北上。方苞《儀禮析疑》云：
"介之位不繼於賓，所以申賓之尊也。不與三賓同列，又所以申介之
尊也。"①簡言之，衆賓統於賓，介不統於賓。衆賓統於賓，則其位繼
賓，故席位宜西階上稍北；介不統於賓，則其位宜西階上稍南，當與主
人席相對。

《有司》設侑席，經云"又筵于西序，東面"，面位當與介席同。李
如圭《儀禮集釋》云："尸、侑席位與《鄉飲酒》賓、介之位同。"②介尊，
侑亦尊，同東面南上。胡培翬《儀禮正義》云："今案《鄉飲酒》：'乃席
賓、主人、介。'注云：'賓席牖前南面，介席西階上東面。'此筵于西
序，則視介席爲稍北，其東面同也。"③是説侑席稍北，稍北者則統於
尸，與衆賓席同。今介與侑位尊，不統於賓與尸，故無需近之，胡氏之
説非。

綜上可知，禮經所涉西階上東面之席有三：一是衆賓東面席，衆
賓位卑，統於正賓，布席時宜稍北，東面北上；二是介席，介尊，非統於
正賓，布席時宜稍南，東面南上；三是侑席，侑非統於尸，面位與介席
同東面南上。

(二) 衆賓席

《鄉飲》、《鄉射》堂上除主、賓、介席外，還有衆賓席。《鄉射禮》：
"乃席賓，南面東上。衆賓之席繼而西。"是衆賓之席，在賓席之西。
《鄉飲酒禮》云："衆賓之席，皆不屬焉。"鄭注云："席衆賓於賓席之
西。"賈疏云："鄭知衆賓席在賓席之西者，見《鄉射》云'席賓，南面東
上。衆賓之席繼而西。'此衆賓之席亦當然，但此不屬爲異耳。"④按

---

① 方苞：《儀禮析疑》卷四，第 41 頁下。
② 李如圭：《儀禮集釋》卷二九，第 496 頁下。
③ 胡培翬：《儀禮正義》卷三九，第 1719 頁。
④ 《儀禮注疏》卷八，第 2116 頁下。

注、疏之義,鄉飲、鄉射所布衆賓席相同,皆是在賓席之西。所不同者,鄉飲衆賓席"皆不屬"爲異。

又《鄉射記》:"西序之席北上。"此言鄉射禮中,衆賓若有席於西階上者則北上。鄭注:"衆賓統於賓。"賈疏:"衆賓之席繼賓已西,南面東上,今云'西序之席北上'者,謂衆賓有東面者則北上,此東面非常,故記之也。若然,此鄉射上設席,雖不言衆賓之數,上文云'三拜衆賓',鄭云'三拜,示遍也',則衆賓亦三人矣。而復有東面者,若公卿大夫多,尊東不受則於尊西,賓近於西,則三賓東面北上,統於賓也。"[1]鄉飲、鄉射衆賓皆席於賓西南面,鄭注云"衆賓統於賓",賈疏云衆賓席"南面東上"。然鄉飲禮與鄉射禮不同,鄉飲禮舉於庠,鄉射禮舉於序,庠比序要大;鄉飲酒有介,介席於西階上稍南,鄉射無介;鄉飲賓西有衆賓席三,皆不屬,南面東上。鄉射賓席之西只有衆賓席,席若不受,則席於西階上北上。所以"北上"者,"衆賓統於賓"也。

綜上可知,介賓席於西階,東面南上。介賓僅次於賓,尊於衆賓,其席不統於賓,故其席與主人并南上。衆賓之席,一般設於賓西,南面東上;若是衆賓多,賓西不能容,則設於西序,東面北上。衆賓卑於賓,爲之所統,故南面者東上,東面者北上。二席相較,賓西之衆賓席近於賓,西序之席遠於賓,故賓西之席尊於西序之席。

四、《鄉飲》、《鄉射》中的遵者席與《燕禮》、《大射》中的卿、大夫席

鄉飲、鄉射與燕禮、大射雖同爲燕、射之禮,但二者卻有許多不同。一者,鄉飲、鄉射是由鄉大夫主持的燕、射之禮;燕禮、大射是由諸侯主持的燕、射之禮。二者,鄉飲、鄉射中的主人是鄉大夫,整個禮

---

[1]《儀禮注疏》卷一三,第2181頁下。

儀更多體現出的是一種主、賓關係；燕禮、大射由諸侯主持，參禮者皆是君之臣子，整個禮儀更多體現出的是一種尊卑貴賤的君臣關係。三者，由於鄉飲、鄉射中更多體現出的是一種主、賓間的關係，所以介賓、衆賓之席皆席於賓西，遵者皆席於賓東；由於燕禮、大射更多體現出的是一種君臣關係，所以除諸侯與賓客之外，前來參禮的卿、大夫等皆以尊卑之序席於賓席之左右。

（一）《鄉飲》、《鄉射》中的遵者席

鄉飲、鄉射中，堂上除了主人、賓、介、衆賓之席外，還有"遵者"之席。例如：

> 《鄉飲酒禮》："遵者降席，席東，南面。"
> 《鄉飲酒禮》："賓若有遵者，諸公、大夫則既一人舉觶乃入。席于賓東，公三重，大夫再重。"
> 《鄉飲記》："若有諸公則大夫于主人之北，西面。"
> 《鄉射禮》："尊于賓席之東，席于尊東。"
> 《鄉射記》："若有諸公則如賓禮，大夫如介禮。無諸公則大夫如賓禮。"

鄭注《鄉飲酒禮》："遵者，謂此鄉之人仕至大夫者也，今來助主人樂賓。主人所榮而遵法者也，因以爲名。或有無，來不來，用時事耳。"[1]鄭注《鄉射禮》云："謂此鄉之人爲大夫者也。謂之遵者，方以禮樂化民，欲其遵法之也。"[2]據經、注義，二禮或有鄉内遵者來觀禮，"或有無，來不來，用時事耳"，不定之辭。"遵者，謂此鄉之人仕至大夫者"，下鄭注又云"遵者，諸公大夫也"，是遵者中或有諸公。

---

[1]《儀禮注疏》卷一〇，第 2135 頁下。
[2]《儀禮注疏》卷一一，第 2148 頁下。

　　遵者"來助主人樂賓","既一人舉觶乃入",是在樂作之前。此時前來,鄭注云:"不干主人正禮也。"賈疏云:"言'不干主人正禮'者,正禮謂賓主獻酢是也。"①行禮以主、賓爲主,遵者後來,禮不參也。遵者位尊,前來助主人樂賓,堂上皆設席。《鄉飲酒禮》遵者之席,"席于賓東"。下經云"遵者降席,席東,南面"。鄭注云:"若然,席坐在陰,以東爲上者,統於主人也。"②由此可知,《鄉飲》遵者之席布於賓西,南面。主人席在其東,遵者席統於主人,故東上。

　　又《鄉飲記》:"若有諸公則大夫於主人之北,西面。"遵者包括諸公、大夫,若無諸公,大夫席於賓東,南面東上。若有諸公則諸公席於賓東,南面東上,大夫席於主人之北,西面。今遵者西面之席,《記》文不言席上。鄭注云:"其西面者北上,統於公。"③"公"即諸公,是言大夫遵者統於諸公遵者。敖繼公《儀禮集説》:"有諸公則大夫位於此,尊諸公也。"④按鄭義,若有諸公,諸公之席南面東上;大夫之席西面北上,統於諸公。二人皆爲遵者,但何以諸公東上,大夫統於諸公北上?諸公東上者,尊主人也。大夫統於諸公不統於主人者,諸公尊於主人,且大夫席近於諸公席也。《鄉射記》云:"西序之席,北上。"此大夫遵者之席與《鄉射記》所云衆賓西序東面北上之席相似。不同者,此遵者席統於諸公,故北上;彼衆賓之席統於賓,故北上。

　　鄉飲禮、鄉射禮,堂上皆設尊。例如:

　　　　《鄉飲酒禮》:"尊兩壺于房户間,斯禁。"
　　　　《鄉射禮》:"尊于賓席之東,席于尊東。"

①《儀禮注疏》卷一〇,第2136頁下。
②《儀禮注疏》卷一〇,第2135頁下。
③《儀禮注疏》卷一〇,第2140頁上。
④《儀禮注疏》卷四,第107頁下。

考諸經義,"房户間"即是"賓席之東",二者設尊之處,實則一也。《鄉射禮》或有遵者,則"席于尊東"。鄭注《鄉射禮》云:"尊東,明與賓夾尊也。不言東上,統於尊也。"①考諸鄭注,其義亦不甚清晰。"不言東上",或是經文本欲言"東上";"統於尊",尊在遵席之西,或是西上之辭。賈疏云:"上云'尊於賓席之東',則在尊西。今大夫言'席於尊東',明與賓夾尊可知。云'不言東上,統於尊也'者,席於尊東,繼尊而言,又不言東上西上,是以下云'大夫降席東,南面。降由下,故知西上,統於尊也。"②賈疏對鄭注進行了詳細解釋,其義選取後者,以爲遵席統於尊,故當是西上。但是,《鄉飲禮》也有遵者之席,經云"席于賓東",鄭注明言"統於主人",故席南面東上。此鄭注言"統於尊",故賈疏以義推之,遵席當南面,西上。二者正好相反,應當如何解釋呢?

《燕禮》爲卿設席,經云"司宮兼卷重席,設于賓左,東上"。鄭注云:"卿坐東上,統於君也。"《燕禮》卿席設於賓左,與《鄉飲》、《鄉射》遵者席同。鄭注認爲卿"統於君",故東上。賈疏云:"'卿坐東上,統於君也'者,決《鄉飲酒》、《鄉射》諸公大夫席于尊東西上,彼遵尊於主人,故鄭注云'統於尊'。此爲君尊,故統於君而東上也。"③於此,我們或許能够得到一些啓發。鄭注言"統"者,或是統於人,或是統於物。統於物者,如"統於尊"、"統於堂"、"統於門"、"統於外"、"統於内"、"統於侯"、"統於席"、"統於樞"、"統於敦"等;統於人者,如"統於主人"、"統於主婦"、"統於公"、"統於君"等。

統於物者,物無尊卑,直取以爲節。統於人者,人有尊卑,只可言卑者統於尊者,不可言尊者統於卑者。鄉飲禮的主持者是鄉大夫。《周禮》:"鄉大夫,每鄉卿一人。"遵者或是大夫,或是諸公。若是大

---

① 《儀禮注疏》卷一一,第 2148 頁下。
② 《儀禮注疏》卷一一,第 2149 頁上。
③ 《儀禮注疏》卷一五,第 2205 頁上。

夫,則卑於鄉大夫,故鄭注直言"統於主人"。若是諸公,諸公尊於主人,故鄭注不言"統於主人"。《鄉射禮》遵者,禮經不別諸公、大夫,不可統言"統於主人",故鄭注以"統於尊"解之。"統於尊",取節於尊,即"繼尊"之義。尊無尊卑之義,故不可以統於人之義推之。賈疏混淆二者,以爲統於尊與統於人之義相同,故認爲遵席西上,謬矣。鄉射遵席亦當與鄉飲遵席相同,皆是南面東上。二者爲文不同,所指異也。

(二)《燕禮》、《大射》中的卿、小卿、大夫之席

燕禮、大射是由諸侯主持的宴飲、射箭之禮。堂上之席,除了公席與賓席外,還有卿席、大夫席等。① 諸侯爲一國之君,賓與他人皆爲臣子。賓居客位,尊之也。他人則不辨主、賓,皆以尊卑貴賤之序席於堂上,故此卿、大夫之席與《鄉飲》、《鄉射》遵者之席不同。《鄉飲》、《鄉射》諸公、大夫席皆設於賓東。《燕禮》、《大射》卿、大夫席則既有設於賓東者,也有設於賓西者。

《燕禮》、《大射》卿席設於賓東,例如:

> 《燕禮》:"主人洗,升,實散,獻卿于西階上。司宮兼卷重席,設于賓左,東上。"
> 《大射》:"卿席賓東,東上。司宮兼卷重席,設于賓左,東上。"

《燕禮》、《大射》設卿席於賓左,南面東上。賓席南面,賓左即賓東。鄭注《燕禮》云:"卿坐東上,統於君也。"②此卿席之面位與《鄉飲》、《鄉射》遵者南面之席相同。卿席南面"東上"者,鄭注云"統於君";遵席南面東上者,鄭注云"統於主人"。由此可知,賓東南面之席皆東上。

---

① 《燕禮》或有外賓,《大射》又別卿與小卿。
② 《儀禮注疏》卷一五,第2205頁上。

又《大射》："小卿賓西東上。"鄭注云："小卿，命於其君者也。"[1]
此言大射設小卿席。小卿席，設於賓西，南面東上。《大射》設席，既
有卿席又有小卿席，卿席設於賓東，小卿席設於賓西。然《燕禮》卿
席，不辨卿與小卿，皆設於賓東。鄭注云："席於賓西，射禮辨貴賤
也。"賈疏："云'射禮辨貴賤也'者，決燕禮大、小卿皆在尊東，西無小
卿位，彼主於燕，不辨貴賤故也。"[2]下《燕禮》疏又云："若言案《大
射》席'小卿賓西東上'，注云'席於賓西，射禮辨貴賤也。'以此言之，
燕禮主歡，不辨貴賤，小卿與大卿皆在賓東，故此賓西無小卿位。"[3]

《燕禮》、《大射》皆有大夫席，設於賓西。例如：

> 《燕禮》："辯獻大夫，遂薦之，繼賓以西，東上。"
> 《大射》："小卿賓西，東上。大夫繼而東上，若有東面者則
> 北上。"
> 《大射》："辯獻大夫，遂薦之，繼賓以西，東上。若有東面者
> 則北上。"

鄭注《燕禮》云："遍獻之乃薦，略賤也。亦獻而後布席也。"[4]《燕禮》
云大夫席"繼賓以西，東上"，是言大夫席在賓西，南面東上。《大射》
云大夫繼小卿而東上，是言小卿在賓西，大夫又在小卿之西，小卿席
南面東上。東上者，大夫統於賓也。《大射》又云大夫"若有東面者
則北上"，是說賓西有小卿席，小卿席西有大夫席，若是大夫多，小卿
之西不能容，則設大夫席於西序，東面北上，與《鄉射》眾賓西序北上

---

① 《儀禮注疏》卷一六，第 2226 頁上。
② 《儀禮注疏》卷一六，第 2226 頁下。
③ 《儀禮注疏》卷一五，第 2206 頁下。
④ 《儀禮注疏》卷一五，第 2206 頁下。

席同。衆賓、大夫皆統於賓,故北上。

由諸侯主持的燕禮、大射禮與鄉大夫主持的鄉飲禮、鄉射禮不同。鄉飲、鄉射中,鄉大夫爲主人,除主、賓外,衆賓在賓席之西,遵者在賓席之東,更體現出禮儀中的主、賓之別。燕禮、大射禮是由諸侯主持的燕、射之禮,諸侯至尊,不爲主人,他人皆爲臣子。整個禮儀中更多體現出的是一種君臣關係,故堂上席位除賓客位外,不辨主、賓之別,皆以尊卑貴賤爲序。卿居賓東,小卿、大夫居賓西,尊卑貴賤之別也。

綜上可知,古人行禮,以主、賓爲主。主、賓之外,衆賓席於賓西,遵者席於賓東。賓西之席統於賓,故席南面東上;或有東面者,設於西序稍北,亦統於賓,故席東面北上。賓東之席統於主人,故席南面東上。諸禮若有國君參加,雖有賓客,然公尊,不得體敵,故不稱主人。參禮者皆是公之臣子,諸席則以尊卑貴賤之序席於賓之左右。

五、諸公席、外賓席、工席

以上所言堂上諸席,主人席於阼階之上,賓席於户牖間,介、侑席於西階之上。其他諸席或席於賓西,或席於賓東。除此之外,堂廉之上有時候也會設席。例如《燕禮》、《大射》之諸公席,《燕禮》之外賓席,《鄉飲》、《鄉射》、《燕禮》、《大射》之工席等。

(一)諸公席

《鄉飲酒禮》遵者中或有諸公,經云"賓若有遵者,諸公、大夫則既一人舉觶乃入。席于賓東,公三重,大夫再重"。是言諸公席於賓東,南面東上。燕禮、大射或有諸公參加,堂上亦設席。例如:

> 《燕禮》:"若有諸公則先卿獻之,如獻卿之禮。席于阼階西,北面東上,無加席。"
> 《大射》:"若有諸公則先卿獻之,如獻卿之禮。席于阼階西,北面東上,無加席。"

二禮經文完全相同。諸公者，鄭注《燕禮》云“諸公者，謂大國之孤也。孤一人，言諸者，容牧有三監。”①此諸公席於阼階之西，北面東上，與《鄉飲》不同。“阼階西”則是阼階之西，堂廉之上。北面者，鄉內也。東上者，則統於君。

　　鄭注《燕禮》云：“席孤北面，爲其大尊，屈之也。亦因阼階西位近君，近君則屈，親寵苟敬私昵之坐。”賈疏云：“案上文卿初設重席，辭之乃徹。此孤北面，初無加席者，皆是爲大尊屈之也。云‘親寵苟敬私昵之坐’者，案下《記》云‘賓爲苟敬，席於阼階之西’以爲敬。此孤亦席於阼階之西，故爲苟敬私昵之坐也。”②《大射》注疏幾與此同。③ 按其義，孤卿席於阼階西，北面東上，統於君。君尊孤卑，則爲大尊所厭，尊尊之義也。孤卿爲衆賓中最尊者，禮主於主、賓，禮不參，尊不能申。尊不能申，故“無加席”。孤卿雖尊不能申，但亦應親之，故“近君”。“近君”則爲“親寵苟敬私昵之坐”，親親之義也。

（二）外賓席

　　《燕禮》者，鄭《目録》云：“諸侯無事，若卿大夫有勤勞之功，與群臣燕飲以樂之。”④是言諸侯與己之臣子燕飲之事。然《燕禮》亦有與外臣燕飲者。《燕禮記》云：“若與四方之賓燕，則公迎之於大門內，揖讓升。賓爲苟敬，席于阼階之西，北面。”是言公與外賓燕飲之事。外賓者，聘賓也。

　　外賓之席亦設於阼階西北面之位，與諸公位同。經文不言“東

---

① 《儀禮注疏》卷一五，第 2205 頁下。
② 《儀禮注疏》卷一五，第 2205 頁下。
③ 鄭注《大射》云：“席之北面，爲大尊屈之也。亦因阼階上近君，近君則親寵苟敬私昵之坐。賈疏云：“燕禮、大射諸公皆無加席，與卿辭重席之意同，以成君致隆于賓之義也。又在阼階，若加席則上擬於君，故設席時本無加席，不待其辭。”
④ 《儀禮注疏》卷一四，第 2193 頁上。

上”,由此可知也。鄭注云:“主國君鄉時親進醴於賓,今燕又宜獻焉。人臣不敢褻煩尊者,至此升堂而辭讓,欲以臣禮燕,爲恭敬也。於是席之如獻諸公之位。言苟敬者,賓實主國所宜敬也。”賈疏:“云‘欲以臣禮燕,爲恭敬也’者,此謂在阼西北面,故云‘席之如諸公之位’也。云‘言苟敬者,賓實主國所宜敬也’者,賓實主國所宜敬,但爲辭讓,故以命介爲賓,不得敬之。今雖以介爲賓,不可全不敬,於是席之於阼階西,且敬也,故云苟敬也。”①按注疏之義,此外賓爲他國大聘之賓,聘禮訖,今主國君又燕之,以介爲賓。然外賓雖爲聘賓,亦是人臣,不敢再褻煩尊者,爲示恭敬,故後至,且以臣子居之,行臣禮,“席之如獻諸公之位”。聘賓尊於介,今雖以介爲賓,又不得不敬,故席於阼階西孤卿之位,使近公,“親寵苟敬私昵之坐”,敬之也。

(三) 工席

《鄉飲》、《鄉射》、《燕禮》、《大射》堂廉上還設有工席。例如:

> 《鄉飲酒禮》:“設席于堂廉,東上”;“工入,升自西階,北面坐。”
> 《鄉射禮》:“席工于西階上,少東。升自西階,北面東上。”
> 《燕禮》:“席工于西階上,少東。樂正先升,北面立于其西。升自西階,北面東上坐。”
> 《大射》:“席工于西階之東,東上”;“乃席工于西階上,少東”;“升自西階,北面東上。”

諸禮經文雖有不同,所言其實一也。工,樂工也。鄉飲、鄉射、燕禮工四,大射工六。工席設於西階東,堂廉之上,北面東上。東上者,鄉飲、鄉射統於主人,燕禮、大射統於君。

---

① 《儀禮注疏》卷一五,第 2214 頁下。

綜上可知,《燕禮》、《大射》或有諸公,席於阼階西,北面東上。《燕禮》若是與外賓燕飲,外賓位與阼階西諸公位同。此外,《鄉飲》、《鄉射》、《燕禮》、《大射》諸禮皆有樂工,諸工席設於堂廉之上,北面東上。諸公、外賓、諸工席皆東上者,《鄉飲》、《鄉射》統於主人,《燕禮》、《大射》統於公,鄉飲、鄉射樂工統於主人,燕禮、大射樂工統於君。需要注意的是,諸公、外賓尊於諸工,諸公、外賓席與工席雖同設於堂廉上,但決不可并列。諸公、外賓當更近於主人,工席則更近堂沿,如此才更能體現出尊卑之別。

六、結語

堂是禮經之大節,是生人最重要的行禮場所。堂上之位,以戶牖間爲最尊,故"天子設斧依于戶牖之間,左右几"。賓客席於此者,尊之也。神席設於此者,尊之也。主人之席設於阼階上,主人之位也。介賓僅次於賓,席於西階上,與主人相對,亦尊之也。賓客位、主人位、介賓位,堂上三尊位也。

賓席南面東上,主人席西面南上,介席東面南上。所以南上、東上者,鬼神陰陽也。神尚陰,以西南爲尊,故神席設於室奧。生人尚陽,以東南爲尊,故賓席東上,主人席南上。鬼神陰陽者,據尊者言。至於卑者之席,則不得以鬼神陰陽判之。卑者當爲尊者所統,是以鄭注多言"統於公"、"統於君"、"統於主人"、"統於主婦"、"統於賓"、"統於尸"。故賓西之席多統於賓,席或南面東上,或東面北上;賓東之席,多統於主人,席南面東上。天子至尊,左右几,無所統,故席於戶牖間,不言席上。以此論之,《曲禮》云"席南鄉、北鄉以西方爲上,東鄉、西鄉以南方爲上",非爲堂上生人布席例也。凌氏所言"南鄉、北鄉,於人則東上;東鄉、西鄉,於人則北上",於堂上諸席而言,天子席、主人席、介席則不然也。

綜上所論,禮經所涉布席之例尤爲複雜,其中涉及到諸多因素。在眾多要素之中,尤以席上問題最爲關鍵。席上問題,又與設席之處、設席對象及具體儀節密切相關。因此,禮經中關於席上問題的討論,不僅要考慮宮室中的寢廟之別、堂室房門之別,還要考慮布席對象的人神之別、尊卑之別、男女之別,以及具體儀節與整個禮儀間的關係。《曲禮》云:"席南鄉、北鄉,以西方爲上;東鄉、西鄉,以南方爲上。"即不辨寢、廟,不辨堂室、房門,不辨神、人,皆統而言之,故與禮經布席例多不相合。凌廷堪《禮經釋例》將禮經中的布席之例歸納爲"凡設席,南鄉、北鄉,於神則西上,於人則東上;東鄉、西鄉,於神則南上,於人則北上"。雖以人、神二分,卻不屬意於堂上、室中、東房、門外、本席與對席之別,若以此爲凡例,必然捉襟見肘。

禮經布席之例,雖不能一言蔽之,但仍有規律可循。禮之常,尊者有席,卑者無席。然諸席之中仍有尊卑,故尊者之席設於尊處,卑者之席設於卑處。堂上尊處,户牖間、阼階上、西階上也,此堂上三尊位,故賓、主人、介皆席於此。賓席南面東上,主人席西面東上,介席東面南上。相較而言,其他諸席則爲卑者之席。

附圖:

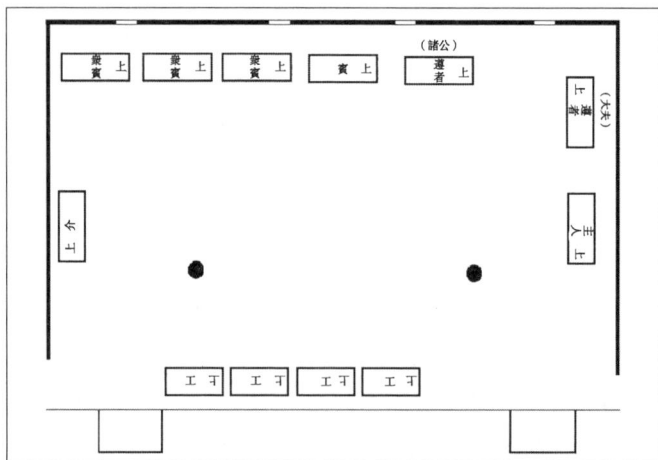

圖三:《鄉飲酒禮》堂上布席圖

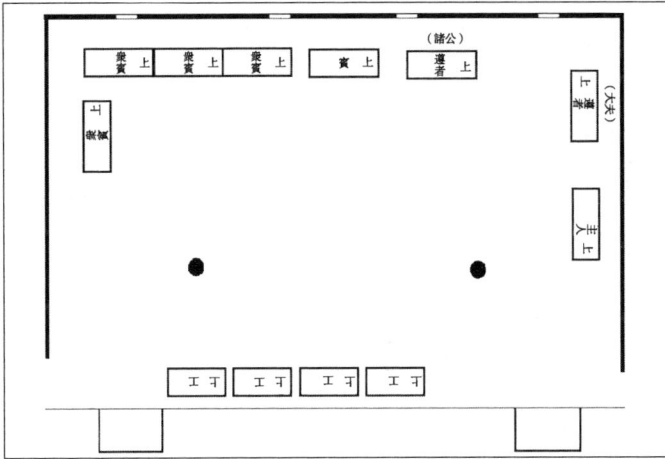

圖四:《鄉射禮》堂上布席圖

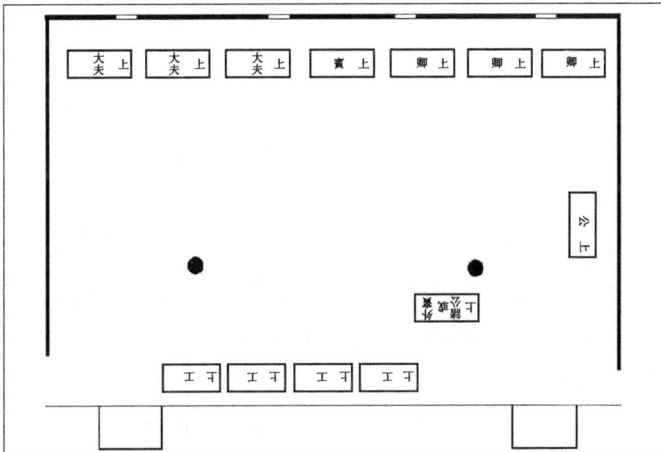

圖五:《燕禮》堂上布席圖

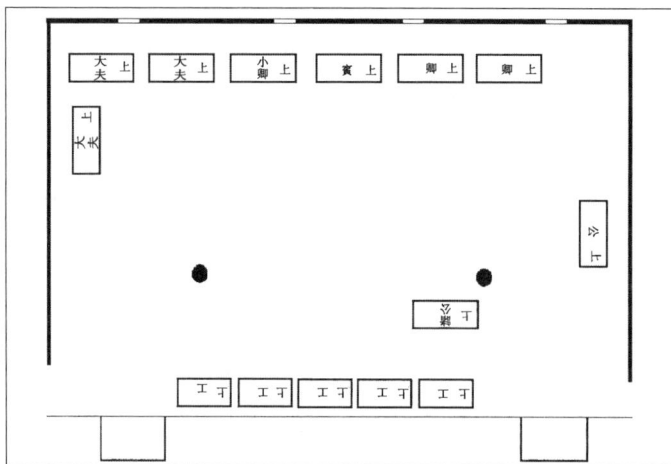

圖六:《大射》堂上布席圖

第二節　室中布席例探析①

堂上布席之例,前文已有論述。除堂之外,室也是重要的禮儀場所,常爲尊者設席。禮經所言之室,包括寢室與廟室。考諸經義,廟室是古人重要的祭祀場所,主人祭祀先祖的活動都是在這裏進行的,例如《士虞禮》、《特牲饋食禮》、《少牢饋食禮》、《有司》等;寢室則是生人日常所居及家庭内部行禮之所,許多重要的家庭禮儀都是在室中進行的,例如《士昏禮》中的夫婦同牢之禮、婦饋舅姑之禮等。

室中之席以奥爲尊,故神席與尊席常設於此。除此之外,室中户内、北墉下、西北隅皆可設席。室中布席之例,仍可參之《曲禮》及前

---

① 本節内容曾發表於《經學研究》2023 年第六輯,爲"《儀禮》布席例探析"一文的部分内容,收録時做了一些修改。

賢之説。《曲禮》云：“席南鄉、北鄉以西方爲上，東鄉、西鄉以南方爲上。”鄭注云：“布席無常，此其順之也。上，謂席端也。坐在陽則上左，坐在陰則上右。”①《曲禮》所言布席之法，不辨堂上、室中、東房、門外，不辨人、鬼，皆統而言之。考諸經義，於堂上布席之例而言，并非如此。室中布席之例是否如此，則需細細考之。

　　敖繼公《儀禮集説》專論室中布席之例，其言“生人室中之席，東面者北上，南面者東上，鬼神則變之”。② 是將室中之席以人、神二分論之，并認爲人、神之席所上相反。清人淩廷堪承襲敖氏之説，并將敖氏室中之例，擴展爲整個禮經之例。其《禮經釋例》云：“凡設席，南鄉、北鄉，於神則西上，於人則東上；東鄉、西鄉，於神則南上，於人則北上。”③若以室中諸席而言，敖氏、淩氏皆以人、神二分論布席之例，并認爲人、神之席所上相反。雖表述不同，實則所言一致。沈彤《儀禮小疏》云：“室中之席，東面者南上，南面者西上。人、鬼同。”④沈氏觀點與敖氏、淩氏不同，他認爲室中之席，人、鬼所上相同，皆是“東面者南上，南面者西上”。

　　以上諸論，各家自執一辭，聚訟不已。然考諸禮經，《儀禮》所言室中之席，既有在寢室者，又有在廟室者，既有神席，又有生人席，既有東面、南面者，又有西面者，禮經所言室中之席究竟如何，當做逐一檢討。臺灣大學葉國良先生在論及禮經中的几、席位向時曾指出，淩氏“論几、席位向，人神雜述，又不分室中堂上，以故滋生錯誤，故其所括列未可完全據信”。⑤ 可謂中的之言。爲便於詳細討論，下文將禮

---

① 《禮記正義》卷二，第 2683 頁。
② 敖繼公：《儀禮集説》卷二，第 52 頁下。
③ 淩廷堪：《禮經釋例》卷二，第 92 頁。
④ 沈彤：《儀禮小疏》卷七，《景印文淵閣四庫全書》經部禮類第 109 册，臺灣商務印書館，2008 年，第 994 頁上。
⑤ 葉國良：《論〈儀禮〉中的几席位向》，第 20 頁。

經所涉布席之例,按廟室、寢室分類一一加以論述。

一、廟室布席例

宗廟是古人最爲重要的祭祀場所,在祭祀時,廟室中要爲代先祖受祭的尸設席。尸席設於室奧,東面。祭訖,改設陽厭於室中西北隅。除尸席外,室中還有祝席,設於北墉下,南面;主人席設於户內,西面;尸席對面還設有餕者對席。廟室中布席情況可參考"圖一:廟室布席圖"。

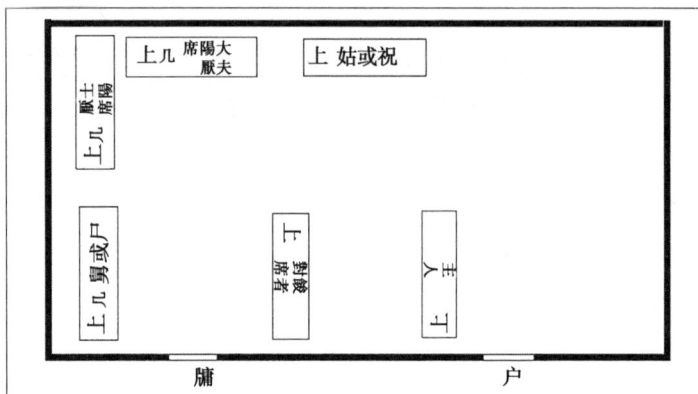

圖一:廟室布席圖

（一）室奧尸席

鬼神之席以奧爲正,行禮則以尸爲中心。奧爲室中尊處,主人祭祀先祖時,常爲尸布席。鄭注云:"室中西南隅謂之奧。"[1]此《爾雅》語也。《爾雅》又云:"西北隅謂之屋漏,東北隅謂之宧,東南隅謂之㝔。"郭璞注云:"(奧)室中隱奧之處。"邢昺疏云:

云"奧"者,孫炎云:"室中隱奧處也。古者爲室,户不當中

---

[1]《儀禮注疏》卷三七,第 470 頁上。

而近東，則西南隅最爲深隱，故謂之奥，而祭祀及尊者常處焉。《曲禮》云：'凡爲人子者，居不主奥。'"①

敖繼公《儀禮集説》云："奥，室中西墉下，少南也。"②室中四隅，奥居最内，不得户牖之明，故爲室中最隱奥之處。鬼神尚幽静，故於此設神席。生人席或設於寢奥者，鬼神之所處，尊之也。

《士昏禮》廟見舅姑，《士虞禮》、《特牲饋食禮》、《少牢饋食禮》、《有司》之尸席皆設於奥。例如：

> 《士昏禮》："席于廟奥，東面，右几。"
> 《士虞禮》："祝免，澡葛絰帶，布席于室中，東面，右几。"
> 《特牲禮》："祝筵几於室中，東面。"
> 《少牢禮》："司宫筵于奥，祝設几于筵上，右之。"

《士虞禮》、《特牲禮》布席言"室中"，《士昏禮》、《少牢禮》言"奥"，彼此互文。又《士虞禮》、《特牲禮》直言席"東面"，不言席上。席設於奥，東面。那麼，席是南上，還是北上？考諸禮經，《士昏禮》、《士虞禮》、《特牲禮》、《少牢禮》尸席皆設"几"。禮之常，几爲尊者所有，設於席上。《士昏禮》、《士虞禮》"右几"，《少牢禮》之几"右之"。鄭注《士虞禮》云："右几，於席近南也。"③鄭注《少牢禮》云："席東面，近南爲右。"④經文言"右"者，據尸入席時而言。席東面，南爲右，故席南上。

又《士昏禮》婦入三月，廟見舅姑。舅席"席于廟奥，東面，右

① 《爾雅注疏》卷五，第 229 頁。
② 敖繼公：《儀禮集説》卷二，第 42 頁。
③ 《儀禮注疏》卷四二，第 2529 頁下—2530 頁上。
④ 《儀禮注疏》卷四七，第 2596 頁下。

几”。敖繼公《儀禮集説》云:“右几,見席南上也。凡設几,例在席之
上端。舅席東面而南上。”①此與《士虞禮》、《特牲禮》、《少牢禮》尸
席面位相同。綜上可知,廟奧是室中尊處,是神席所在。廟室奧之神
席,東面南上。

(二) 室中西北隅陽厭席

　　陰厭、陽厭之義,注疏所言甚明。《特牲禮》:“佐食徹尸薦、俎、
敦,設于西北隅,几在南,厞用筵,納一尊。”是言室中設陽厭之事。鄭
注:“厞,隱也。不知神之所在,或諸遠人乎?尸謖而改饌爲幽闇,庶
其饗之,所以爲厭飫。《少牢饋食禮》曰:‘南面而饋之。’設此所謂當
室之白陽厭也,則尸未入之前爲陰厭矣。”賈疏云:“鄭注云‘當室之
白’,謂西北隅得户之明者也。凡言‘厭’者,謂無尸直厭飫神,故鄭
云‘則尸未入之前爲陰厭矣’。謂祭於奧中,不得户明,故名陰厭。對
尸謖之後,改饌於西北隅爲陽厭,以向户明,故爲陽厭也。”②祭必有
尸,尸未入之前,設神席於奧,以待神降。奧在陰幽之處,不得户明,
故稱之爲陰厭。尸入,祭之席上。祭訖,尸謖後,不知神之所處,又於
西北隅設席饗之。西北隅可得户牖之明,故名陽厭。

　　《士虞禮》、《特牲禮》、《有司》祭訖,改設陽厭於室中西北隅,例如:

　　　　《士虞禮》:“祝反,入徹,設于西北隅,如其設也。几在南,
厞用席。”

　　　　《特牲禮》:“佐食徹尸薦、俎、敦,設于西北隅,几在南,厞用
筵,納一尊。”

　　　　《有司》:“有司官徹饋,饌于室中西北隅,南面,如饋之設。
右几,厞用席。”

---

① 敖繼公:《儀禮集説》卷二,第 52 頁上。
② 《儀禮注疏》卷四六,第 2582 頁上。

《士虞禮》改設陽厭，陽厭席設於西北隅，如其初設。初設者，祝設尸席，"布席于室中，東面，右几"。席東面，右几，几在南也。几在南，則席南上。《特牲禮》改設陽厭，"設于西北隅，几在南"。"几在南"，席仍是東面南上，與《士虞禮》同。《有司》改設陽厭，席設於室中西北隅，南面，右几。右几，席西上也。敖繼公《儀禮集説》云："南面，亦大夫禮異。"①《士虞禮》、《特牲禮》陽厭席東面南上，士禮也。《有司》陽厭席，南面西上，大夫禮也。由此可知，室中西北隅所設陽厭席，士席東面南上，大夫席南面西上。

(三) 北墉下祝席、姑席

室中之席，以尸爲尊，設於奥，東面南上。室中西北隅設陽厭席，士席東面南上，大夫席南面西上。除尸席、陽厭席外，室中北墉下還有《特牲禮》、《少牢禮》之祝席，《士昏禮》廟見舅姑時之姑席。例如：

> 《特牲禮》主人獻祝，經云："筵祝，南面。主人酌，獻祝，祝拜受角。"
>
> 《少牢禮》主人獻祝，經云："主人獻祝，設席南面。祝拜于席上，坐受。"

二禮皆有主人獻祝之儀。主人獻祝，鄭注《特牲禮》云"行神惠也。先獻祝以接神，尊之"。② 祝席所設之處、席上，禮經不言。敖繼公《儀禮集説》云："筵於北墉下，尊之西也。室中之席南面，以西方爲上。"③按其義，祝席席於北墉下，南面西上。胡氏培翬從之。

《士昏禮》婦入三月，廟見舅姑。姑席"席于北方，南面"。鄭注

————————————

① 敖繼公：《儀禮集説》卷一七，第 617 頁下。
②《儀禮注疏》卷四五，第 2567 頁下。
③ 敖繼公：《儀禮集説》卷一四，第 511 頁下。

云:"北方墉下。"①敖繼公《儀禮集説》云:"姑席南面,其西上與。"②
與此席面位相同。又《士昏禮》婦饋舅姑,舅姑共席于寢奧,類於尸
席;饋訖,徹舅姑饌,婦餕,"席于北墉下。婦徹,設席前,如初,西上"。
婦之餕席,席於北墉下,南面,經文直言"西上"。故知此祝席、姑之神
席與婦之餕席,皆設於北墉下,南面西上。

(四) 室户内主人席

《特牲禮》、《少牢禮》室中還設有主人席。例如,《特牲禮》主婦
致爵於主人,經云"席于户内"。鄭注《特牲禮》云:"爲主人鋪之,西
面,席自房來。"③《少牢禮》省文,當與此同。户内,室户之内。具體
位於何處,經、注不言。《士喪禮》小斂布席,經云"布席于户内,下莞
上簟"。《喪大記》:"小斂於户内,大斂於阼。"按小斂之席户内,當在
室户内之西。不當户者,礙於行不便,且隱私也。不席於東墉下,地
狹且遠襲席也。今主人席於"户内",亦當在室户内之西。

郝敬《儀禮節解》云:"席于户内,設席于主人所立之位。"④蔡德
晋《禮經本義》云:"席于户内,爲主人設席于所立之位,西面也。"⑤是
言主人席當設於主人户内所立之處。又敖繼公《儀禮集説》云:"設
席蓋於主人之所立處之南,亦南上。"⑥是言主人席當設於主人所立
位之南。主人所立之處,經有明文。《少牢禮》云:"尸升筵,祝、主人
西面立于户内,祝在左。"鄭注云:"主人由祝後而居右,尊也。祝從
尸,尸即席,乃卻居主人左。"賈疏云:"祝先入,至主人入而居祝之右
者,以祝從尸後詔侑之,故在尸後主人前。及尸即筵,主人與祝西面,

① 《儀禮注疏》卷六,第 2094 頁。
② 敖繼公:《儀禮集説》卷二,第 52 頁下。
③ 《儀禮注疏》卷四五,第 2569 頁上。
④ 郝敬:《儀禮節解》卷一五,第 767 頁上。
⑤ 蔡德晋:《禮經本義》卷一五,第 741 頁上。
⑥ 敖繼公:《儀禮集説》卷一五,第 544 頁上。

則主人尊故也。云‘祝從尸，尸即席，乃卻居主人左’者，解祝在先，居左之意也。”①尸升筵即席，主人與祝西面立於户内，與尸相對。尸席設於室奥，主人、祝所立之處已近迫南墉，其南已無餘地布席。敖氏認爲“設席蓋於主人之所立處之南”，非也。

考諸經義，主人席當設於主人所立處之北，或主人所立處之前。但是，若主人席於所立處之北，則主人席不得正當尸席，非敬也。因此，主人席當設於主人所立處之前，西面。郝氏、蔡氏所言主人席當設於主人“所立之位”，蓋是指主人所立前之位。鄭注云席“西面”，敖氏直言席“南上”，胡氏培翬從之。主人席西面南上，當統於奥也。

（五）室中餕席

特牲、少牢祭訖，爲餕者設席。《說文解字》云：“餕，食之餘也。”②鄭注云：“食人之餘曰餕。”③吴昌宗《四書經注集證》云：“食神之餘亦曰餕。”④鄭注云：“古文‘養’皆作‘餕’。”⑤由此可知，“養”爲古文，“餕”爲今文。食人之餘與食神之餘，皆可稱之爲餕。例如《特牲禮》、《少牢禮》餕者是食尸之餘，《士昏禮》新婦是食舅姑之餘。

餕者席一般設於主席對面，稱之爲“對席”。⑥ 對席，即與主席相對之席。《特牲禮》、《少牢禮》祭訖，皆於尸席對面鋪設對席。例如：

> 《特牲禮》嗣子、長兄弟養，設對席，經云：“筵對席，佐食分簋、鉶。”

① 《儀禮注疏》卷四八，第 2604 頁下。
② 許慎撰，段玉裁注：《說文解字注》，第 108 頁下。
③ 《禮記正義》卷一，第 2691 頁下。
④ 吴昌宗：《四書經注集證》卷五，《續修四庫全書》經部四書類第 168 册，上海古籍出版社，2002 年，第 190 頁上。
⑤ 《儀禮注疏》卷四，第 2581 頁上。
⑥ 《士昏禮》婦饋舅姑訖，婦食舅姑之餘，非是對席。

《少牢禮》上佐食、下佐食、賓長二人餕,設對席,經云:"司官設對席,乃四人。"

鄭注《特牲禮》云:"爲將餕分之也。分簋者,分敦黍於會,爲有對也。《祭統》曰:'餕者,祭之末也,不可不知也。'是故古之人有言曰'善終者如始餕',其是已。是故古之君子曰:'尸亦餕鬼神之餘,惠術也,可以觀政矣'。"①對席者,與尸席相對之餕席。敖繼公《儀禮集説》云:"筵對席,設對席於饌東也。此於神席亦爲少北。其名義與昏禮之對席同。"②胡氏培翬從之説。《士昏禮》夫婦同牢而食,爲婦設對席,西面北上。③《士昏禮》新婦之對席,是爲夫婦行同牢之禮而設。《禮記·昏義》云:"共牢而食,合巹而酳,所以合體同尊卑,以親之也。"敖氏以爲此《特牲禮》餕者對席"名義與昏禮之對席同",非也。《士昏禮》新婦同牢之對席并非餕席。

《特牲禮》設對筵訖,"宗人遣舉奠,及長兄弟盥,立于西階下,東面北上。祝命嘗食,養者、舉奠許諾,升,入,東面。長兄弟對之,皆坐。"鄭注云:"士使嗣子及兄弟養,其惠不過族親也。"④敖繼公云:"舉奠東面,升尸席也。"⑤舉奠,嗣子也。餕者,長兄弟也。張爾岐《儀禮鄭注句讀》云:"此下云嗣子共長兄弟對餕。筵對席者,對尸席而設筵,以待下養也。上養坐尸席,東向。此在其東,西向。"⑥由此可知,特牲惠小,僅及本族,餕者二人,嗣子與長兄弟。嗣子尊,故又

① 《儀禮注疏》卷四六,第 2580 頁下。
② 敖繼公:《儀禮集説》卷一五,第 224 頁下。
③ 詳見下"寢室布席例"部分。
④ 《儀禮注疏》卷四六,第 2581 頁下。
⑤ 敖繼公:《儀禮集説》卷一五,第 553 頁下。
⑥ 張爾岐:《儀禮鄭注句讀》卷一五,《欽定四庫全書薈要》經部禮類第 50 册,吉林出版集團有限責任公司,2005 年,第 950 頁下。

稱上養,入尸席,東面;長兄弟卑,故又稱下養,入對席,西面。

《少牢禮》:"司宮設對席,乃四人養。上佐食盥,升,下佐食對之,賓長二人備。"鄭注云:"備四人餕也。三餕亦盥升。"①《少牢禮》大夫禮尊,養者四人:上佐食、下佐食、賓長二人。鄭注云:"大夫禮四人餕,明惠大也。"②《特牲禮》疏云:"《少牢禮》二佐食及二賓長餕,明惠大及異姓,不止族親而已。"③張爾岐云:"設對席者,對尸席而設西向之席。四人養,二在尸席,二在對席。凡餕之道,施惠之象,故四人餕爲惠大,對《特牲禮》二人餕爲惠小也。"④《少牢禮》大夫禮,爲惠大,施及他族,故餕者四人。

劉沅《儀禮恒解》云:"設對席而四人養,則二人共一席矣。"⑤對席設訖,四人升席。四人者,上佐食尊,下佐食次之,二賓長又次之。上佐食先即尸席,下佐食入對席。賈疏云:"'下佐食對之'者,不謂東西相當,直取上佐食東面,下佐食西面爲對。以其下佐食西面近北,故不得東西相當也。"⑥上下佐食入席訖,二賓長即席,經云"賓長二人備"。賈疏云:"云'賓長二人備'者,亦不東西相當,以其一賓長在上佐食之北,一賓長在下佐食之南,是亦不東西相當也,故云'備',不言'對'也。"⑦

按其義,筵席二,尸席與對席。養者四人,二人即尸席,二人即對席。尸席南上,故上佐食即尸席,東面,近南;下佐食即對席,西面,近

---

① 《儀禮注疏》卷四八,第 2609 頁下。
② 《儀禮注疏》卷四八,第 2609 頁下。
③ 《儀禮注疏》卷四六,第 2581 頁上。
④ 張爾岐:《儀禮鄭注句讀》卷一六,第 963 頁下。
⑤ 劉沅:《儀禮恒解》卷一五,《續修四庫全書》經部禮類第 91 冊,上海古籍出版社,2002 年,第 485 頁上。
⑥ 《儀禮注疏》卷四八,第 2609 頁下。
⑦ 《儀禮注疏》卷四八,第 2609 頁下。

北。賓長二人，一在尸席近南，一在對席近北。經云"對之"，謂一人東面，一人西面，非謂二人東西正相對也，故疏云"不謂東西相當"。上下佐食即席訖，二賓長即席。尊者在尸席近北東面，與上佐食同席；卑者在對席近南東面，與下佐食同席。二人一者東面，一者西面，與上下佐食同，然并非東西正相當，故經云賓長二人"備"，不言二人"對"。從四人所坐席位來看，尸席二人，上佐食在席南，賓長在席北，上佐食尊於賓長，故尸席東面南上。對席二人，下佐食在席北，賓長在席南，下佐食亦尊於賓長，故對席西面北上。此二席當與《士昏禮》新婦對席鄉位同。

對席之義，與以上諸席不同。對席者，據主席而言。新婦之對席據夫席而言，餕者之對席據尸席而言。對席者，方位相對，席上亦當相對。故夫席南上，婦席北上；尸席南上，餕席北上。

綜上可知，廟室之席，以神爲正，設席之處，以奧爲尊，故士虞、特牲、少牢之尸席，士昏禮廟見之舅席，皆設於奧。廟奧之席，東面南上。奧者，室中最隱奧之處，神尚幽靜也。士虞、特牲祭訖，改設陽厭席於室中西北隅。士陽厭席東面南上，大夫陽厭席南面西上。室中戶内有主人席，西面南上。北墉下祝席，南面西上。以上諸席，或南上，或西上，皆統於奧中尸席。室中餕者對席，與以上諸席不同。對席者，據主席而言。主席東面，對席則西面。主席南上，對席則北上，皆相對言之也。

二、寢室布席例

寢室爲私人止息之所，屬家庭隱密之處，一般没有賓客交接之禮。禮經所見寢室之儀，僅見於《士昏禮》，屬於家庭内部的禮儀。在這些諸多禮儀中，有時也需要爲尊者設席。寢室中布席情況可參考"圖二：寢室布席圖"。

席婦
上　餕

丁
媵御婦姊嫁

夫　或舅姑
上　夫席

牖　　　　　　　戶

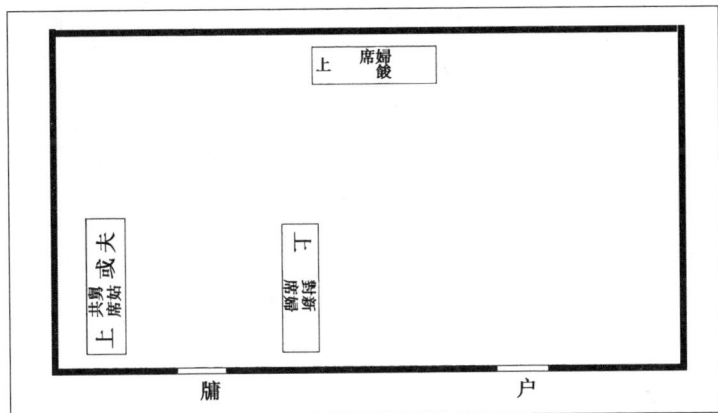

圖二：寢室布席圖

（一）室奧舅姑席、夫席

寢室之中，若有尊者，亦席於奧，故《士昏禮》舅姑共席於奧，夫婦同牢，夫席設於奧。《士昏禮》婦饋舅姑，舅姑共席於奧。經云："婦盥饋。特豚，合升，側載，無魚腊，無稷，并南上。"鄭注云："'并南上'者，舅姑共席于奧，其饌各以南爲上。"賈疏云："今此舅姑共席東面，俎及豆等皆南上，是其異也。"①舅姑同席於室奧，東面，饌皆南上。饌南上，席或當南上。又舅姑同席，舅尊姑卑，舅在席南，姑在席北。由此可知，舅姑共席於奧，席東面南上。

又《士昏禮》婦至，室奧中布夫席，經云"媵布席于奧"。經文不言席上。夫婦同牢之席，夫席設於奧；婦饋舅姑，舅姑亦同席於奧。舅姑同席，席東面南上。夫席當與此同，亦東面南上。又《士昏禮》媵御設夫婦卧席，經云"御衽（婦席）于奧，媵衽良席在東，皆有枕，北止。"鄭注云："衽，卧席也。婦人稱夫曰良。止，足也。"賈疏云："衽于奧，主于婦席。使御布婦席，使媵布夫席，此亦示交接有漸之義

————————————

① 《儀禮注疏》卷五，第 2089 頁。

也。"①經直云"北止",郝敬《儀禮節解》:"止、趾同。北趾,趾向北,首向陽也。"②是言首在南,足在北。郭嵩燾《禮記質疑》:"所謂北止者,即當衽處也。《弟子職》云:'問疋何趾?' 疋,足也。或言足,或言衽,皆據席下言之。"③足在席下,首則在席上。卧席、筵席雖不同,所上者當不異也。以此論之,此奥席當南上也。

敖繼公云夫席當"東面北上,宜變於神席也",蔡德晋《禮經本義》從敖氏之説,亦言"於奥謂於西南牖下,東面北上"④,非也。敖氏、蔡氏言寢室奥席北上者,蓋仿於堂上神、人之席所上不同也。考諸經義,堂上、室中布席實則有異,不可一概而論。由此可知,寢奥尊者之席也是東面南上,與廟奥神席面位相同。

(二)北墉下婦餕席

寢室之席,除了室奥之席外,禮經涉及到的還有北墉下婦餕席。婦饋舅姑訖,徹舅姑饌,爲婦設餕席,"席于北墉下。婦徹,設席前如初,西上"。鄭注云:"墉,墙也。室中北墙下。"⑤婦饋舅姑,舅姑同席於奥,東面南上。今婦饋舅姑訖,徹舅姑席,設餕于北墉下,南面西上。

由此可知,寢室北墉下爲生人席,南面西上。又《特牲禮》、《少牢禮》廟室中祝席也是設在北墉下,席南面西上。由此可知,寢室與廟室北墉下之席面位相同。

(三)寢室對席

《士昏禮》新婦至,夫婦同牢,席於寢室。夫席設於室奥,東面南

---

① 《儀禮注疏》卷五,第 2087 頁下。

② 郝敬:《儀禮節解》卷二,第 571 頁下。

③ 郭嵩燾:《禮記質疑》卷一,《續修四庫全書》經部禮類第 106 册,上海古籍出版社,2002 年,第 219 頁上。

④ 蔡德晋:《禮經本義》卷二,第 520 頁上。

⑤ 《儀禮注疏》卷五,第 2089 頁下。

上。婦設對席,經云"御布對席"。蔡德晋《禮經本義》云:"婦席與婿席東西相對,故名對席。"①盛世佐《儀禮集編》云:"夫席在室之西南隅,婦席在其東少北。"②韋協夢《儀禮蠡測》云:"對席必少北者,席西鄉東鄉,以南方爲上。婿席南上,婦席雖與婿席相嚮而不敢并,示尊卑之義也。"③

新婦之對席西面,是北上,或南上,經、注、疏不言,後世學者也很少論及。《士昏禮》新婦對席前設饌,經云"設對醬于東。菹醢在其南,北上"。敖繼公《儀禮集説》云:"對席,婦席也。經於婦之菹醢云'北上',則此對席南上矣。凡設豆於生人之席前者,其所上率與席之所上相變。此禮於《少牢禮》下篇見之。"④按敖氏"席豆相變之例",婦席菹醢"北上",那麼婦席當是南上。

敖氏云:"此禮於《少牢禮》下篇見之。"考其義,蓋是據《有司》侑尸時,主人席言之。少牢祭訖,侑尸於堂。尸席設於户牖間南面,主人席設於"東序,西面",席前皆設饌。經云:"主婦薦韭菹醢,坐奠于筵前,醢在南方。婦贊者執二籩糗餌以授。主婦不興,受之,奠糗于醢南,餌在糗東。"鄭注云:"醢在南方者,立侑爲尸,使正饌統焉。"賈疏云:"凡設菹常在右,便其擩。今菹在醢北者,以其立侑以輔尸,故菹在北,統於尸也。"⑤按注、疏之義,堂上尸尊,尸席於户牖間,主人席於阼階上。今主人席前菹、醢北上,是主人之饌"統於尸"。敖繼公《儀禮集説》云:"醢在南方,是豆北上也。豆北上者,以席南上也。

①　蔡德晋:《禮經本義》卷二,第520頁下。
②　盛世佐:《儀禮集編》卷三,第156頁下。
③　韋協夢:《儀禮蠡測》卷二,《續修四庫全書》經部禮類第89冊,上海古籍出版社,2002年,第567頁下。
④　敖繼公:《儀禮集説》卷二,第43頁下。
⑤　《儀禮注疏》卷四九,第2621頁下。

主人席豆相變之法於斯見之矣。"①按敖氏之義,《少牢禮》主人席菹醢北上,其席南上;《士昏禮》新婦對席菹醢北上,其席亦當南上。

因此,敖氏根據《少牢禮》、《士昏禮》中布席時席豆關係,歸納出了他的"席豆相變之例",即"凡設豆於生人之席前者,其所上率與席之所上相變"。據此例,敖氏將禮經中神、人布席之法與籩、豆之排列結合起來研究。他認爲,不論寢、廟,生人席之席上與席前籩、豆向位排列是相反的,籩、豆南上則席北上,籩、豆北上則席南上,東、西亦如之。敖氏之説確有啓發意義,但其所歸納的這條禮例是否符合經義,仍需細細考之。

《士昏禮》夫婦同牢,夫席設於寢奥,"贊者設醬于席前,菹醢在其北,俎入設于豆東,魚次腊,特于俎北。贊設黍于醬東,稷在其東,設湆于醬南。"考諸經義,夫席之饌,菹、醢在醬北,是菹在南,醢在北,是饌南上。敖氏亦言:"菹、醢在醬北,南上也。"②按其生人席豆相變之例,饌南上,席當北上。但是,夫席實則南上,正與此例相左。爲自圓其説,敖氏又做了另一番解釋,其《儀禮集説》云:"生人室中之席,東面者北上,南面者東上,鬼神則變之"。③ 我們知道,堂上之席,神、人所上不同。於人席,南面者東上;於神席,南面者則西上。敖氏據此又構建出了他的室中布席之例:不辨寢、廟,室中神、人之席亦當有別。於人設席,東面者北上,南面者東上;於神設席,東面者南上,南面者西上。

考諸經義,室中之席,神、人實則不別,皆東面者南上,南面者西上。例如《士虞禮》、《特牲禮》、《少牢禮》廟室奥之尸席皆是東面南上;《士昏禮》廟見舅姑,舅姑共席於奥,席東面南上;《特牲禮》祭訖,改設陽厭於西北隅,席東面南上。以上諸席,無論寢、廟,無論人、神,

① 敖繼公:《儀禮集説》卷一七,第596頁下。
② 敖繼公:《儀禮集説》卷二,第43頁上。
③ 敖繼公:《儀禮集説》卷二,第43頁上。

皆是東面南上。《少牢禮》祭訖，改設陽厭於西北隅，席南面西上；
《特牲禮》、《少牢禮》室中北墉下設祝席，皆南面西上；《士昏禮》婦饋
舅姑訖，婦餕舅姑之餘，席於北墉下，席南面西上。以上諸席，無論
寢、廟，無論人、神，皆是南面西上。由此可知，敖氏之說非。此對席，
當與《特牲禮》、《少牢禮》中餕者對席面位相同，皆是西面北上。

　　綜上可知，寢室中之席皆是生人席。奧爲室中尊處，故舅姑之席、
婿席皆設於此。室奧之席，東面南上。北墉下之席，南面西上。席或南
上或西上，皆統於奧也。此外，寢室中或有對席，西面北上。對席不南
上者，不統於奧也。對席者，據主席而言，故席之鄉位皆與主席相對。主
席東面，對席西面；主席籩豆南上，對席籩豆北上；主席南上，對席北上。

三、結語

　　寢室者，生人所居之處，一些重要的家庭禮儀常在此進行。寢奧
是室中尊處，常爲尊者布席。例如《士昏禮》夫婦行同牢之禮，夫席布
於奧；婦饋舅姑，舅姑共席於奧。寢奧之席，皆東面南上。廟室者，家
庭祭祀之所，故以神席爲正。神席之外，亦有生人席。廟室之神席設
於奧，東面南上。如《士昏禮》婦入三月廟見舅姑，舅席席於奧；《士
虞》、《特牲禮》、《少牢禮》中之尸席，亦是席於廟奧。室奧之席，不辨
寢、廟，不辨人、神，皆是東面南上。《士虞禮》、《特牲禮》、《少牢禮》
祭訖，改設陽厭席於室中西北隅，士席東面南上，大夫席南面西上。
寢室中此處無席。廟室北墉下或設神席，如《士昏禮》婦入三月廟見
舅姑，姑席設於北墉下，《特牲禮》、《少牢禮》設祝席，席皆南面西上。
寢室北墉下設新婦餕席，亦南面西上。《特牲禮》、《少牢禮》廟室户
內設有主人席，西面南上。寢室中此處無席。又《特牲禮》、《少牢
禮》廟室中，尸席對面設有餕者對席，西面北上。此與《士昏禮》寢室
中新婦對席鄉位相同，但新婦對席並非餕席。

　　綜上可知，室中之席，不辨寢廟，皆以奧爲尊。席於奧者，不辨

人、神,皆東面南上。室中他席,除對席外,不辨寢、廟,不辨人、神,南面者西上,西面者南上。江永《鄉黨圖考·席考》云:"此謂室中布席之法,以西爲上者統於奥,以南爲上者統於堂也。"①此外,寢室、廟室中皆可設對席,對席與他席不同。對席者,據主席而言,故席之面位與主席相對。

　　《禮記·曲禮》:"席南鄉、北鄉,以西方爲上;東鄉、西鄉,以南方爲上。"若以室中之席來看,除對席外皆是如此。敖繼公《儀禮集説》云:"生人室中之席,東面者北上,南面者東上,鬼神則變之"。②敖氏參之堂上人、神之例,將室中布席之例,以人、神别之,生人之席,東面者北上,南面者東上;鬼神之席,東面者南上,南面者西上。凌氏《禮經釋例》承襲敖氏之説,將堂上、室中人、神之例加以綜合作爲禮經之凡例,即"凡設席,南鄉、北鄉,於神則西上,於人則東上;東鄉、西鄉,於神則南上,於人則北上。"③若以室中諸席來看,則未必如此。沈彤《儀禮小疏》云:"室中之席,東面者南上,南面者西上。人、鬼同。"④東面者,室奥、西北隅之席;南面者,北墉下之席。於此二者,不辨人、鬼,東面者南上,南面者西上,沈氏所言不虛。

第三節　婦人布席例探析⑤

　　禮經所涉,婦人亦有席。婦人之席,有主婦之席,有非主婦之席。

① 江永:《鄉黨圖考》,第 328 頁下。
② 敖繼公:《儀禮集説》卷二,第 52 頁下。
③ 淩廷堪:《禮經釋例》卷二,第 92 頁。
④ 沈彤:《儀禮小疏》卷七,第 994 頁上。
⑤ 本節内容曾同名發表於《國學研究》2022 年第 48 卷,收録時做了一些修改。又前文言堂上布席例、室中布席例,此節本當繼續討論房中布席例。然考諸經義,婦人之席以房中爲主,房中布席之例實則包含於婦人布席例中,故以此節代之。

設席之處，有在寢者，有在廟者；有在堂者，有在室者，有在房者。禮事不同，席亦有異。《儀禮》所言婦人之席，集中體現在《士昏禮》、《特牲禮》、《少牢禮》、《有司》中。《士昏禮》主要記載了士階層的整個昏禮過程，在這些衆多的儀節中，既有在寢中舉行的，也有在廟中舉行的。婦人之席，既有主婦席，也有非主婦席，既有在寢者，也有在廟者。廟中之席，只見於房中。寢中之席，則既有在堂者，也有在室、在房者。

　　禮經所言布席之例，主要包括布席地點、席面、席上等諸多因素，其中尤以席面、席上二要素最爲重要。席面即人入席時之面鄉，學者幾無異議。何爲席上？經文中雖多有東上、西上、南上、北上之言，但又多顯混雜，不知以何爲據。《禮記·曲禮》云："席南鄉、北鄉，以西方爲上；東鄉、西鄉，以南方爲上。"清人淩廷堪《禮經釋例》云："凡設席，南鄉、北鄉，於神則西上，於人則東上；東鄉、西鄉，於神則南上，於人則北上。"①此乃前人所總結歸納禮經中的布席之例。考諸經義，禮經中所涉及到的堂上、室中布席之例，多與此不合。② 然此布席之例，是否與婦人布席例相同，仍需一一辨之。

　　今分別加以討論，將禮經中的婦人之席分爲寢中婦人之席與廟中婦人之席兩類，兩類之下又分若干小類，以期能够對禮經中的婦人布席之例有一個全面具體的認識。

一、寢中婦人之席

　　寢是私人止息之所，但是有些家庭禮儀也會在寢中舉行，例如士昏禮。士昏禮中所設婦人席既有主婦（姑）席，也有新婦席、媵御席。布席之處，既有在堂者，也有在房、在室者。

---

① 淩廷堪：《禮經釋例》，第 92 頁。
② 具體可參見前文"第一節：堂上布席例探析"、"第二節：室中布席例探析"。

(一) 堂上婦人席

主婦之席,以東房爲正,然亦有堂上之席。《士昏禮》婦見舅姑,舅姑異席,舅席設於阼上西面,姑席設於房外南面。經云:"席于阼,舅即席。席于房外,南面,姑即席。"姑爲主婦,席於房外。房外即在堂也。鄭注云:"房外,房户外之西。"賈疏云:"鄭知房外是房户外之西者,以其舅在阼,阼當房户之東。若姑在房户之東,即當舅之北,南面向之不便。又見下《記》云:'父醴女而俟迎者,母南面於户外,女出於母左。'以母在房户西,故得女出於母左,是以知此房外亦房户外之西也。"①郝敬《儀禮節解》云:"舅席在阼,示爲主也。姑席在東房户外南面,示爲内主也。"②主婦爲内主,席於房户外南面,主婦堂上之位也。

舅姑異席者,蔡德晋《禮經本義》引高紫超言"夫婦各異席,亦取夫婦有別之意。"③姑席南面,經、注、疏不言何爲席上。考諸經義,婦見舅姑,舅席在阼,姑席在房外。見舅姑訖,贊代舅姑禮婦,"席于户牖間"。是時,堂上有三席。婦席在户牖間,賓之位,尊之也。舅爲主人,姑爲内主。舅尊於姑,姑當統於舅,故姑席亦東上。

婦見舅姑訖,贊代舅姑醴婦,新婦席於堂上户牖間。經云:"贊醴婦,席于户牖間,側尊甒醴于房中。婦疑立于席西。"鄭注云:"贊禮婦者,以其婦道新成,親厚之。室户西牖東,南面位。"④户牖間,堂上賓客位也。賈疏云:"知義然者,以其賓客位於此,是以禮子、禮婦、禮賓客皆於此,尊之故也。"⑤新婦席於客位,尊之也。客位之席,南面東上。新婦席之鄉位,亦當如此。(見下"圖一:婦見舅姑席、醴婦席圖"。)

---

① 《儀禮注疏》卷五,第 2088 頁上。
② 郝敬:《儀禮節解》卷二,第 572 頁下。
③ 蔡德晋:《禮經本義》卷二,第 522 頁下。
④ 《儀禮注疏》卷五,第 2089 頁上。
⑤ 《儀禮注疏》卷五,第 2089 頁上。

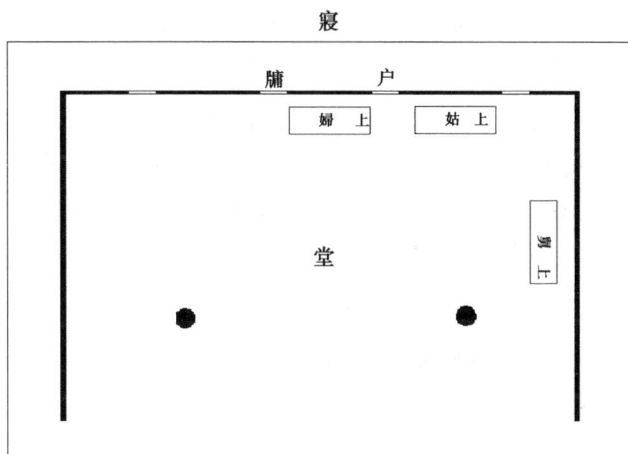

圖一：婦見舅姑席、醴婦席圖

綜上可知，寢堂婦人之席或設於户牖間南面東上，或設於房外南面東上。房外南面，主婦堂上之位也。所以席於此者，主婦統於房，主人統於阼也。户牖間之席，新婦席也，所以設於此者，以賓客禮之也。此乃非常之席，僅新婚時婦席如此，實有攝盛之義。

（二）室中婦人席

婦人寢室之席，集中表現在《士昏禮》夫婦同牢之席，以及舅姑與新婦的禮儀互動中。室中婦人席，既有姑席，也有新婦對席與餕席。按情況可分爲“室奧舅姑共席”、“北墉下新婦餕席”、“新婦對席”，具體請參見第三章第二節“室中布席例探析”之“寢室布席例”部分。

（三）寢房婦人席

廟房爲主婦助夫祭祀之處，故廟房之席以主婦爲正。然與廟房不同，寢房爲寢中卑處，尊者不處。從《士昏禮》來看，房中無主婦之席，皆是媵、御等卑者飲食之所。卑者之禮略，故禮經多不言之。

《士昏禮》徹夫婦同牢之饌於房，媵、御餕。經云：“乃徹于房中，如設于室，尊否。”鄭注云：“徹室中之饌，設于房中，爲媵、御餕之。徹尊不設,有外尊也。"①敖繼公《儀禮集説》云:"如設于室,謂其饌與席之位也,亦皆東西相鄉。"②夫婦同牢於室,婿席設於奧,東面南上;婦設對席,西面北上。今徹夫婦同牢席於房,"如設于室",是席、饌之位相同。婿尊婦卑,媵尊御卑。媵、御將餕夫婦之餘,媵則入婿席,御則入婦席。胡培翬《儀禮正義》云:"媵西御東。"③御席不南上,"對席"之義也。(見下"圖二:媵、御餕〔同牢之餘〕席圖"。)

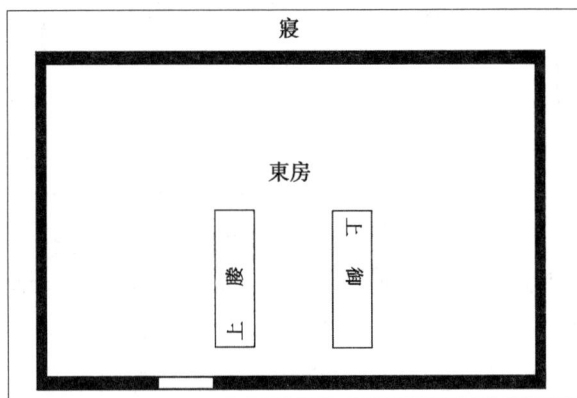

圖二:媵、御餕(同牢之餘)席圖

　　婦饋舅姑訖,主婦室中餕舅姑之餘。餕訖,又徹於房中,媵、御餕之。經云:"婦徹于房中,媵御餕,姑酳之。雖無娣,媵先。於是與始飯之錯。"鄭注云:"古者嫁女,必姪娣從,謂之媵。姪,兄之子。娣,女弟也。娣尊姪卑。若或無娣,猶先媵,容之也。始飯謂舅姑。錯者,媵餕舅餘,御餕姑餘也。"④婦饋舅姑於室,舅姑共席於奧,東面南上。舅在席南,姑在席北。婦饋舅姑訖,設婦席於室中北墉下,南面西上。

① 《儀禮注疏》卷五,第 2087 頁下。
② 敖繼公:《儀禮集説》卷二,第 46 頁上。
③ 胡培翬:《儀禮正義》卷三,第 157 頁上。
④ 《儀禮注疏》卷五,第 2089 頁下。

婦徹舅姑饌於席前，婦餕。婦餕訖，又徹於房中，媵、御餕。媵、御餕
婦之餘，共席於房中。

　　房中媵、御餕席，禮經不言面鄉，卑者禮略也。張惠言《儀禮圖》
所繪"婦餕圖"中，媵、御餕席於東房，南面西上，與新婦室中饋食席面
位相同。張氏所言當是，"禮窮則同"，不嫌也。或曰：媵、御席或南面
東上，與《特牲禮》、《少牢禮》儐尸時，主婦廟房席位相同；或東面南
上，與《有司》不儐尸時，主婦廟房席位相同。考諸經義，《特牲禮》士
禮也，廟房爲士適妻之席；《少牢禮》大夫禮也，廟房爲大夫適妻之席。
此媵、御，賤者也，不可與之相類。媵、御餕席當與新婦餕席面位相
同，張氏之説可從。（見下"圖三：媵、御餕〔婦饋之餘〕席圖"。）

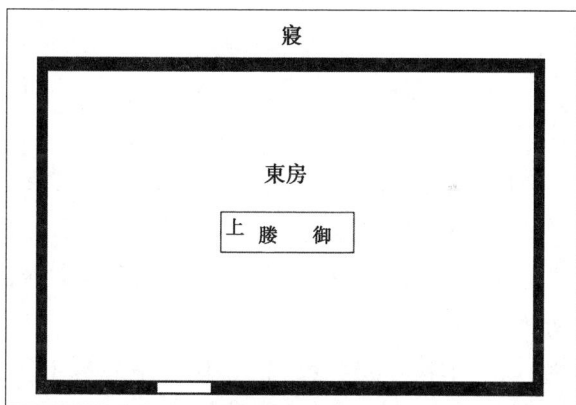

圖三：媵、御餕（婦饋之餘）席圖

　　綜上可知，寢中婦人之席，既有在堂者，也有在室者、在房者。堂
上之席，席於賓位南面東上，此昏禮新婦席。席於此者，尊之也；或在
房外南面東上，此主婦堂上之位也；或在室中，昏禮中婦饋舅姑，舅姑
共席於奧，席東面南上。主婦餕席設於北墉下，南面西上。或在房
中，房爲寢中卑處，賤者所處，故昏禮中媵、御餕於此。

二、宗廟中婦人之席

古之大事在祀與戎。宗廟是古人最爲重要的祭祀場所。祭祀雖以男子爲主,然夫婦一體,亦有助夫行禮之事。行禮時,婦人有時也需要設席。《特牲禮》、《少牢禮》、《有司》諸篇所涉僅主婦有席,内賓、宗婦等則無席;設席之處僅見於東房,堂、室無席。此外,《士昏禮》若舅姑没,婦入三月,廟見舅姑,見訖,“老醴婦于房中,南面,如舅姑醴婦之禮”,是言新婦之席。由此可見,主婦、新婦宗廟之席皆設於東房之中。

(一)《特牲禮》、《少牢禮》主婦南面席

《特牲禮》、《少牢禮》主婦席皆設於東房。例如:

> 《特牲禮》:“主人降洗,酌,致爵于主婦。席于房中,南面。”
> 《有司》:“司官設席于房中,南面。主婦立于席西。”

《特牲禮》所載是士祭祀先祖之禮,《少牢禮》所載是大夫祭祀先祖之禮。《特牲禮》主人致爵於主婦,主婦“席于房中,南面”。《有司》若儐尸,尸酢主婦,設主婦席於“房中,南面”。二禮所言主婦席相同,皆設於房中,南面。

《特牲禮》、《少牢禮》主婦席設於房中南面,禮經不言席上。考諸經義,特牲、少牢士、大夫祭祀先祖之禮,除了有男賓參加外,還有女賓參加。男賓之禮一般在堂、室,女賓之禮則在東房。女賓包括内賓及宗婦,女賓房中雖無席,但是她們所站立的位置卻是有尊卑之别的,這與主婦席也有著密切關係。我們或許可以從中去推求主婦在東房中的布席之例。

《特牲記》:“尊兩壺于房中西墉下,南上。内賓立于其北,東面南上。宗婦北堂,東面北上。”此《記》文所言,即是東房中女賓之位。鄭注云:“二者所謂内兄弟。内賓,姑姊妹也。宗婦,族人之婦,其夫

屬于所祭爲子孫。或南上，或北上，宗婦宜統於主婦。主婦南面。北堂，中房而北。"①内賓，即姑姊妹也。宗婦，即族人之婦。内賓、宗婦統稱爲内兄弟。内賓、宗婦，無席。内賓立於尊北，南上。言"南上"者，内賓非一也。宗婦立於北堂，東面北上。言"北上"者，宗婦亦非一也。"宗婦北堂，東面北上"，主婦"席于房中，南面"。宗婦、主婦席位所以如此者，鄭注以爲"宗婦宜統於主婦"。主婦尊，宗婦卑。卑者爲尊者所統，宗婦統於主婦可也。賈疏從鄭氏之説，云"宗婦雖東鄉，取統于主婦，故北上，主婦南面故也。"②

　　然主婦席在東房，宗婦在北堂，房中半以北爲北堂，是知主婦在宗婦之南。主婦在宗婦之南，宗婦統於主婦，何以宗婦"東面北上"？明顯與經義不合。宗婦若北上，主婦當在宗婦之北才可。清人汪氏鋼云："宗婦在内賓之北，注云'宗婦宜統於主婦'。主婦既是南面，則必在北堂之北可知，故内賓依尊以南爲上，宗婦統於主婦，以北爲上也。"③汪氏以爲宗婦統於主婦，主婦"必在北堂之北"。"北堂之北"，當即宗婦之北。若此，"宗婦北堂，東面北上"，才可如鄭氏所言"宗婦宜統於主婦"。

　　但是經有明文，主婦"席于房中，南面"，是知主婦在東房；《記》有明文，"宗婦北堂，東面北上"，是知宗婦在北堂。鄭注又有明文，"北堂，中房而北"，是知北堂在房半以北。如此，又當如何理解呢？李如圭《儀禮釋宫》云：

　　　　房中半以北曰北堂，有北階。《士昏禮記》："婦洗在北堂，直室東隅。"注曰："北堂，房中半以北。"賈氏曰："房與室相連爲

① 《儀禮注疏》卷四六，第 2584 頁上。
② 《儀禮注疏》卷四六，第 2584 頁上。
③ 胡培翬《儀禮正義》卷三六，胡氏引清人汪鋼語，第 1622 頁上。

之,房無北壁,故得北堂之名。"

　　按《特牲饋食禮記》:"尊兩壺于房中西墉下,南上。内賓立于其北,東面南上。宗婦北堂,北上。"宗婦在内賓之北,乃云"北堂"。又婦洗在北堂而直室東隅,是房中半以北爲北堂也。婦洗在北堂,而《士虞禮》"主婦洗足爵于房中",則"北堂"亦通名"房中"矣。①

李氏考論"北堂"之制,認爲北堂、東房有統言、析言之別。析言之,東房半以南爲房,半以北爲北堂,例如《士昏記》"婦洗在北堂,直室東隅";統言之,東房、北堂不別,北堂亦可稱爲東房,例如《士虞禮》"主婦洗足爵于房中",實則是在北堂。由此可知,此《特牲禮》、《少牢禮》設主婦席,"席于房中,南面",實則是在北堂也。"宗婦北堂,東面北上",主婦席於北堂稍北,南面。席位如此,宗婦才可言"統於主婦"、"東面北上"。又《少牢禮》若不儐尸,主婦、宗婦房中之位則相變。《有司》賓致爵于主婦,經云"致爵于主婦。主婦北堂。司宫設席,東面"。由此,更知主婦席位當在北堂。

　　東房有兩尊,在"房中西墉下,南上","内賓立于其北,東面南上"。胡培翬《儀禮正義》云:"内賓在房中尊北,宗婦又在内賓之北,是在北堂之地。"②由此可知,内賓在東房,不在北堂。内賓在東房,主婦在北堂,内賓在主婦南。内賓若統於主婦,内賓當"東面北上"。然《記》文明言内賓"南上",是知内賓不統於主婦。江氏云:"内賓與宗婦體敵,故或南上或北上,以明其不相統。"③胡氏從其説。然主婦與内賓何以不相統屬?《特牲記》云:"主婦及内賓、宗婦亦旅,西

① 李如圭:《儀禮釋宫》,第 526 頁下—527 頁上。
② 胡培翬:《儀禮正義》卷三六,第 1635 頁下。
③ 胡培翬:《儀禮正義》卷三六,胡氏引清人江筠語,第 1622 頁上。

面。”鄭注云：“內賓象衆賓，宗婦象兄弟，其節與儀依男子也。”[1]主婦爲内主，類主人。內賓類賓，宗婦類兄弟。兄弟可統於主人，故宗婦可統於主婦。主人與賓不相統屬，故內賓不得統於主婦。鄭注言“宗婦宜統於主婦”，江氏言主婦、內賓“不相統”，皆至理之言。主婦統於宗婦，所處當相同，宗婦在北堂，主婦亦當在北堂。內賓不統於主婦，所立之處亦當與內賓有别，故内賓立於東房。東房以向堂爲正，故兩壺之設、內賓之立皆南上。北堂以向內爲正，故宗婦立者皆北上。

　　主婦席於北堂南面，席是東上或西上，經、注不言。婦見舅姑，舅姑醴婦於客位，婦未入席前“疑立于席西”，《有司》主婦入席前亦“立于席西”。席西，即席末也。所以疑立於此者，將由席末入席也。敖繼公《儀禮集説》云：“賓尸之禮，席主婦于房中南面。主婦立于席西，是東上而上左也”[2]；“立於席西者，亦西爲下”[3]，是言主婦東房南面之席東上。（見下“圖四：《特牲》、《少牢》主婦東房布席圖”。）

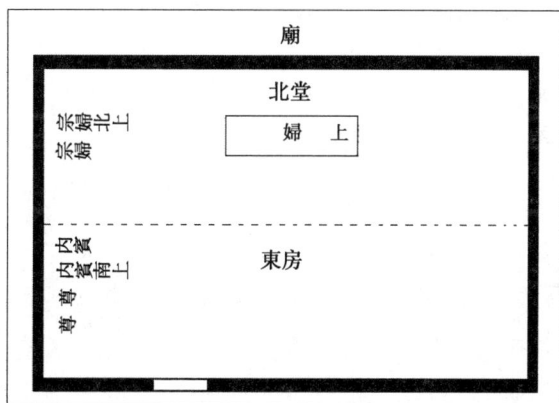

圖四：《特牲》、《少牢》主婦東房布席圖

① 《儀禮注疏》卷四六，第 2584 頁上。
② 敖繼公：《儀禮集説》卷一七，第 615 頁上。
③ 敖繼公：《儀禮集説》卷一七，第 601 頁上。

舅姑既没,新婦三月廟見,見訖,老醴婦於房,經云:"老醴婦于房中,南面,如舅姑醴婦之禮。"賈疏云:"舅姑生時見訖,舅姑使贊醴婦於寢之户牖之間。今舅姑没者,使老醴婦于廟之房中,其禮則同,使老及處所則别也。"①舅姑若在,婦見舅姑訖,舅姑醴婦,婦席"席于户牖間"。醴於客位,尊之也。今舅姑既没,婦廟見舅姑訖,老醴婦於房中,是二者之别也。其他則"如舅姑醴婦之禮",是言具體儀節、席之鄉位及酒饌陳設也。婦見舅姑,舅姑醴婦於堂,"席于户牖間,側尊甒醴于房中。婦疑立于席西。"醴婦於客位,賓客之位,席皆南面東上。廟見舅姑,老醴婦於東房,席之鄉位與此同。由此可知,東房新婦席亦是南面東上。

(二)《少牢禮》不儐尸主婦東房東面席

《特牲禮》、《少牢禮》儐尸,主婦席於北堂,南面東上;宗婦立於北堂,東面南上;内賓立於東房,東面南上。然《少牢禮》若不儐尸,主婦、宗婦房中之位則相變。《有司》賓致爵於主婦,經云:"致爵于主婦。主婦北堂。司宫設席,東面。"

　　鄭注云:"北堂,中房以北。東面者,變於士妻。賓尸不變者,賓尸禮異矣。内子東面,則宗婦南面西上。内賓自若,東面南上。"

　　賈疏云:"云'東面者,變於士妻'者,案《特牲記》'宗婦北堂,東面北上',注云'宗婦宜統於主婦,主婦南面',此東面,故云'變於士妻'。"②

《少牢禮》不儐尸,主婦則席於北堂,東面;宗婦立於北堂,南面西上;内

① 《儀禮注疏》卷六,第 2094 頁下—2095 頁上。
② 《儀禮注疏》卷五〇,第 2639 頁上。

賓位置不變,仍立於東房,東面南上。主婦北堂東面之位,《特牲禮》、《少牢禮》儐尸宗婦之位也;宗婦北堂南面西上之位,《特牲禮》、《少牢禮》儐尸主婦之位也。二者之位變易,故鄭注云"變於士妻"。所以"變於士妻"者,《特牲禮》士禮,主婦是士妻,《特牲禮》大夫禮,主婦是大夫妻,大夫禮尊,故變之也。然《少牢禮》既有儐尸,又有不儐尸者,何也?鄭注:"不賓尸,謂下大夫也。其牲物則同,不得備其禮耳。"①

　　主婦席於北堂東面,席或南上,或北上。《有司》:"主婦席北,東面拜受爵,賓西面答拜。"

　　　　鄭注云:"席北東面者,北爲下。"
　　　　賈疏云:"案《特牲禮》宗婦東面北上,今主婦在宗婦之位東面。鄭以北爲下者,若宗婦之衆則北爲上,今主婦特位立,則依《曲禮》'席東鄉西鄉,以南方爲上',因於陰陽,故"北爲下"。②

　　"北爲下",是席南上也。主婦東面之席,鄭注直云"北爲下",則婦席南上。賈氏從鄭氏之説,更以《曲禮》"席東鄉西鄉,以南方爲上"解之。敖繼公《儀禮集説》云:"主婦之席北堂東面,則在宗婦之北也,亦異於儐。此設席亦北上也。此禮設席雖變而東面,亦宜上左也,上左則北上也。"③敖氏觀點與注、疏不同,他認爲主婦北堂東面席當是北上。所以北上者,婦席"亦宜上左"。敖氏北上之説的關鍵在於一個"亦"字。言"亦"者,前已有如此者。敖氏所指前者,即《特牲記》所云"宗婦北堂,東面北上"位。《特牲禮》、《少牢禮》儐尸,"宗婦北堂,東面北上",今《少牢禮》不儐尸,主婦席於此,亦當依宗婦"北上"。

────────────

① 《儀禮注疏》卷五〇,第 2635 頁下。
② 《儀禮注疏》卷五〇,第 2639 頁上。
③ 敖繼公:《儀禮集説》卷一七,第 615 頁上。

　　然考諸經義,敖氏所言卻有偏頗。禮經言坐立之位,尊卑有別。一般而言,應先定尊者之位,再由尊者之位來判定卑者之位。《特牲禮》、《少牢禮》房中主婦、宗婦之位,雖有統屬關係,但是在具體判斷時,只可根據主婦之鄉位來判定宗婦之鄉位,絶不可以宗婦之鄉位來推斷宗婦之位。二者尊卑不同,即便在同處布席,鄉位也不相同。敖氏不别尊卑,强以卑者之位來推測尊者之位,非宜也。主婦席之鄉位,當從鄭氏之"南上"之説。(見下"圖五:《少牢禮》不儐尸主婦東房東面布席圖"。)

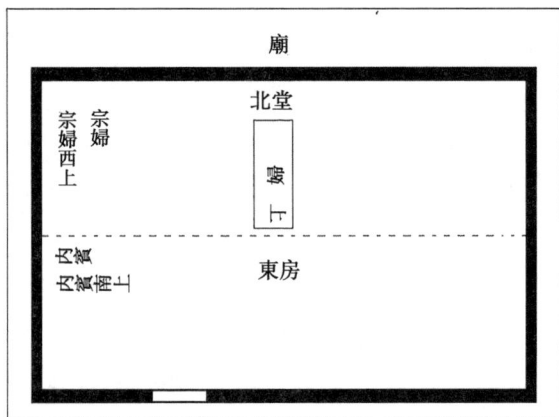

廟

北堂

奧上

宗婦
宗婦西上

內賓
內賓南上

東房

圖五:《少牢禮》不儐尸主婦東房東面布席圖

　　由此可知,《特牲禮》、《少牢禮》儐尸主婦席南面者當東上,《少牢禮》不儐尸,婦席東面者則南上。宗廟是古人最爲重要的祭祀場所,祭祀雖以男子爲主。然夫婦一體,主婦亦有助祭之義。東房,次於堂、室,主婦卑於主人。主婦的助祭禮儀是在東房中進行的。胡培翬《儀禮正義》云:"房中南面,主婦之正位也。"[1]可見,主婦宗廟之席,以東房爲正,堂、室皆無婦人席。

———————

[1]　胡培翬:《儀禮正義》卷三九,第 1751 頁下。

三、結語

禮之常，尊者有席，卑者無席。宗廟之中，唯主婦有席，主婦之席以東房爲正。祭祀時，若儐尸，主婦席於東房南面北上；若不儐尸，主婦席於東房東面南上。寢中婦人席，既有主婦席，也有非主婦席。堂上主婦正席，南面東上；新婦客位之席，南面東上。室奧舅姑共席，東面南上；新婦北墉下餕席，南面西上。此外，夫婦同牢之禮中，新婦對席西面北上。

以此論之，婦人廟中東房之席，東鄉西鄉以南方爲上，南鄉北鄉以東方爲上。婦人寢中堂上之席，南鄉北鄉以東方爲上；室中之席，南鄉北鄉以西方爲上，東鄉西鄉以南方爲上。若爲對席，席之面鄉則與主席相對。東房卑處，爲賤者之所在，可不足爲論。以此論之，《曲禮》所言"席南鄉、北鄉，以西方爲上；東鄉、西鄉，以南方爲上"，清人淩廷堪《禮經釋例》云"凡設席，南鄉、北鄉，於人則東上；東鄉、西鄉，於人則北上"，皆與此例不合。

婦人布席之例，雖不能一言蔽之，但仍有規律可循。除對席外，婦人堂上、室中、東房，東鄉西鄉之席皆是以南方爲上；南鄉北鄉之席，堂上、東房則以東方爲上，室中之席則以西方爲上。堂上、東房之席南上、東上者，鄉陽也；室中之席南上、西上者，皆統于奧也。對席所以爲異者，對席是據主席而言，故其鄉位皆與主席相反。

第四章　禮義研究

第一節　先秦儒家成人觀念探析^①
——以《士冠禮》爲中心

《禮記·昏義》云:"夫禮始於冠,本於昏,重於喪祭,尊於朝聘,和於射鄉,此禮之大體也。"冠禮者,成男女之禮也,是古人最爲重要的人生禮儀之一。冠禮儀式的完成,象徵著冠者由"童子"進入了"成人"階段。作爲"成人",冠者應當懷有"成人之志",並具備"成人之德"。因此,冠禮對於一個人的成長、發展具有非常重要的意義。

關於冠禮的意義,《禮記·冠義》中有集中闡釋:"故冠於阼,以著代也。醮於客位,三加彌尊,加有成也。"但是對於此句的文本及詮釋,前人則多有異議。朱子認爲此句存在"傳誦之訛",楊天宇則直言此句存在"脱錯"。因此,能否對此句進行正確理解,關係到我們能否深入瞭解古人對於冠禮的認識。冠禮以"三加"爲主,始加緇布冠,再加皮弁冠,三加爵弁冠,故《冠義》云"三加彌尊"。然北宋陳祥道則以"冠、服、履"爲"三加"內容,並與天道、人道、地道相應,其説多有

---

① 本節内容曾以《從成人之志到成人之德:冠禮與先秦儒家成人觀》之名,發表於《中山大學學報(社會科學版)》2025 年第 1 期,在收録時做了一些修改。

可商之處。

又《儀禮·士冠記》云:"三加彌尊,諭其志也","醮於客位,加有成也。"這是對冠禮儀式中所體現出的"成人之志"與"成人之德"的集中闡釋,也是先秦儒家"成人"觀念的核心内容。"成人之志"與"成人之德"有何内涵?它們與"三加"儀式之間又具有怎樣的密切關聯?漢唐注疏及後世學者所言並不明晰。《儀禮·士冠禮》詳細記載了周代士階層的冠禮儀式,《冠義》則是對冠禮意義的闡發。以此二者爲本,求諸後世諸家之説,上下求索發覆,當可明瞭"三加"之義所包含的真正内涵,以及先秦儒家對於"成人之德"的要求,並深刻理解古人的"成人"觀念及其背後的内在邏輯。

一、"三加"之儀:冠義解讀的關鍵

冠禮即古代的成人之禮,鄭玄《三禮目録》云"童子任職居士位,年二十而冠"[1]。《儀禮·士冠禮》詳細記録了周代士階層的冠禮,其儀式繁縟複雜。總體而言,主要包括筮日、戒賓、筮賓、宿賓、爲期、三加、賓醴冠者、冠者見母、賓字冠者、冠者見兄弟姑姊、醴賓、送賓等。《禮記·冠義》云:"故冠於阼,以著代也。醮於客位,三加彌尊,加有成也。"此中包含了古人對於冠禮意義的集中闡釋,這也是我們正確解讀先秦儒家"成人"觀念的關鍵。但是,關於此句的論述,前人多有異議。究其原因,是因爲此句在不同文獻中有著不同的表述,除了《禮記·冠義》之外,《儀禮·士冠記》和《禮記·郊特牲》中均有類似陳述(詳見下"《士冠禮》冠義比義表")。《士冠記》、《郊特牲》文本幾乎相同,但是《冠義》所論則相差較大。不同的表述對應著不同的理解,對於經義的詮釋也存在極大差異。三者相較,後世或以《士冠記》、《郊特牲》之説爲是,而以《冠義》之説爲非。例如朱熹認爲:

---

[1]《儀禮注疏》卷一,第 2037 頁上。

（《冠義》）此本無“適子”字，“加有成也”在“彌尊”字下，蓋傳誦之訛也。①

朱熹認爲《冠義》條衍“適子”二字，蓋其所見文本有此二字。又“加有成也”句在“三加彌尊”後，此與《士冠記》、《郊特牲》不同，故朱子以爲是“傳誦之訛”。然朱子不言“喻其志也”句如何，蓋其無也。對於《冠義》“醮於客位，三加彌尊，加有成也”三句，楊天宇認爲：

案此三句頗疑有脱錯。《儀禮·士冠禮·記》曰：“醮於客位，加有成也。三加彌尊，諭其志也。”《郊特牲》第 29 節之文亦同。以彼二文校之，則此節末句之“加有成也”當置於“三加彌尊”之上，而“三加彌尊”之下則脱“諭其志也”四字。②

楊天宇認爲《士冠記》、《郊特牲》、《冠義》文句相似，《冠義》句文本有誤，三句之中當以《士冠記》爲是，《郊特牲》之文亦與之相同可以爲證。《冠義》作“醮於客位，三加彌尊，加有成也”，三句存在脱錯，“加有成也”當置於“三加彌尊”之上，此與朱子所言相同；又“三加彌尊”之下則脱“諭其志也”四字。

要斷其是非，我們首先需要明瞭文句中所要表達的意思，下面逐一檢視三句的注、疏解釋：

① 朱熹：《儀禮經傳通解》卷一《冠義》，朱傑人等主編《朱子全書》第 2 册，上海古籍出版社、安徽教育出版社，2010 年，第 72 頁。
② 楊天宇：《禮記譯注》，上海古籍出版社，2004 年，第 813 頁。

《士冠禮》冠義比義表

	《儀禮·士冠記》	《禮記·郊特牲》	《禮記·冠義》
經文	適子冠於阼,以著代也。醮於客位,加有成也。三加彌尊,諭其志也。	適子冠於阼,以著代也。醮於客位,加有成也。三加彌尊,喻其志也。	故冠於阼,以著代也。醮於客位,三加彌尊,加有成也。
鄭玄注	醮,夏、殷之禮,每加於阼階,醮之於客位,所以尊敬之,成其爲人也。彌,猶益也,冠服後加益尊。諭其志者,欲其德之進也。	每加而有成人之道也,成人則益尊。醮於客位,尊之也。始加緇布冠,次皮弁,次爵弁,冠益尊則志益大也。	阼,謂主人之北也。適子冠於阼。若不醴則醮用酒於客位,敬而成之也。户西爲客位。庶子冠於房户外,又因醮焉,不代父也。
賈/孔疏	此記人説夏、殷法,可兼於周。以其於阼及三加皆同,唯醮醴有異,故知舉二以見一也。①	客位,謂户牖之間南面,此謂適子冠位。若夏、殷,醮用酒,冠一加則一醮於客位;周則用醴,三加畢乃一醴於客位,其庶子則皆醮於房户外。②	"故冠於阼,以著代也"者,言適子必加冠於阼。阼是主人接賓之處,今適子冠於阼階,所以表明代父之義也。"醮於客位,三加彌尊,加有成也"者,若依周禮,適子醴於客位。今云"醮"者,或因先代夏、殷之禮,醮之用酒於客位,室户外之西。必在賓客位者,尊以成人,若賓客待之。③

　　案諸文義及注、疏,三者所言是一事,皆是源自對《士冠禮》中"三加"之儀的闡釋。由此可知,三者之中,《士冠記》當是其源,《郊特牲》、《冠義》則是其流。考諸經義,《士冠禮》所記冠法是周制,此處《士冠記》所言則是補記夏、殷冠法。案周制,冠子三加訖,乃行醴冠者之禮。夏、殷之冠法則不相同,士之冠禮三加與三醮是同時進行的,其具體儀節爲:阼階上始加緇布冠訖,一醮於客位;再加皮弁訖,二醮於客位;三加爵弁訖,三醮於客位。此《士冠記》、《郊特牲》、《冠義》所

言,皆是據夏、殷之法而言也。

　　對於《冠義》句存在"脱錯",除了"傳誦之訛"外,還存在文意解釋上齟齬不通。案諸《士冠禮》儀節,當先三加冠於阼,次醴賓於客位;案《士冠記》所記夏、殷之冠法,一加則一醮,亦是先加而後醮。從次序來説,無論周制還是夏、殷之制,都是加冠在前,醴、醮在後。《士冠記》所謂"適子冠於阼,以著代也",是言加冠之處;"醮於客位,加有成也",是言醮;"三加彌尊,諭其志也",是言"三加"之儀。從次第來看,則是先"醮"而後"加",於冠禮先後次序正好相反。故而《冠義》脱"諭其志也"句,並將"三加彌尊"置於"加有成也"前。《冠義》看到了文句中存在的問題,並試圖通過調整文本次序的方式來解決這個問題。

　　但是,《冠義》的努力終究未能解決這個問題。究其終極原因,《冠義》對於《士冠記》文本的理解一開始就存在錯誤。這是因爲《士冠記》文本本身也存在問題,即存在文句與文意相背的情況。如果加以深究,這其實不是作者的錯誤,而是有意爲之。我們知道,若是按照冠禮儀節,當是先加而後醮。若依次序,《士冠記》文本當調整爲:

　　　　適子冠於阼,以著代也。三加彌尊,諭其志也。醮於客位,加有成也。

如此表述,文本與文意相合,則不會出現理解上的障礙。但是,作記者爲何又從語序上做出了調整呢?《儀禮·士冠禮》云:"冠者立于西階東,南面。賓字之,冠者對。"賈疏云:

　　　　案《禮記·冠義》云:"既冠而字之,成人之道也。見於母,母拜之。"據彼則字訖乃見母。此文先見乃字者,此文見母是正見。彼見母在下者,記人以下有兄弟之等皆拜之,故退見母於下,使與兄弟拜,文相近也。①

《禮記·冠義》云:"已冠而字之,成人之道也。見於母,母拜之,見於兄弟,兄弟拜之,成人而與爲禮也。"冠禮中,三加訖,有見母、見兄弟之儀。按《士冠禮》,三加、醴冠者後見母,見母後有字冠者之儀,字訖後有見兄弟之儀。《冠義》所載次序則與此不同,按《冠義》三加、醴冠者後乃字冠者,字訖後見母、見兄弟。賈疏認爲,具體儀節當以《士冠禮》爲正,《冠義》所載不同是因爲文本上的表述有意做了調整。調整之後,見母、見兄弟相從,文從字順,字句更加流暢。今《士冠記》將"醮於客位,加有成也"置於"三加彌尊,諭其志也"句前,則是爲了使之與前句"適子冠於阼,以著代也"相對成文。"適子冠於阼"強調於"阼階"之位,"醮於客位"則强調了户牖間的"客位"。阼階者,主人之位,户牖間者,賓客之位。二者正好相對爲文。因此,《士冠義》將文本次序略作了調整。後世不明此意,或以爲"脱錯",或以爲"傳誦之訛"。朱子雖有所惑,然終不能明其所由。

二、三服與"三加彌尊"

《冠義》中的"傳誦之訛"、"脱錯"問題,及其背後的文本邏輯清楚了,我們就可以繼續來討論冠禮的意義了。"三加彌尊,諭其志也",是言"三加"之中蘊含著冠者的"成人之志"。"三加"是整個冠禮的核心内容,三次加冠,每加易服。冠禮中,每一次所加之冠服都代表著不同含義,有不同指歸,"彌尊"之義也由此凸顯。因此,要明瞭冠者"成人之志"及其"彌尊"之意,必須明瞭"三加"之冠服及其所代表的禮學内涵。

"三加"者,賓客三次爲冠者行加冠之禮也,始加緇布冠,再加皮

---

① 《儀禮注疏》卷二,第 2056 頁下。

弁冠,三加爵弁冠。冠禮雖以"冠"爲名,實則在"三加"中不僅有冠,還有衣、裳、帶、韠、屨等,也就是一整套衣服。冠禮以冠爲名,冠尊也。冠禮是在廟堂之上進行的,冠禮始加,賓客爲冠者加緇布冠,加訖,冠者退回房中,服玄端服。玄端服者,"玄端(衣),玄裳、黄裳、雜裳可也"。因此,始加所服者爲緇布冠、玄端衣、玄裳(或黄裳,或雜裳)。冠禮再加,去緇布冠,加皮弁冠,冠訖,冠者退回房中,去玄端衣,又服皮弁服。皮弁服者,皮弁冠、皮弁衣、素積裳。冠禮三加,去皮弁冠,加爵弁冠,冠訖,冠者退回房中服爵弁服。爵弁服者,爵弁冠、玄衣、纁裳。

古者天子、諸侯、卿、大夫、士具有嚴格的尊卑等級,酒饌、飲食、衣服、車馬各有其等,不可僭越。士之所服,有玄端服、朝服、皮弁服、爵弁服四種。朝服包括:玄冠、玄端衣、素裳。玄端服包括:玄冠、玄端衣、玄裳(或黄裳,或雜裳)。鄭注云:"玄端即朝服之衣,易其裳耳。上士玄裳、中士黄裳、下士雜裳。雜裳者,前玄後黄。"[1]此稱玄端服者,以衣名服。鄭注云:"此(玄端服)莫夕於朝之服。"賈疏云:

　　云"此莫夕於朝之服"者,當是莫夕於君之朝服也。此服注云"莫夕於朝之服",是士向莫之時夕君之服。必以莫爲夕者,朝禮備,夕禮簡,故以夕言之也。[2]

由此可知,士之見君曰朝,早見曰早朝,服朝服;暮夕之時見君曰夕朝,服玄端服。《欽定儀禮義疏》云:"玄端即朝服,不曰朝服而曰玄

---

[1]《儀禮注疏》卷二,第 2051 頁。
[2]《儀禮注疏》卷二,第 2051 頁。

端者,就色而取其正也。"①朝服、玄端服皆是士之朝服。二服所別者僅在其裳,朝服裳爲素裳,玄端裳爲玄裳、黄裳或者雜裳。

士冠禮始加緇布冠,服玄端衣、玄裳。士冠禮始加之服與玄端服衣、裳相同,二者所不同者唯在冠耳。玄端服、朝服皆是玄冠,冠禮始加則是用緇布冠。鄭注云:"緇布冠,今小吏冠其遺象也。"賈疏云:

> 云"緇布冠,今小吏冠其遺象也"者,但緇布冠,士爲初加之冠,冠訖則弊之不用,庶人則常著之,故《詩》云"臺笠緇撮",是庶人以布冠常服者。以漢之小吏亦常服之,故舉爲況。②

胡培翬《儀禮正義》引聶氏云:"緇布冠,始冠之冠也。大夫、士無緌,諸侯始加緇布冠繢緌。自士以上,冠訖則弊去之,不復著也。然庶人猶常著之。"③由此可知,緇布冠爲庶人常著之冠,士、大夫、諸侯未冠之前皆可著。然其形制則有不同,大夫、士所著緇布冠無緌飾,諸侯所著緇布冠則有繢緌爲飾。士、大夫、諸侯冠禮始加以緇布冠爲冠,冠訖則棄之。所以棄之者,冠後則爲成人居士位,自有其冠可著。然士冠始加何以不用玄冠? 冠者爲童子之身,非爲成人;又玄冠爲朝服之冠,爲仕者所服,故冠禮始加不用玄冠而用庶人之緇布冠。

士冠禮再加皮弁冠,服皮弁衣、素積裳。《士冠禮》云:"皮弁服,素積,緇帶,素韠。"鄭注云:"此與君視朔之服也。皮弁者,以白鹿皮爲冠,象上古也。積猶辟也,以素爲裳,辟蹙其要中。皮弁之衣用布

---

① 《欽定儀禮義疏》卷四一,《欽定四庫全書薈要》經部禮類第61册,吉林出版集團有限責任公司,2005年,第439頁上。
② 《儀禮注疏》卷二,第2052頁下—2053頁上。
③ 胡培翬:《儀禮正義》卷一,第55頁。

亦十五升，其色象焉。"①士之皮弁服，以白鹿皮爲冠，素衣、素裳、緇帶、素韠，爲"與君視朔之服"。"視朔"者，《春秋公羊傳》文公六年云：

閏月不告月，猶朝於廟。

不告月者何？不告朔也。禮，諸侯受十二月朔政於天子，藏於大祖廟，每月朔朝廟，使大夫南面奉天子命，君北面而受之。

告月，或曰告朔、視朔。"天子於歲終，由太史向諸侯頒佈下一年十二個月的曆令及政務，諸侯藏之於太廟。至每月朔日，諸侯至太廟，使大夫南面奉天子命，諸侯北面受之，此爲告月之禮。"②賈疏云："案《玉藻》云'諸侯皮弁，聽朔於大廟'；又案《鄉黨》説孔子之服云'素衣，麑裘'，鄭云'視朔之服。視朔之時，君臣同服也'。"③又張爾岐云："此視朔時君臣同服之服。"④由此可知，視朔之時，諸侯、臣子皆著皮弁之服。

士冠禮三加爵弁服。《士冠禮》云："爵弁服，纁裳，純衣，緇帶，韎韐。"鄭注云："此與君祭之服。《雜記》云：'士弁而祭於公。'"賈疏云："士禮玄端自祭，以爵弁服助君祭，故云'與君祭之服'也。"⑤《雜記》云："士弁而祭於公，冠而祭於己。"鄭注云："弁，爵弁也。冠，玄冠也。祭於公，助君祭也。"孔氏正義云："'士弁而祭於公，冠而祭於己'者，弁謂爵弁也。士以爵弁爲上，故用助祭也。冠，玄冠，爲卑也。

---

①《儀禮注疏》卷二，第 2051 頁上。
② 黃銘、曾亦譯注：《春秋公羊傳》，中華書局，2016 年，第 359 頁。
③《儀禮注疏》卷二，第 2051 頁上。
④ 張爾岐：《儀禮鄭注句讀》卷一，第 34 頁上。
⑤《儀禮注疏》卷二，第 2050 頁。

自祭不敢同助君之服,故用玄冠也。"①由此可知,士自行祭祀著玄端服,參加君的祭祀活動時則是服爵弁服,故注云"此與君祭之服"。

三服之中,爵弁服最尊,皮弁服、玄端服次之,故冠禮"陳服于房中西墉下,東領,北上"。賈疏云:"此所陳從北而南,故先陳爵弁服"。② 胡培翬云:"爵弁服爲士最尊者,三加時服之";"皮弁卑於爵弁,陳之在爵弁服南,再加時所服也";"玄端又卑於皮弁,陳之在皮弁服南,初加時所服也。"③

冠禮三加,始加緇布冠,再加皮弁冠,三加爵弁冠,故《冠義》云"三加彌尊"。鄭注云:"冠者初加緇布冠,次加皮弁,次加爵弁。每加益尊,所以益成也。"孔穎達正義云:"三加,初加緇布冠,次加皮弁冠,三加爵弁冠,彌漸而尊,故云'三加彌尊'。'加有成也',謂加益有成人之事矣。"④又北宋陳祥道云:"上而有冠,則天道也;中而有服,則人道也;下而有履,則地道也,故三加彌尊。"⑤陳氏則是以"冠、服、履"爲"三加",並與天道、人道、地道相應。考諸禮經,經文雖無始加、再加、三加之文,然始加緇布冠,經言"乃冠",再加皮弁冠,經言"加之,如初",三加爵弁冠,經言"加之"、"如加皮弁之儀";又《士冠記》有"始加"、"再加"、"三加"原文,分別對應始加緇布冠,再加皮弁冠,三加爵弁冠。孫希旦《禮記集解》云:"冠禮三加,始加緇布冠,再加皮弁服,三加爵弁服。皮弁尊於緇布冠,爵弁又尊於皮弁,故曰'三加彌尊'。既三加,則冠禮成於此矣。"⑥"三加"之義確指三冠無疑。

① 《禮記正義》卷四一,第 3372 頁上。

② 《儀禮注疏》卷二,第 2050 頁上。

③ 胡培翬:《儀禮正義》卷一,第 42、45、47 頁。

④ 《禮記正義》卷六一,第 3646 頁下—3647 頁上。

⑤ 秦蕙田撰,方向東、王鍔點校:《五禮通考》第 11 册,卷一四八,中華書局,2020年,第 6917 頁。

⑥ 孫希旦:《禮記集解》卷五八,中華書局,1989 年,第 1413 頁。

衛湜《禮記集説》云："以冠考之,非特冠彌尊,而衣也、屨也亦彌尊。"①此説是也。文中"三加"言冠不言其他,冠尊也。

三、成人之志:事親、事君、事鬼神

冠禮"三加",始加緇布冠,再加皮弁冠,三加爵弁冠。那麽,三冠所反映出的禮學意義是什麽呢? 禮經無文,鄭注、賈疏所言並未明晰。《士冠記》云："三加彌尊,諭其志也。"鄭注云："諭其志者,欲其德之進也。"②又《郊特牲》云："三加彌尊,喻其志也。字而冠之,敬其名也。"鄭注云："始加緇布冠,次皮弁,次爵弁,冠益尊則志益大也。"③按《士冠記》、《郊特牲》及鄭注所云,"三加"之冠中包含著冠者之"志",其冠"益尊",則"志益大"。此"志"爲何,經、記、注並未言及。直到孔穎達正義,才有了一個較爲具體明晰的認識。正義云:

> 言"三加"者,初加緇布冠,次加皮弁是益尊,至三加爵弁是彌尊。所以尊者,曉喻其冠者之志意,令其志意益大。初加緇布冠,欲其尚質重古。次加皮弁,欲其行三王之德。後加爵弁,欲其行敬事神明,是志益大也。④

孔氏認爲"三加"之冠暗含了冠者之"志",這種"志"便是冠者所當具有的"成人之志"。那麽,這種成人之"志"的具體內涵是什麽呢? 按孔氏所言,緇布冠具有"尚質重古"之義,皮弁冠具有"三王之德"之

---

① 衛湜:《禮記集説》卷六七,《景印文淵閣四庫全書》經部禮類第 118 册,臺灣商務印書館,2008 年,第 417—418 頁。
② 《儀禮注疏》卷 3,第 77 頁。
③ 《禮記正義》卷 36,第 1086—1087 頁。
④ 《禮記正義》卷 36,第 1089 頁。

義,爵弁冠具有"敬事神明"之義。

　　然緇布冠何以具有"尚質重古"之義?《士冠記》云:"始冠緇布之冠也。大古冠布,齊則緇之。其緌也,孔子曰'吾未之聞也,冠而敝之可也'。"鄭注云:"大古,唐、虞以上。大古質,蓋亦無飾。重古始冠,冠其齊冠。"賈疏云:

　　　　云"大古冠布"者,謂著白布冠也。云"齊則緇之"者,將祭而齊則爲緇者,以鬼神尚幽暗也。云"重古始冠,冠其齊冠"者,以經云'始冠緇布之冠',即云'大古冠布',則齊冠一也,故鄭云'冠其齊冠'也。云"白布冠者,今之喪冠是也"者,以其大古時,吉凶同服白布冠,未有喪冠。[1]

大古,謂唐、虞以前也。太古無他冠,直以白布著之,若齋則以緇布著之。今始加緇布冠,故鄭云冠太古齋時之冠。冠太古之冠,"尚質重古"也。《禮記·檀弓》云:"君子曰:禮,不忘其本。"孔氏正義云:"禮,不忘其本"者,謂先王制禮,其王業根本由質而興,則制禮不忘其本而尚質也。"[2]先王制禮,尚質而貴本。《禮記·鄉飲酒義》云:"尊有玄酒,教民不忘本也。"《郊特牲》又云:"萬物本乎天,人本乎祖。"人之所本,親也,祖也。《祭義》云:

　　　　君子反古復始,不忘其所由生也。是以致其敬,發其情,竭力從事以報其親,不敢弗盡也。是故昔者天子爲藉千畝,冕而朱絃,躬秉未;諸侯爲藉百畝,冕而青絃,躬秉未。以事天地、山川、社稷、先古,以爲醴酪齊盛,於是乎取之,敬之至也。

---

① 《儀禮注疏》卷三,第 2068 頁上。
② 《禮記正義》卷七,第 2774 頁上。

今士冠初加緇布冠,亦尚其質而貴其本,至親尚質,即一片質誠,不事文飾。質者,自然,樸質之物也。古者,物之始造之時也。古時造物,皆循物之本性,具有自然、質樸的特點。"質"與"文"相對。由此,吳飛教授提出了"文質論"的概念,他認爲:"質即自然,文即文明,文明是通過將内在於質的紋理文飾出來。所以,文明在根本上來自自然,不能超越、改變和破壞自然",中國傳統文明是"一種禮樂文明,其基本構成方式是'文質論'"。①

　　皮弁冠何以具有"三王之德"之義? 經云:"皮弁服,素積,緇帶,素韠。"鄭注云:"此與君視朔之服也。皮弁者,以白鹿皮爲冠,象上古也。"賈疏云:"云'皮弁者,以白鹿皮爲冠,象上古也'者,謂三皇時冒覆頭,句頷繞項,至黃帝則有冕,故《世本》云'黃帝作旒冕'。"②皮弁者,以白鹿皮爲冠,爲三皇時所造。至三王時不變,仍以之爲冠,故《郊特牲》云"三王共皮弁、素積"。鄭注云:"所不易於先代。"孔氏正義云:"'三王共皮弁、素積'者,以其質素,故三王同服,無所改易也。"③今士冠而用皮弁,一者"尚質重古",二者正如孔氏正義所云"欲其行三王之德"。《禮記·孔子閒居》云:

　　　　子夏曰:"三王之德,參於天地,敢問何如斯可謂參於天地矣?"
　　　　孔子曰:"奉'三無私'以勞天下。"
　　　　子夏曰:"敢問何謂'三無私'?"
　　　　孔子曰:"天無私覆,地無私載,日月無私照。奉斯三者以勞天下,此之謂'三無私'。"

---

① 吳飛:《禮樂文明的構成:"文質論"社會理論初探》,《社會》2023 年第 43 卷。
② 《儀禮注疏》卷二,第 2051 頁上。
③ 《禮記正義》卷二六,第 3153 頁上、3154 頁上。

鄭注云:"三王,謂禹、湯、文王也。"①由此可知,三王之德是謂"無私"。"無私"者,即是"天下爲公"。《禮記·禮運》云:

> 孔子曰:"大道之行也,與三代之英,丘未之逮也,而有志焉。大道之行也,天下爲公,選賢與能,講信修睦。故人不獨親其親,不獨子其子;使老有所終,壯有所用,幼有所長,矜寡、孤獨、廢疾者皆有所養;男有分,女有歸;貨惡其棄於地也,不必藏於己;力惡其不出於身也,不必爲己。是故謀閉而不興,盜竊亂賊而不作,故外户而不閉,是謂大同。

王肅注云:"此謂三皇五帝時,大道行也。"②三皇五帝時,爲《禮運》所言"公天下"的"大同世";三王之世對應的則是"家天下"的"小康世"。三王之時,以"三無私"行之天下,欲以復歸於"公天下"的"大同世"。皮弁爲上古三皇時所造,三王時仍以之爲冠。今士冠再加而冠皮弁,欲以"三王之德"爲願,行"天下爲公"之舉,而復歸於"大同"之世也。

孔氏云三加爵弁冠,"欲其行敬事神明,是志益大也"。"敬事神明"者,祭祀鬼神之事也。古之大者,莫重於鬼神。祭祀是古人與鬼神溝通的重要方式之一。按之周禮,天子七廟,諸侯五廟,大夫三廟,士一廟。士之所祭唯其禰也。③ 士除了可以自祭其祖外,還可以參加君的祭祀活動。《雜記》云:"士弁而祭於公,冠而祭於己。"士之自祭著玄冠,從祀其君則著之爵弁服,這也是士能够參與的最高級別的祭祀活動了,對士來講是莫大的榮幸了。《禮記·祭統》云:

---

① 《禮記正義》卷五一,第 3509 頁下。
② 高尚舉等校注:《孔子家語校注》卷七,中華書局,2021 年,第 413 頁。
③ 或曰祖、禰共廟而祭之。

賢者之祭也，必受其福，非世所謂福也。福者，備也。備者，百順之名也。無所不順者謂之備，言內盡於己，而外順於道也。忠臣以事其君，孝子以事其親，其本一也。上則順於鬼神，外則順於君長，內則以孝於親，如此之謂備。

古人認爲，人之所有皆爲神之所賜。得神福賜，則無所不備，無所不順，即所謂"上則順於鬼神，外則順於君長，內則以孝於親"。人只有"順於鬼神"，按時祭祀，才能得到神靈的賜福，於內才能家庭和睦，父慈子孝，於外才能盡忠以事其君。

此處論述正好與冠禮中"三加"之義相合。初加緇布冠，"尚質重古"，不忘其"本"也。人之所"本"，祖也，親也。始加用緇布冠，實有尊祖、事親之義，此是於"內"而言也。再加皮弁冠，此"與君視朔之服"，君臣同服，"忠臣以事其君"，此是於"外"而言也。三加爵弁冠，"敬事神明"，以求內外福備，此是於"上"而言也。由此而言，"三加"之冠其代表的含義則是事親、事君、事鬼神，這也是冠禮中所表現出的"成人之志"。

四、成人之德：儒家倫理之踐行

冠禮的完成象徵著冠者由"童子"進入了"成人"階段。成人之後，周圍的人則不可再以童子視之，而是要以"成人"視之、待之。這種變化在冠禮儀式中體現的非常明顯。例如"三加"之後的"賓醴冠者"之儀，冠者首次以"成人"的身份，與賓客進行了一場飲酒禮的演練，這既是對"主人"與"賓客"之間飲酒禮儀的模仿，也是冠者"成人"身份確立起來的標誌。"賓醴冠者"之後，冠者"北面坐取脯，降自西階，適東壁，北面見於母"。這是冠者首次以"成人"身份去拜見他的母親，母親見到成人的兒子，自然也是將之視爲"成人"，與之行禮。禮經云："母拜受，子拜送，母又拜。"鄭注云："婦人於丈夫，雖其

子猶俠拜。"①俠拜是女子與男子的拜禮,在行禮中,女子先拜,男子
答拜,女子又拜。今母親與兒子俠拜,則是冠者的"成人"身份得到了
母親的認可。又賓字冠者訖,冠者又以成人的身份去見兄弟。禮經
云:"冠者見於兄弟,兄弟再拜,冠者答拜。"見兄弟訖,冠者又去見姑
姊。禮經云:"入見姑姊,如見母。"冠者見兄弟、姑姊,兄弟、姑姊皆與
之行禮,冠者的身份也得到了他們的認可。此外,冠者見兄弟、姑姊
訖,又離開家門見君、見鄉大夫、鄉先生。禮經云:"乃易服,服玄冠、
玄端、爵韠,奠摯見于君。遂以摯見于鄉大夫、鄉先生。"冠者的身份,
又得到了君與鄉大夫、鄉先生的認可。《冠義》云:"已冠而字之,成
人之道也。見於母,母拜之,見於兄弟,兄弟拜之,成人而與爲禮也。
玄冠玄端,奠摯於君,遂以摯見於鄉大夫、鄉先生,以成人見也。"通過
冠禮儀式的逐漸完成,冠者身份既得到了來自家庭內部的認可,也得
到了社會外部的認可,冠者的"成人"身份由此建立起來了。

　　成人之後,冠者應該具有怎樣的德性呢?《士冠記》云:"醮於客
位,加有成也。""加有成也"者,鄭注云"成其爲人也","敬而成之
也","有成人之道也"。"成人之道"便是"成人之德"。又鄭注云:
"諭其志者,欲其德之進也。"②在儒家看來,有其"志"必有其"德",
冠者既然有事親、事君、事鬼神的"成人之志",必當有相應的"成人
之德"與之相稱。成人與童子不同,古人對於成人所具有的德性有著
更爲嚴格的要求。《冠義》云:

　　　　凡人之所以爲人者,禮義也。禮義之始,在於正容體,齊顏
　　色,順辭令。容體正,顏色齊,辭令順,而後禮義備,以正君臣、親
　　父子、和長幼。君臣正,父子親,長幼和,而後禮義立。

---

① 《儀禮注疏》卷二,第 2056 頁下。
② 《儀禮注疏》卷三,第 2068 頁下。

　　　成人之者,將責成人禮焉也。責成人禮焉者,將責爲人子、
爲人弟、爲人臣、爲人少者之禮行焉。將責四者之行於人,其禮
可不重與！故孝弟忠順之行立,而後可以爲人;可以爲人,而後
可以治人也。

一旦進入成人階段,冠者就要完成儒家所規定的對於成人的從外到
內的道德要求。當然,這種"成人之德"的完成,是一個逐漸實現的過
程。首先是對於外表、言行的要求,即"容體正,顏色齊,辭令順",故
鄭注云"言人爲禮,以此三者爲始"。其次則是對於儒家倫理關係的
踐行與遵守,即所謂"正君臣、親父子、和長幼"。"正君臣"者,忠順
也;"親父子、和長幼"者,孝悌也。最後則是以"成人之德"行之於
世,肩負起儒家責任與擔當,也就是"治人",即"孝弟忠順之行立,而
後可以爲人;可以爲人,而後可以治人也"。呂大臨云:

　　　所謂成人者,非謂四體膚革異於童穉也,必知人倫之備焉。
親親、貴貴、長長,不失其序之謂備。孝弟忠順之行,有諸己而後
可以責諸人,故人倫備,然後謂之成人,成人然後可以治人也。①

由此可知,從成人的外在修養,到儒家倫理關係的踐行與遵守,再到
儒家的責任與擔當。這就是先秦儒家對於"成人之德"的要求。
　　"成人之德"的實現是漸次的,這在冠禮"三加"祝辭中也有著更
爲清晰的體現。《士冠禮》云:

　　　始加,祝曰:"令月吉日,始加元服。棄爾幼志,順爾成德。
壽考惟祺,介爾景福。"

_____

① 孫希旦:《禮記集解》卷五八,第 1414、145 頁。

再加,曰:"吉月令辰,乃申爾服。敬爾威儀,淑慎爾德。眉壽萬年,永受胡福。"

三加,曰:"以歲之正,以月之令,咸加爾服。兄弟具在,以成厥德,黄耇無疆。"

始加禮辭云:"令月吉日,始加元服。棄爾幼志,順爾成德。"鄭注云:"既冠爲成德。因冠而戒,且勸之。"①敖繼公《儀禮集説》云:"棄爾幼志,戒之也。慎爾成德,勉之也。言先去幼志而後能慎成德也。幼志,即傳所謂童心。成德,成人之德。"②張爾岐《儀禮鄭注句讀》云:"幼志,幼年戲弄之志也。棄,禁絶之也。順成德,安養其成人之德也。"③成人之始,首在去其"幼志",以漸修其成人之德。成人之德,始在於外,"在於正容體,齊顏色,順辭令"。

再加禮辭云:"吉月令辰,乃申爾服。敬爾威儀,淑慎爾德。"敖繼公《儀禮集説》云:"有威而可畏謂之威,有儀而可象謂之儀。德者,内也。威儀者,外也。學者固當以德爲先,威儀爲後。然不重其外,亦未必能保其中之所有者也,故此先言敬威儀,乃後言慎德。"④張爾岐《儀禮鄭注句讀》云:"敬爾威儀,正其外也。淑慎爾德,謹其内也。内外夾持,順成德者當如是。"⑤始加言修外,再加言修内也。德之所修,由外而内。外内兼修,德可成也。

三加禮辭云:"以歲之正,以月之令,咸加爾服。兄弟具在,以成厥德。"張爾岐《儀禮鄭注句讀》云:"'兄弟具在,以成厥德',言成此

---

① 《儀禮注疏》卷三,第 2066 頁上。
② 敖繼公:《儀禮集説》卷一,第 27 頁。
③ 張爾岐:《儀禮鄭注句讀》卷一,第 14 頁上。
④ 敖繼公:《儀禮集説》卷一,第 27 頁下。
⑤ 張爾岐:《儀禮鄭注句讀》卷一,第 14 頁上。

冠禮,是成其德也。"①方苞《儀禮析疑》云:"三加曰'兄弟具在,以成
厥德',修身以及家,成己以成物,所包之義益深以廣矣,蓋必如是而
後成人之德備也。"②"以成厥德"者,德之成也。德之成,則"將責成
人禮焉也。責成人禮焉者,將責爲人子、爲人弟、爲人臣、爲人少者之
禮行焉。故孝弟忠順之行立,而後可以爲人;可以爲人,而後可以治
人也"。這是"成人之德"的"大成"階段。從"順爾成德"到"淑慎爾
德",再到"以成厥德",清晰地描述了冠者"成人之德"的漸修過程。

五、結語

綜上可知,冠禮三加,始加緇布冠,再加皮弁冠,三加爵弁冠。緇
布冠爲庶人常著之冠,士、大夫、諸侯未冠之前皆可著之。冠禮以之
爲始加之冠者,冠者爲童子之身,非爲成人。又玄冠爲朝服之冠,爲
仕者所服,故冠禮始加不用玄冠而用庶人之冠。皮弁者,"此與君視
朔之服也"。爵弁者,"此與君祭之服"。皮弁冠尊於緇布冠,爵弁冠
又尊於皮弁冠,故曰"三加彌尊"。又《士冠禮記》云:"三加彌尊,諭
其志也。""志"者,"成人之志"也。緇布冠爲太古之冠,具有"尚質重
古"之義;皮弁冠爲三皇時所造,具有"三王之德"之義,爵弁冠具有
"敬事神明"之義,故而三冠所象徵的禮學意義則是事親、事君、事鬼
神。事親者,"尚質重古",不忘本也;事君者,君臣共興三王之德,以
求"大同"也;事鬼神者,敬事神明,以求福備也。

冠禮的完成象徵著冠者由"童子"進入了"成人"階段。成人之
後,無論是家庭還是社會都須以"成人"視之、待之。更重要的是,冠
者也需要完成儒家所規定的對於成人的從外到内的道德要求,建立
起自己的"成人之德"。首先是對於外表、言行的要求,這是對於成人

---

① 張爾岐:《儀禮鄭注句讀》卷一,第 14 頁上。
② 方苞:《儀禮析疑》卷一,第 14 頁。

外在儀態的要求;其次則是對於儒家倫理關係的踐行與遵守;最後則
是以"成人之德"行之於世,擔負起儒家責任與擔當。由此可知,從成
人的外在修養,到儒家倫理關係的踐行與遵守,再到儒家的責任與擔
當。這便是先秦儒家對於"成人之德"的要求。

　　禮是儒家思想的核心内容,在儒家看來"凡人之所以爲人者,禮
義也"。(《禮記‧冠義》)禮是人類特有的品質,也是人與禽獸的區
别之一。①《周易‧序卦》云:"有天地,然後有萬物。有萬物,然後有
男女。有男女,然後有夫婦。有夫婦,然後有父子。有父子,然後有
君臣。有君臣,然後有上下。有上下,然後禮義有所錯。"天地孕育萬
物,萬物生成男女。有男女才有夫婦,有夫婦才有父子、君臣。男女、
夫婦、父子、君臣是儒家構建的最爲重要的家庭、社會倫理關係。冠
禮者,成男女之禮也。懷有"成人之志",具備"成人之德",才是進入
儒家所構建的家庭、社會倫理關係的基本要求。

第二節　陰陽鬼神:先秦儒家婚姻觀念的
另類闡釋
——以《士昏禮》爲中心

　　婚禮是自古以來最爲重要的人生禮儀之一。《禮記‧昏義》云:
"昏禮者,將合二姓之好,上以事宗廟,而下以繼後世也,故君子重
之。"這是古人對於婚禮意義最集中的闡釋。《昏義》又云:"男女有
别而後夫婦有義,夫婦有義而後父子有親,父子有親而後君臣有正,
故曰'昏禮者,禮之本也'";"夫禮始於冠,本於婚,重於喪、祭,尊於

---

① 《禮記‧曲禮上》云:"鸚鵡能言,不離飛鳥。猩猩能言,不離禽獸。今人而無
　禮,雖能言,不亦禽獸之心乎! 夫唯禽獸無禮,故父子聚麀,是故聖人作,爲禮
　以教人,使人以有禮,知自别於禽獸。"

朝、聘,和於射、鄉,此禮之大體也。"儒家倫理關係始於男女,終於君
臣。有男女則有夫婦,有夫婦則有父子,有父子則有君臣。由此可
見,婚禮在儒家社會倫理關係中的重要地位。

　　婚禮者,成夫婦之禮也。婚禮於五禮屬嘉禮。《爾雅·釋詁》云:
"嘉,善也。"①《説文》云:"嘉,美也。"②嘉禮者,美善之禮也。婚禮合
二姓之好,亦是嘉善之禮。今者新人婚禮,高朋滿座,喜樂吉祥。但
是,如果我們從先秦婚禮儀式以及其它文獻記載來看,整個婚禮過程
卻並不是那麼的喜慶。《禮記·曾子問》孔子曰:"嫁女之家,三夜不
息燭,思相離也。取婦之家,三日不舉樂,思嗣親也。"婚禮中,女家思
相離,三夜不息燭,男家思嗣親,三日不舉樂,這完全是一副悲傷的場
景。《禮記·郊特牲》云:"昏禮不用樂,幽陰之義也。樂,陽氣也。
昏禮不賀,人之序也。"此處所言之婚禮,則處處透露出一種深深的憂
思之情與"陰陽"之氣。

　　《儀禮》是先秦時期儒家的重要禮學典籍之一③,集中記錄了周
人的冠婚喪祭、鄉射朝聘等各類禮儀。其中《士昏禮》一篇,便集中記
載了士階層的整個婚禮過程。在"昏禮有六"到"婦饋舅姑"等具體
的婚禮儀式中,既沒有關於《禮記》中那種悲傷的情緒記錄,也不像後
世婚禮的喜樂吉祥,更多表現出的是一種莊嚴與肅穆。如果我們從
鄭注、賈疏以及後世先賢的闡釋來看,婚禮除了具有"合二姓之好"、
"事宗廟"、"繼後世"之外,還具有一種"陰陽"、"鬼神"之氣。例如

① 《爾雅注疏》,上海古籍出版社,2010年,第18頁。
② 許慎撰,段玉裁注:《説文解字注》,第205頁下。
③ 據沈文倬先生考察:"《儀禮》書本殘存十七篇以及已佚若干篇的撰作年代,
其上限是魯哀公末年魯悼公初年,即周元王、定王之際;其下限是魯共公十年
前後,即周烈王、顯王之際。它是在西元前五世紀中期到四世紀中期這一百
多年中,由孔子的弟子、後學陸續撰作的。"沈文倬:《略論禮典的實行和〈儀
禮〉書本的撰作》,《宗周禮樂文明考論》,杭州大學出版社,1999年,第54頁。

鄭玄《三禮目録》云："士娶妻之禮，以昏爲期，因而名焉。必以昏者，陽往而陰來，日入三商爲昏。"①又婚禮親迎用爵弁服，鄭注云"爵弁而纁裳，玄冕之次。大夫以上親迎冕服。冕服迎者，鬼神之。鬼神之者，所以重之親之。"②在鄭玄的解釋中，不再强調婚禮的家庭、社會倫理内涵，而是更加注重婚禮中的"陰陽"、"鬼神"之義。除此之外，婚禮場所、用贄、納徵、服飾、布席、用饌、具體儀節等，處處都體現出一種"陰陽"與"鬼神"之氣。因此，"陰陽鬼神"又成爲了婚禮的另外一個重要特點。

一直以來，前人對於婚禮意義的闡釋多是從家庭、社會倫理的角度來進行的，而對於婚禮中所體現出的這種"陰陽鬼神"之義卻並未得到關注。那麽，"陰陽"、"鬼神"是如何與婚禮儀式建立聯繫的，它與先秦儒家的婚姻觀念又具有怎樣的關係？這都是需要我們進一步思考並深入探究的問題。《士昏禮》是關於先秦婚禮儀式的最詳細記録，以此爲本，求諸後世諸家之説，上下求索發覆，或可明瞭"陰陽鬼神"之義所包含的真正内涵，並深刻理解古人的婚姻觀念及其背後的内在邏輯。

一、從"昏禮有六"到"婦饋舅姑"

《士昏禮》記録的是士娶妻的禮儀，從整個婚禮過程來看，其儀式非常繁雜。賈疏云"昏禮有六"，包括納采、問名、納吉、納徵、請期、親迎等六禮。實際上，六禮之後還有夫婦間的同牢之禮，新婦與舅姑間的婦見舅姑、舅姑醴婦、婦饋舅姑、舅姑饗婦等禮儀，並非僅限於親迎前的六禮。

婚禮之始，先行納采之禮。男女兩家將合兩姓之好，男家先使媒

---

① 《儀禮注疏》卷四，第 2074 頁上。
② 《儀禮注疏》卷四，第 2078 頁下—2079 頁上。

氏下通其言,女氏許之,則使人行納采之禮。賈疏云:"納采言納者,以其始相采擇,恐女家不許,故言納。"①納者,恐女家弗受也。采者,窈窕淑女,采擇以爲嘉偶也。問名者,問女子之姓,歸之而卜其吉凶也。納吉者,歸卜得吉,告於女家也。納徵者,鄭注云:"徵,成也。使使者納幣以成昏禮。"②納徵即今之彩禮。納徵之後,婚禮基本已定,故下有請期之禮。請期者,男家向女家請教婚禮之期也。婚禮之期實則由男家先卜之,卜得吉日乃使使者往告女家,婚期實則由男家來定。女家深知此意,故男家請而女家辭,男家則告之。親迎者,至婚日昏時,婿親至女家迎婦而歸也。

納采、問名、納吉、納徵、請期,此五禮皆是男家派使者去女家所行之禮。行禮之處都是在女家宗廟之中。古人宮室,左廟右寢。寢是日常所居之處,廟是祭祀先祖的祠堂。《儀禮》中,凡是重要的禮儀活動都是在宗廟中進行的,例如《士冠禮》、《特牲禮》、《少牢禮》、《有司》等。《昏義》云:"是以昏禮納采、問名、納吉、納徵、請期,皆主人筵几於廟,而拜迎於門外,入,揖讓而升,聽命於廟,所以敬慎重正昏禮也。"

親迎則是由婿在婚時至女家親迎新婦。婚禮以"昏"爲名,據親迎昏時所言也。按《士昏禮》,士之取妻皆需親迎。③ 然則何以親迎也?《禮記·哀公問》云:

公曰:"寡人願有言然。冕而親迎,不已重乎?"

① 《儀禮注疏》卷四,第 2074 頁上。
② 《儀禮注疏》卷四,第 2077 頁上。
③ 《士昏記》云:"若不親迎,則婦入三月,然後婿見。"此記婿不親迎之事,婿不親迎必有非常之故。方苞《儀禮析疑》云:"不親迎,必已及期,父母暴疾,子不敢離也。"此非常之事,不可以之爲通例。見方苞《儀禮析疑》卷二,第 31 頁下。

孔子愀然作色而對曰:"合二姓之好,以繼先聖之後,以爲天地宗廟社稷之主,君何謂已重乎?"

公曰:"寡人固,不固,焉得聞此言也? 寡人欲問,不得其辭,請少進。"

孔子曰:"天地不合,萬物不生。大昏,萬世之嗣也,君何謂已重焉!"

《士昏禮》所記是士之婚禮,《哀公問》所議者是諸侯之婚禮。士之婚禮當親迎,諸侯尊,其婚禮是否當親迎,故而魯哀公有此一問。然孔子之義,國君之婚姻更是"合二姓之好"、"繼先聖之後"的天地宗廟之大事,國君當然應當重視,並且親迎。按孔子之本義,從士到諸侯婚禮皆當親迎。

親迎作爲婚禮中最爲重要的儀式,它不僅包括壻至婦家的親迎儀式,還包括親迎後夫婦間的禮儀互動,其中最爲重要的莫過於夫婦間的"同牢"之禮。牢,牲也,即豚、魚、腊也。夫婦將共食之也。"同牢"之後,夫婦合卺而酳。酳者,飲酒也。卺,破匏爲爵也。破匏爲二,以爲酒爵也,夫婦各一。《昏義》云:"共牢而食,合卺而酳,所以合體同尊卑,以親之也。"鄭注云:"'共牢而食,合卺而酳',成婦之義。"孔穎達正義云:

"共牢而食"者,在夫之寢,壻東面,婦西面,共一牲牢而同食,不異牲。"合卺而酳"者,酳,演也,謂食畢飲酒,演安其氣。卺,謂半瓢,以一瓢分爲兩瓢,謂之卺。壻之與婦各執一片以酳,故云"合卺而酳"。"所以合體同尊卑,以親之也"者,"同尊卑",謂共牢也。"所以合體同尊卑"者,欲使壻之親婦,婦亦親壻,所以體同爲一,不使尊卑有殊也。

同牢而食，合巹而酳，夫婦共食、共飲也。同牢以示尊卑同，合巹以示一體，夫婦同心共體之義也。自此以後，夫婦禮成，即所謂"成婦之義"也。

賈疏雖言"昏禮有六"，實則婚禮不止此六者。六禮之後，婚禮儀式並未結束。在婚之明日，也就是婚禮的第二天還有許多禮儀，此類禮儀主要是新婦與舅姑間的禮儀互動。這些禮儀主要有婦見舅姑、舅姑禮婦、婦饋舅姑、舅姑饗婦等。婦見舅姑、舅姑禮婦者，是説新婦明日一早前去拜見舅姑，並受到了舅姑的以禮相待。《昏義》云："夙興，婦沐浴以俟見。質明，贊見婦於舅姑，執笲、棗、栗、段脩以見。贊醴婦，婦祭脯醢，祭醴，成婦禮也。"禮儀的完成，象徵著舅姑對新婦的初步接受與認同。

婦見舅姑之後，還有婦饋舅姑之儀，這是新婦與舅姑間最爲重要的禮儀。鄭注云："饋者，婦道既成，成以孝養。"①婦饋舅姑表達的是新婦對舅姑的孝養之情。孝養舅姑，這是新婦將來的責任也是義務，是"婦順"的内容之一，故《昏義》云"舅姑入室，婦以特豚饋，明婦順也"。婦順，即婦孝，這是作爲子婦必須具有的德性。禮尚往來，婦饋舅姑後，舅姑也要表達對新婦的接受與謝意，並予以回禮，即"舅姑共饗婦以一獻之禮"。禮成之後，"舅姑先降自西階，婦降自阼階"。阼階者，主人之階，主人升降皆由此。西階者，賓階也，主人之外升降皆是由此。鄭注云："授之室，使爲主，明代己。"賈疏云："案《曲禮》云子事父母，'升降不由阼階'，是主人尊處。今舅姑降自西階，婦降自阼階，是授婦以室也。"②新婦禮成，正式成爲家中的女主人，將來家中之事則有新主人與新婦共同主持，舅姑則退居休養，故《昏義》又云"舅姑先降自西階，婦降自阼階，以著代也"。

---

① 《儀禮注疏》卷五，第 2089 頁上。
② 《儀禮注疏》卷五，第 2090 頁上。

　　由上可知,從"昏禮有六"到"婦饋舅姑"完整的展現了周人婚禮
的理想形式。"昏禮有六"中之納采、問名、納吉、納徵主要是男家使
者與女父間的禮儀,這些禮儀都是宗廟中進行的。禮儀進行時,更需
設先祖之神席,在先祖的見證下完成,由此表現出的是古人對於婚禮
的重視。親迎指的是婿親至女家迎取新婦而歸,按孔子之義,婚姻之
事大,一則合二姓之好,二則以繼先祖,承嗣宗廟,故需親迎。同牢、
合卺,夫婦共食、共飲,同心共體之義,夫婦之義成也。婚之明日,婦
見舅姑,行饋食之禮,以示孝養。《昏義》云:"成婦禮,明婦順,又申
之以著代,所以重責婦順焉也。婦順者,順於舅姑,和於室人;而後當
於夫,以成絲麻布帛之事,以審守委積蓋藏。是故婦順備而後內和
理,內和理而後家可長久也,故聖王重之。"

　　婚禮的完成使得儒家的倫理關係由"男女"進入了"夫婦"這一
階段。有了夫婦然後才會有父子、君臣,故而婚禮對於儒家倫理關係
的構建是極爲重要的。從一個家庭組織來說,夫婦是家庭倫理關係
的開始,也是整個家庭的基礎。因此先秦儒家在對"昏義"的闡釋上,
也往往强調婚禮對於整個家庭、社會倫理關係的重要性。

　　二、婚禮中的"陰陽"

　　除了將《士昏禮》納入到儒家的家庭倫理關係中進行闡釋外,如
果深入探究,我們會發現以鄭注爲代表的後世學者還常常用"陰陽"、
"鬼神"觀念對婚禮的涵義進行闡釋,使得整個婚禮具有一種"陰
陽"、"鬼神"之氣。彭華教授認爲:"陰陽觀念產生於對自然的觀察,
'陰陽'一開始就是一組對立概念,'二分對比'的思想是陰陽觀念的
本義。商和西周時期,'陰陽'字眼雖然已經出現,但尚不具備形而上
的抽象的意義。從西周晚期開始,陰陽思想有了進一步的發展——
由陰陽觀念而上升爲陰陽概念,直至春秋末年形成陰陽範疇。春秋
時期,'陰陽'已經分別和物質性的概念'氣'結合在一起了。在老子

和孔子手裏,'陰陽'被提煉爲一對高度抽象的形而上的哲學範疇。"①春秋以來,隨著社會的發展,各種學術思想活躍起來,"陰陽五行"思想漸漸成爲人們的"公共思想資源"②,被諸子們接受並使用,並開始用"陰陽"學說來解釋自然界和社會領域的各種現象。同時,"陰陽"思想也爲先秦儒家學者所接受,並運用於儒家經典的闡釋之中。這使得以"陰陽"釋男女,以"陰陽"釋婚禮成爲了可能。至於漢代,"陰陽五行"思想更是大行其道,成爲當時的"思想骨幹"。③ 鄭玄則深受"陰陽"思想的影響,故而鄭注中有很多以"陰陽"思想來闡釋婚禮的情形。

鄭《目録》云:"士娶妻之禮,以昏爲期,因而名焉。必以昏者,陽往而陰來,日入三商爲昏。"胡培翬《儀禮正義》云:

> "必以昏者,取其陽往而陰來"者,《三禮札記》云:"晝爲陽,夜爲陰。昏是陰陽交接之時,故云'取其陽往而陰來'也。《白虎通》云:'所以昏時行禮何? 示陽下陰也。'昏亦陰陽交時也。"④

日、月爲陰、陽,晝、夜爲陰、陽,男、女亦爲陰、陽。士之親迎,以昏時爲期。昏時者,日月、晝夜交替之時也。此時,日將沉,月將升,晝去而夜來,故鄭云"陽往而陰來"。於男、女而言,婿爲陽,婦爲陰。親迎之時,婿往女家迎婦而歸,亦有"陽往而陰來"之義。《昏義》釋婚禮,言"合二姓之好,上以事宗廟,而下以繼後世也",鄭注則以"陰陽"釋

① 彭華:《陰陽五行研究(先秦篇)》,華東師範大學 2004 年博士學位論文,第 1 頁。
② 彭華:《陰陽五行研究(先秦篇)》,第 2 頁。
③ 顧頡剛先生云:"漢代人的思想的骨幹,是陰陽五行。無論在宗教上,在政治上,在學術上,沒有不用這套方式的。"顧頡剛:《秦漢的方士與儒生》,上海古籍出版社,1998 年,第 1 頁。
④ 胡培翬:《儀禮正義》卷三,第 124 頁下—125 頁上。

之,由此可見二者之别。

　　禮經云:"下達,納采,用鴈。"鄭注云:"達,通也。將欲與彼合昏姻,必先使媒氏下通其言。女氏許之,乃後使人納其采擇之禮。"賈疏云:"云'下達'者,謂未行納采已前,男父先遣媒氏女氏之家通辭往來,女氏許之,乃遣使者行納采之禮也。言下達者,男爲上,女爲下,取陽倡陰和之義,故云'下達',謂以言辭下通於女氏也。"①下達爲納采前之禮儀,不入"昏禮有六"中。納采之前,男父使媒氏先至女家,以通其婚姻之意,女家許之,則繼行納采以下諸禮。下達之禮,由男方主導而女方應許,故有"陽倡陰和之義"。以此言之,納采、問名、納吉、納徵、請期諸禮皆是由男父使使者而來,女方應而答之,此中皆含有"陽倡陰和之義"。

　　下達、納采、問名、納吉、請期、親迎皆以鴈爲贄。所以以鴈爲贄者,鴈亦有"陰陽"之義。鄭注云:"用鴈爲摯者,取其順陰陽往來。"賈疏云:

　　　　"用鴈爲摯者,取其順陰陽往來"者,案《周禮·大宗伯》云:"以禽作六摯,卿執羔,大夫執鴈,士執雉。"此昏禮無問尊卑皆用鴈,故鄭注其意云"取順陰陽往來"也。順陰陽往來者,鴈木落南翔,冰泮北徂。夫爲陽、婦爲陰,今用鴈者,亦取婦人從夫之義,是以昏禮用焉。"②

《周禮》有六贄,卿以羔、大夫以鴈、士以雉,今士以鴈爲贄,實有攝盛之義。按諸鄭氏陰陽之義,鴈知陰陽,南翔北徂,相從而飛,類於夫婦,故婚禮不論尊卑皆以鴈爲贄。

---

① 《儀禮注疏》卷四,第 2074 頁上。
② 《儀禮注疏》卷四,第 2074 頁。

　　“昏禮有六”皆以鴈爲贄，唯納徵之禮不用鴈，以其自有幣帛可用。然納徵所用幣帛，亦有“陰陽”之義。禮經云：“納徵，玄纁束帛，儷皮，如納吉禮。”鄭注云：“用玄纁者，象陰陽備也。束帛，十端也。”賈疏云：

　　　　云“用玄纁者，象陰陽備也。束帛，十端也”者，《周禮》：“凡嫁子娶妻，入幣緇帛無過五兩。”鄭彼注云：“納幣帛緇，婦人陰也。凡於娶禮，必用其類。五兩，十端也。必言兩者，欲得其配合之名，十象五行，十日相成也。士大夫乃以玄纁束帛，天子加以穀圭，諸侯加以大璋。”《雜記》云：“納幣一束，束五兩，兩五尋。”然則每端二丈。若彼據庶人空用緇色，無纁，故鄭云“用緇”。婦人陰，此玄、纁俱有，故云‘象陰陽備也’。案《玉人》“穀圭，天子以聘女；大璋，諸侯以聘女”，故鄭據而言焉。“玄纁束帛”者，合言之陽奇陰耦，三玄二纁也。①

　　納徵以束帛爲贄，禮更重也。蔡德晋《禮經本義》云：“納徵禮最重，故特用皮帛而不用鴈。”②束帛者，十端帛也，二端相向卷之共爲一兩，凡五兩。一兩五尋，一尋八尺，五兩凡二十丈。《周禮·染人》：“夏纁玄。”鄭注云：“玄纁者，天地之色，以爲祭服。”賈疏云：“但天玄地黃，而玄纁者，土無正位，託位南方火，火色赤，與黃共爲纁也。”③沈彤《儀禮小疏》云：“天之正色蒼而玄，地之正色黃而纁。聖人法天地以制衣裳而別其色，故禮服之重者，莫不上玄而下纁。”④天爲陽，

①《儀禮注疏》卷四，第 2077 頁。
② 蔡德晋：《禮經本義》卷二，第 516 頁上。
③《周禮注疏》卷八，上海古籍出版社，2010 年，第 1491 頁下—1492 頁上。
④ 沈彤：《儀禮小疏》卷三，第 912 頁上。

地爲陰,玄、纁爲天地之色,故玄爲陽,纁爲陰。庶人婚禮僅用緇色,士之婚禮,束帛十端,有玄有纁,故鄭注云"象陰陽備也"。又李如圭《儀禮集釋》云:"五兩,玄三、纁二也,象陽奇陰偶也。"①三者爲奇,二者爲偶。按之《周易》,奇爲陽,偶爲陰,此間亦包含"陰陽"之義。

　　婿之親迎,禮經云:"主人爵弁,纁裳,緇袘。"鄭注云:"主人,婿也,婿爲婦主。纁裳者,衣緇衣。不言衣與帶而言袘者,空其文,明其與袘俱用緇。袘,謂緣。袘之言施,以緇緣裳,象陽氣下施。"賈疏云:"云'以緇緣裳,象陽氣下施'者,男陽女陰,男女相交接,示行事有漸,故云'象陽氣下施',故以衣帶上體同色之物,下緣於裳也。"②婿親迎,服爵弁、緇衣、纁裳。緇者,玄之屬,象天之色,故爲陽;纁者,象地之色,故爲陰。袘爲緇色衣緣,下施於纁裳以爲飾,象陽氣下行之狀。緇、纁象陰陽,亦象男女,陽氣下行,故又有"男女交接"之義。

　　又親迎之日,新婦待迎於廟中東房,其所著服飾亦有此義。禮經云:"女次,純衣,纁袡,立于房中,南面。"鄭注云:"純衣,絲衣。女從者畢袗玄,則此衣亦玄矣。袡,亦緣也。袡之言任也。以纁緣其衣,象陰氣上任也。凡婦人不常施袡之衣,盛昏禮,爲此服。《喪大記》曰'復衣不以袡',明非常。"賈疏云:"云'袡之言任也。以纁緣其衣,象陰氣上任也'者,婦人陰,象陰氣上交於陽,亦取交接之義也。"③新婦玄衣纁袡,此非常之服,僅婚時所用。纁裳者,以纁爲飾緣於玄衣之上。天之正色蒼而玄,地之正色黃而纁。玄衣爲陽、爲男,纁袡爲陰、爲女,故此中亦有"陰陽"、"男女"之義。

　　同牢之後,夫婦寢息,媵、御爲夫婦布卧席。禮經云:"御衽于奧,媵衽良席在東,皆有枕,北止。"鄭注云:"衽,卧席也。"賈疏云:"衽于

---

① 李如圭:《儀禮集釋》卷二,第 61 頁下。
② 《儀禮注疏》卷四,第 2078 頁下—2079 頁上。
③ 《儀禮注疏》卷五,第 2084 頁上。

奧，主于婦席。使御布婦席，使媵布夫席，此亦示交接有漸之義。若
然，前布同牢席，夫在西，婦在東，今乃夫在東，婦在西。易處者，前者
示有陰陽交會有漸，故男西女東，今取陽往就陰，故男女各於其方
也。"①同牢之禮，夫婦爲對席，夫席布於室奧東面，婦席與夫席相對
西面。夫席在西，而婦席在東。今夫婦寢息布卧席，婦席在西而夫席
在東，與同牢時正好相反，此有陰陽交會之意。同牢之禮，夫爲主席，
婦爲對席，以夫席爲主，有取陰就陽之義。今者先布婦席於奧，夫席
從之而設於婦席之東，亦有取陽就陰之義。

　　除了"陰陽"之義，男女之别亦是儒家所强調的重要内容。若以
陰陽釋之，男女亦分陰陽。陰陽有别，男女亦當有别。儒家最重男、
女之别，並將其視爲人道的重要内容之一。《禮記·喪服小記》云：
"親親、尊尊、長長，男女之有别，人道之大者也。"因此，儒家在衆多的
禮儀中，都對男女的行爲有所限制。《禮記·曲禮上》云："男女不雜
坐，不同椸枷，不同巾櫛，不親授。男女非有行媒，不相知名。非受
幣，不交不親。"又《禮記·樂記》云："昏姻冠笄，所以别男女也。"《禮
記·經解》云："昏姻之禮，所以明男女之别也。"婚禮之中，男女亦當
有别。《禮記·坊記》云：

　　　　子云："夫禮，坊民所淫，章民之别，使民無嫌，以爲民紀者
　　也。故男女無媒不交，無幣不相見，恐男女之無别也。以此坊
　　民，民猶有自獻其身。《詩》云：'伐柯如之何？匪斧不克。取妻
　　如之何？匪媒不得。'"

"男、女非有行媒，不相知名"，婚禮中男子親迎之前未曾與女子相見。
男、女初次交接，是由媒氏的下達之禮開始。當然這種交接方式是間

─────────
① 《儀禮注疏》卷五，第 2087 頁下。

接的。鄭注云："昏必由媒,交接設紹介,皆所以養廉耻。"賈疏云：
"云'昏必由媒,交接設紹介'者,《詩》云'匪媒不得',是由媒也。其
行五禮,自納采已下,皆使使往,是交接設紹介也。云'皆所以養廉
耻'者,解所以須媒及設紹介者,皆所以養成男女,使有廉耻也。使媒
通之、媵御沃盥交之等,皆是行事之漸,養廉耻之義也。"①男女者,禮
之大防。在婚禮中,下達之禮以媒氏爲媒介,納采、問名、納吉、納徵、
請期以使者爲媒介,皆所以嚴防男女之别,使知廉耻。

　　親迎時,男子受父命,親至女家迎婦而歸。男子親迎不稱"主
人",稱"主人"者,爲已娶親也。爲有廉耻之心,不可自爲也,故婚禮
不稱"主人",而必秉父命而行。《春秋公羊傳》隱二年經："秋九月,
紀履緰來逆女。"傳曰："紀履緰者何?紀大夫也。何以不稱使?昏禮
不稱主人。"何休云："爲養廉遠耻也。"②

　　男女既結爲夫婦,這種男女之大防也在隨著婚禮的進行而慢慢
發生變化,當然這種變化是漸次的。親迎之後,夫婦開始正面交接,
但這種交接仍是間接的,它是以媵、御爲媒介進行的。媵,女家之陪
嫁。御,男家之賤者。同牢之禮,媵爲夫布席,御爲婦布席,這是夫婦
間以媵、御爲媒介交接的開始。接下來,媵、御爲夫婦盥手,這又是以
媵、御爲媒介的更進一步交接。禮經云："媵、御沃盥交。"鄭注云：
"媵沃婿盥於南洗,御沃婦盥於北洗。夫婦始接,情有廉耻,媵、御交
道其志。"③夫婦始接,仍有男女之嫌,故不互相盥手,賤者則不嫌。
媵來自女家,代表新婦,爲夫盥手;御來自男家,代表夫婿,爲婦盥手。
故鄭云"夫婦始接,情有廉耻,媵、御交道其志"。"交道其志",即是

---

①《儀禮注疏》卷四,第 2074 頁。
②《春秋公羊傳注疏》卷二,阮元校刻《十三經注疏》(清嘉慶刊本),中華書局,
　　2009 年,第 4782 頁上。
③《儀禮注疏》卷五,第 2058 頁上。

在媵、御的引導下夫婦間的情志交接。

同牢之禮是夫婦間最爲重要的禮儀,禮成之後,夫婦間真正實現了同心共體。《昏義》云:"共牢而食,合卺而酳,所以合體同尊卑,以親之也。敬慎重正,而後親之,禮之大體,而所以成男女之別,而立夫婦之義也。"同牢而食,合卺而酳,夫婦共食、共飲也。自此以後,夫婦間的男女之別被泯滅掉了,夫婦之間正式從"男女"關係成爲了"夫婦"關係。以"陰陽"釋男女,則男女有別,男女有別則婚姻有立,從而使得儒家所認爲的男女之別有了理論根據;以"陰陽"釋婚禮,則婚禮皆著之陰陽之色,這使得儒家所構建的以家庭、社會倫理思想爲核心的"人道"與天地自然的"天道"相貫通。

三、婚禮中的"鬼神"

鬼神觀念是先秦儒家的重要思想之一。《禮記·祭義》云:"衆生必死,死必歸土,此之謂鬼。骨肉斃於下,陰爲野土。其氣發揚於上,爲昭明,焄蒿悽愴,此百物之精也,神之著也。"人之所生,魂氣、形魄具存。人死之後,形魄葬之於土,化而爲鬼;神魂則由親人迎回,在廟中以時祭祀。《祭義》又云:"宰我曰:'吾聞鬼神之名,不知其所謂。'子曰:'氣也者,神之盛也。魄也者,鬼之盛也。'"孔穎達正義曰:"聖王緣生事死,制其祭祀。存亡既異,別爲作名,改生之魂曰神,改生之魄曰鬼。"[1]魂、魄者,生人之謂也。生死有別,人死則不得言魂、魄,故易魂曰神,易魄曰鬼。

鄭玄《三禮目録》云"昏禮於五禮屬嘉禮"[2],然又於《曲禮上》注云"吉事,祭祀、冠、取之屬也。"[3]那麼,婚禮既屬於嘉禮,又屬於吉

---

① 《禮記正義》卷四七,第 3461 頁下。
② 《儀禮注疏》卷四,第 2074 頁上。
③ 《禮記正義》卷三,第 2708 頁下。

事。婚禮屬嘉禮者,以吉、凶、賓、軍、嘉五禮言之。婚禮屬吉事者,鄭玄則以吉事、凶事二事言之。① 婚禮與祭禮同屬吉事,則二禮多有相同之處。按諸禮經,《儀禮》中祭禮有《特牲禮》、《少牢禮》二禮。特牲禮、少牢禮是士、大夫祭祀先祖鬼神之禮,若取《士昏禮》與二禮相較,其中確實多有相同之處。

宗廟是生人祭祀先祖鬼神的場所,婚禮中的許多禮儀都是在宗廟中進行的。“昏禮有六”,六禮都是在女家宗廟中進行的。例如納采之禮,需在廟中爲先祖之神設席。禮經云:“主人筵于户西,西上,右几。”鄭注云:“主人,女父也。筵,爲神布席也。户西者尊處,將以先祖之遺體許人,故受其禮於禰廟也。席西上,右設几,神不統於人,席有首尾。”②《記》云:“士昏禮,凡行事,必用昏昕,受諸禰廟。”此廟即士之禰廟。納采、問名、納吉、納徵、請期、親迎之時,皆在禰廟中爲先祖之神設席。“以先祖之遺體許人”,即婚禮是在祖先的見證下進行的,以此表示得到先祖的許可,並予以賜福。

從婚禮所用服飾來看,婿親迎所穿的是爵弁服,即士參加君的祭祀活動時所穿的助祭之服。親迎而著祭服,鬼神之道也。禮經云:“主人爵弁,纁裳,緇袘。”鄭注云:“主人,婿也,婿爲婦主。爵弁而纁裳,玄冕之次。大夫以上親迎冕服。冕服迎者,鬼神之。鬼神之者,所以重之親之。”賈疏云:

云“玄冕之次”者,鄭注《周禮·弁師》云“一命之大夫冕而無旒,士變冕爲爵弁”,故云“冕之次”也。云“大夫以上親迎冕

① 鄭注又云《士冠禮》、《士昏禮》、《鄉射禮》、《大射》、《燕禮》、《聘禮》,“此於《別録》屬吉事”。冠、昏、燕、射、聘屬吉事,凶事則喪禮也。蓋初僅有吉、凶二事,後世又分爲五禮。
②《儀禮注疏》卷四,第 2074 頁下。

服”者，士家自祭服玄端，助祭用爵弁。今爵弁，用助祭之服親迎，一爲攝盛；則卿大夫朝服以自祭，助祭用玄冕，親迎亦當玄冕，攝盛也。”①

士之常服有三：一是玄端服，爲日常所服，亦爲自祭之服；二是皮弁服，與君視朔之服；三是爵弁服，是士最高級别的服裝，也是參加君祭祀活動時所穿的服裝，故注云“助祭之服”。大夫以上之冠皆爲冕。爵弁服之冠爲爵弁，從級别上來説僅次於冕，從形制上來説與冕相類。② 今士之親迎不服玄端而用爵弁服，既有攝盛之義，又有“鬼神”之義。

　　細細考之，婚禮不僅處所、服飾等與祭祀禮儀有相同之處，婚禮用饌、具體儀節等也多有相同者，具有“鬼神”之義。夫婦同牢之禮有饌，預陳於寢門外。禮經云：“期，初昏，陳三鼎于寢門外東方，北面北上。其實特豚，合升，去蹄。舉肺、脊二，祭肺二，魚十有四，腊一肫，髀不升。皆飪。”鄭注云：“鼎三者，升豚、魚、腊也。舉肺、脊者，食時所先舉也。肺者，氣之主也，周人尚焉。凡魚之正，十五而鼎，減一爲十四者，欲其敵偶也。”賈疏云：

　　　　祭時二肺俱有，生人唯有舉肺，皆祭。今此得有祭肺者，《禮記·郊特牲》論娶婦“玄冕齊戒，鬼神陰陽也”，故與祭祀同二肺也。云“欲其敵偶也”者，夫婦各有七也。此夫婦鬼神陰陽，故同

① 《儀禮注疏》卷四，第 2078 頁下—2079 頁上。
② 賈疏：“云‘爵弁者，冕之次’者，凡冕以木爲體，長尺六寸，廣八寸，績麻三十升布，上以玄，下以纁，前後有旒。其爵弁制大同，唯無旒，又爲爵色爲異。又名冕者，俛也，低前一寸二分，故得冕稱。其爵弁則前後平，故不得冕名。以其尊卑次於冕，故云‘爵弁，冕之次’也。”《儀禮注疏》卷二，第 2050 頁上。

祭禮十五而去一。①

婚禮之饌，有特豚、魚、腊，豚分左右半，又有舉肺、脊，祭肺。禮之通例，生人所用只有舉肺，祭祀鬼神則舉肺、祭肺皆有。今婚禮二肺具有，同於鬼神，故賈疏云“鬼神陰陽也”。又饌中有魚，魚之所用，生人以十五爲正，鬼神所用則十四，今夫婦同祭禮而用十四，亦有“鬼神陰陽”之義。

　　親迎訖，夫婦將行同牢之禮，贊者（右人、左人）扛鼎入陳於階前，右人匕，左人載。禮經云：“贊者徹尊冪。舉者盥，出，除冪，舉鼎入，陳于阼階南，西面北上，匕俎從設。”鄭注云：“執匕者、執俎者，從鼎而入設之。匕，所以別出牲體也。俎，所以載也。”賈疏云：

　　　　案《特牲禮》、《少牢禮》、《公食》與《有司徹》及此《昏禮》等，執匕俎舉鼎各別人者，此吉禮尚威儀故也。《士喪禮》舉鼎，右人以右手執匕，左人以左手執俎，舉鼎人兼執匕俎者，喪禮略也。云“從設”者，以從男之事，故從吉祭法也。《公食》執匕俎之人，入加匕於鼎，陳俎於鼎南，其匕與載，皆舉鼎者爲之。《特牲禮》注云：“右人也尊者，於事指使可也。”則右人於鼎北，南面匕肉出之；左人於鼎西俎南，北面承取肉，載於俎。《士虞》右人載者，喪祭少變，故在西方，長者在左也。今《昏禮》鬼神陰陽當與《特牲禮》同，亦右人匕，左人載，遂執俎而立，以侍設也。”②

婚禮尚威儀，同於吉禮，舉鼎者、執匕者、執俎者各不相同；喪禮禮略，則是由右人執匕、左人執俎。匕、載之事，皆由舉鼎者爲之。按《特牲

①《儀禮注疏》卷四，第 2077 頁下—2078 頁上。
②《儀禮注疏》卷五，第 2086 頁上。

禮》，右人於鼎北南面匕出肉，左人於鼎西北面載肉於俎中，《士虞禮》則左人匕、右人載。鄭玄《三禮目録》云："虞於五禮屬凶。"喪禮反吉也。今《士昏禮》匕、載之事與《特牲禮》同，亦有"鬼神"之義。

同牢之時，夫婦有食前之祭。生人祭時，黍不得移置席上，祭祀鬼神則需移置席上，便其食也。婚禮之祭，禮經云："贊爾黍，授肺脊，皆食以涪、醬，皆祭舉、食舉也。"鄭注云："爾，移也，移置席上，便其食也。皆食，食黍也。"賈疏云：

> 云"爾，移也"者，爾訓爲近，謂移之使近人，故云"移置席上，便其食也"。案《玉藻》云"食坐盡前"，謂臨席前畔，則不得移黍於席上。此云"移置席上"者，鬼神陰陽，故此昏禮從《特牲禮》祭祀法。①

禮經設饌，皆於席前地上。黍之所設，經云"贊者設醬于席前"，"贊設黍于醬東"，此言婿；婦之黍，"設黍于腊北"。今將祭、食，故由贊者移置席上，便其食也。《曲禮上》云："虛坐盡後，食坐盡前。"鄭注云：盡後，"謙也"；盡前，"爲汙席"。孔穎達正義云：

> "虛坐盡後"者，凡坐各有其法。虛，空也。空，謂非飲食坐也。盡後，不敢近前，以爲謙也。"食坐盡前"者，謂飲食坐也。古者地鋪席，而俎豆皆陳於席前之地，若坐近後則濺汙席，故盡前也。《玉藻》云"讀書、食則齊，豆去席尺"是也。②

古人言坐，謂跪於席上，非今之坐也。坐有飲食之坐，有非飲食之坐。

---

① 《儀禮注疏》卷五，第 2086 頁下。
② 《禮記正義》卷二，第 2684 頁上。

非飲食之坐,儘量坐於席後,以示謙虚之義;飲食之坐,儘量坐於席前,以避免濺汙席面。今婚禮夫婦祭、食,坐當近前。按士冠、鄉飲、鄉射、燕禮、大射等,賓客祭、食皆無贊者“爾黍”之儀。“爾黍”之儀,實則出自《特牲禮》尸祭、食之時。① 由此可知,婚禮之祭、食同於祭祀之禮而不同於嘉禮,故賈疏云“此昏禮從《特牲禮》祭祀法”,“鬼神陰陽也”。

婦饋舅姑之禮是新婦與舅姑間最爲重要的禮儀,所要表達的是新婦對舅姑的“孝養”之情。《論語·爲政》云:

> 孟懿子問孝,子曰:“無違。”樊遲御,子告之曰:“孟孫問孝於我,我對曰‘無違’。”樊遲曰:“何謂也?”子曰:“生,事之以禮;死,葬之以禮,祭之以禮。”

又《禮記·中庸》云:“事死如事生,事亡如事存,孝之至也。”生人有生人之禮,死者有死者之禮,鬼神有鬼神之禮。事死如事生,事生如事死,其實一也,表達的都是一種孝。於婚禮而言,新婦對舅姑的饋食之禮就是“事生”之孝;於《特牲禮》、《少牢禮》而言,夫婦對先祖的饋食之禮就是“事鬼神”之孝。

若以《士昏禮》之“婦饋舅姑”與《特牲饋食禮》、《少牢饋食禮》相較,確實存在許多相通之處。一者行禮之處相同,舅姑之席與先祖之席都是設於室奧;二者饋食禮用牲相同,婚禮牲用特豚,肺有舉肺、祭肺,皆與《特牲禮》同。從具體儀式上來説,二者有更多相同之處。《士昏禮》云:

> 舅姑入于室,婦盥饋。特豚,合升,側載,無魚腊,無稷,並南

① 《特牲禮》:“佐食爾黍稷于席上。”

上,其他如取女禮。婦贊成祭,卒食一酳,無從。

"婦饋舅姑"之儀雖多有省文,但是還是包含了饋食禮的主要儀節,祭、食、酳三個部分。① 祭者,食前之祭也,若"取女禮"之"祭薦、祭黍稷、祭肺"等;食者,食黍、稷也,若"取女禮"之"三飯,卒食"。鄭注云:"同牢示親,不主爲食起,三飯而成禮也。"②"婦饋舅姑"之禮亦"不主爲食起",也應當是三飯。酳者,獻也,即獻酒之意。"取女禮"有三獻,此是一獻。《特牲饋食禮》是士祭祀先祖的禮儀,其諸多細節雖多有不同,但是其主要儀節也是包括祭、食、獻三個部分。祭者,尸祭菹、醢,祭黍、稷,祭祭肺,祭酒,祭鉶,振祭舉肺、脊。食者,尸九飯也。獻者,主人初獻,主婦亞獻,賓長三獻,凡三獻也。《少牢饋食禮》是大夫祭祀先祖的禮儀,其主要内容也包括祭、食、獻三個部分。所不同者,大夫祭祀之禮更繁,其食前所祭者更加羊鉶,所食者增至十一飯,所獻者則相同,都是三獻。由此可見,婚禮中的饋食之禮與祭祀鬼神的饋食之禮總體上是相同的。

《禮記·郊特牲》云:"玄冕齊戒,鬼神陰陽也。將以爲社稷主,爲先祖後,而可以不致敬乎?"鄭注云:"玄冕,祭服也。陰陽,謂夫婦也。"孔穎達正義云:

"鬼神陰陽也"者,陰陽謂夫婦也。著祭服而齊戒親迎,是敬此夫婦之道,如事鬼神,故云"鬼神陰陽也"。"將以爲社稷主,爲先祖後,而可以不致敬乎"者,釋所爲者重,故宜用敬,所以冕而親迎也。妻爲内主,故有國者是爲社稷内主也。始此嗣廣後

① 此處省文,若參以前文"取女禮",即夫婦"同牢之禮"之儀,其意甚明。
② 《儀禮注疏》卷五,第 2086 頁下。

世,故云"先祖後"也。明如此之重,可以不致敬乎,言宜敬也。①

《郊特牲》是據天子禮而言,然其婚姻之義則同。陳氏澔云:"服玄冕而致齋戒,是事鬼神之道。鬼者,陰之靈;神者,陽之靈,故曰鬼神陰陽。今昏禮者,蓋將以主社稷之祭祀,承先祖之宗廟也,可不以敬社稷與先祖之禮敬之而玄冕齋戒乎?"②玄冕,祭服也。天子親迎服玄冕,鬼神陰陽之道。天子、王后爲社稷之主,天子主外治,王后主内治;又夫婦爲先祖後,直繼先祖,通於鬼神,故其事"重"。夫婦之事"重",故需"敬"。"敬"、"重"之道,莫甚於鬼神,故婚禮中多用鬼神之禮。以鬼神釋婚禮,表現出了對於夫婦之道的"敬"、"重"之意。

　　"鬼神陰陽"者,鄭注云"陰陽者,夫婦也"。以意推之,"鬼神"者則先祖之鬼神也。又陳氏云"鬼者,陰之靈;神者,陽之靈,故曰鬼神陰陽也"。由此可知,夫、婦爲陰陽,鬼、神亦爲陰陽。然考之經義,婚禮中之"鬼神陰陽"並非指夫婦間、鬼神間的陰陽對立,而是著意於夫婦與鬼神間的陰陽對立,即生人與鬼神間的對立。具體而言,則是生人之禮與鬼神之禮的對立,即婚禮與祭禮的對立。生人有生人之禮,鬼神有鬼神之禮,今婚禮而多用鬼神之禮,故云"鬼神陰陽"也。

　　四、結語

　　男女、夫婦、父子、君臣,是儒家所構建的最爲重要的家庭、社會倫理關係。通過婚禮的完成,男女成爲了夫婦。有夫婦,然後才有父子、君臣,所以婚禮是"禮之本"。春秋以來,隨著陰陽思想的深刻影響,陰陽思想爲先秦儒家所接受吸收,並將之運用於儒家思想的闡釋之中。以"陰陽"釋男女,使得儒家所認爲的男女之别有了理論根據;

---

① 《禮記正義》卷二六,第 3155 頁。
② 秦蕙田撰,方向東、王鍔點校:《五禮通考》第 11 册,卷一五三,第 7156 頁。

以"陰陽"釋婚禮，使得儒家所構建的家庭倫理與天地自然的宇宙觀相貫通，再次以哲學的高度論證了儒家倫理在天地宇宙間的正當性與合理性。縱覽《昏義》文本，亦是循此軌迹。從文始至"所以成婦順也"，主要是從儒家家庭倫理關係的視角闡釋了古人對婚禮的重視以及婚禮的重要作用；從"古者天子後立六宫"至文末，則是從陰陽思想出發闡釋了天子、王后的夫婦之義。

《禮記·曾子問》孔子曰："嫁女之家，三夜不息燭，思相離也。取婦之家，三日不舉樂，思嗣親也。"母子、父子情深，女子出嫁，離於父母，不得相見，故"嫁女之家，三夜不息燭，思相離也"。於男家而言，男女新婚，以示著代也。著代者，父母衰老，夫婦代父母而爲一家之主也。新婚之時，思之父母衰老之狀，難免有哀傷之情，故不舉樂以爲樂也，此與《郊特牲》所言"昏禮不賀，人之序也"之義相同。因此，在婚禮中，男家、女家都表現出一種深深的憂傷，此以人情言之也。《士昏禮》中卻没有這樣一種悲傷的情緒，表現出的卻是一種莊嚴與肅穆，此以禮言之也。若以"陰陽"之義視之，則有另一番解釋。《禮記·郊特牲》云："昏禮不用樂，幽陰之義也。樂，陽氣也。"以"陰陽"釋禮、樂，樂屬陽，禮屬陰。婚禮屬陰，故有"幽陰之義"。婚禮不用樂，不以陽亂陰也。此當是春秋以後，先秦儒家接受陰陽思想之後才出現的新解釋。

婚禮者，"合二姓之好，上以事宗廟，而下以繼後世"，"禮之本也"，故需重之、敬之。敬、重之禮，莫甚於鬼神，故婚禮中多有"鬼神"之事。於禮儀而言，則多有與祭祀之禮相同者。"陰陽鬼神"思想，實則是早期的儒家倫理觀念與後世"陰陽"觀念相結合所產生的，它一方面强調了婚禮在儒家倫理關係構建中的重要作用，另一方面又溝通了儒家以人倫關係爲核心所構建的"人道"，與以陰陽觀念所形成的"天道"，强化了婚姻在人類社會中的正當性與合理性。

第三節　先秦儒家死亡觀念探析①
——以《士喪禮》爲中心

　　生死是人類永恒的話題，孔子於此多言生，卻很少談論死。《論語·先進》："季路問事鬼神。子曰：'未能事人，焉能事鬼？'曰：'敢問死。'曰：'未知生，焉知死？'"陳曰："鬼神及死事難明，語之無益，故不答。"邢昺云："曰'未知生，焉知死'者，孔子言女尚未知生時之事，則安知死後乎？皆所以抑止子路也。以鬼神及死事難明，又語之無益，故不答也。"②由此可知，孔子於生死更加重視生，故而《論語》中更多論及生者之事，卻很少談論死亡。

　　孔子爲什麽避談死亡呢？《孔子家語·致思》："子貢問於孔子曰：'死者有知乎？將無知乎？'子曰：'吾欲言死之有知，將恐孝子順孫妨生以送死；吾欲言死之無知，將恐不孝之子棄其親而不葬。賜欲知死者有知與無知，非今之急，後自知之。'"③孔子並非不知死，但是如果過於強調死亡，恐怕人們會過多的重視死亡而輕視當下。實際上，孔子是既重視生也重視死的。

　　"孟懿子問孝。子曰：'無違。'樊遲御，子告之曰：'孟孫問孝于我，我對曰"無違"。'樊遲曰：'何謂也？'子曰：'生，事之以禮；死，葬之以禮，祭之以禮。'"（《論語·爲政》）又曾子曰："慎終追遠，民德歸厚矣。"（《論語·學而》）朱子言："慎終者，喪盡其禮。追遠者，祭盡

---

① 本節内容曾同名發表於《國際社會科學雜誌》2022 年第 4 期，收録時做了一些修改。

② 《論語注疏》卷一一，阮元校刻《十三經注疏》（清嘉慶刊本），中華書局，2009年，第 5427 頁下。

③ 陳士珂：《孔子家語疏證》，上海書店，1987 年，第 51 頁。

其誠。"①生人有生人之禮,死者有死者之禮,鬼神有鬼神之禮。於孔子而言,禮對於生、死、鬼神都具有非常重要的意義。

生人之禮,孔子論之備矣;死亡之禮,喪禮也;鬼神之禮,祭祀之禮也。三禮之中,唯喪禮孔子談之較少。《儀禮》是先秦時期儒家的重要禮學典籍之一,集中記錄了周人的冠婚喪祭、鄉射朝聘等各類禮儀,其中《士喪禮》(包括《士喪禮》下篇《既夕禮》)便集中記載了士階層的整個喪禮過程。② 在這些具體的儀式中,處處體現著先秦儒家對於死亡的認識,我們或許可以此爲中心來探討先秦儒家的死亡觀念。

一、魂、魄:對死亡的基本認識

魂、魄觀念是先秦儒家對於生死的最基本認識。按《士喪禮》,人之始死有復魂之禮。復魂者,"有司招魂復魄也"。賈疏云:"'招魂復魄也'者,出入之氣謂之魂,耳目聰明謂之魄,死者魂神去,離於魄,今欲招取魂來復歸於魄,故云'招魂復魄也'。"③按其義,人呼入呼出的氣叫做魂,耳聰目明叫做魄。人之生時,魂、魄具在,及其死也,魂氣離開身體,人就進入了死亡狀態。

《禮記·祭義》云:"宰我曰:'吾聞鬼神之名,不知其所謂。'子曰:'氣也者,神之盛也。魄也者,鬼之盛也。合鬼與神,教之至也。'"鄭注云:"氣,謂嘘吸出入者也。耳目之聰明爲魄。合鬼、神而祭之,聖人之教致之也。"孔穎達正義曰:

---

① 朱熹:《四書章句集注》,中華書局,2011 年,第 52 頁。
② 具體而言,《士喪禮》包含復魂、設始死奠、沐浴、飯含、襲尸、小殮、設小殮奠、大殮、殯、設大殮奠、君視大殮、朝夕哭、卜日、啓殯、朝祖、下葬、反哭、虞祭、班次於廟等主要儀節。
③ 《儀禮注疏》卷三五,第 2443 頁下。

“氣，謂噓吸出入也”者，謂氣在口噓吸出入，此氣之體無性識也。但性識依此氣而生，有氣則有識，無氣則無識，則識從氣生，性則神出入也，故人之精靈而謂之神。云“耳目之聰明爲魄”者，魄，體也。若無耳目形體，不得爲聰明，故云“耳目聰明爲魄”。云“合鬼神而祭之，聖人之教致之也”者，人之死，其神與形體分散各別，聖人以生存之時神形和合，今雖身死，聚合鬼神，似若生人而祭之，是聖人設教興致之，令其如此也。①

宰我向孔子請教鬼神之事，孔子答之。孔子認爲人所呼入呼出之氣是神所有，耳聰目明之魄是鬼所有。孔穎達又對它們之間的關係做了進一步解釋，他認爲人吸入呼出之“氣”是没有“性識”的，但是人之“性識”確是依之而生。人有了“性識”，便可進一步生出“神”。與“神”之相生類似，“魄”之“體”爲耳目，由耳目而生“聰明”，由“聰明”而生“魄”。孔氏此論，言“魂”、“魄”所由生也。

又《左傳》昭公七年，子産曰：“人生始化曰魄，既生魄，陽曰魂。”杜注云：“魄，形也。陽，神氣也。”孔穎達又言：

> 人稟五常以生，感陰陽以靈。有身體之質，名之曰形。有噓吸之動，謂之爲氣。形氣合而爲用，知力以此而强，故得成爲人也。
>
> 人之生也，始變化爲形，形之靈者名之曰魄也。既生魄矣，魄内自有陽氣。氣之神者，名之曰魂也。魂魄神靈之名，本從形氣而有。形氣既殊，魂魄亦異。附形之靈爲魄，附氣之神爲魂也。附形之靈者，謂初生之時，耳目心識，手足運動，啼呼爲聲，此則魄之靈也。附氣之神者，謂精神性識，漸有所知，此則附氣

---

① 《禮記正義》卷四七，第 3461 頁下。

之神也。是魄在於前，而魂在於後，故云"既生魄，陽曰魂"。

以形有質，故爲陰；魂無形，故爲陽。既以"化"表形，故以"陽"見氣。氣爲陽，知形爲陰，互相見也。①

孔氏認爲，人稟五行而生，交感天地陰陽而獲得靈性。人的身體稱爲"形"，人的噓吸稱爲"氣"，只有"形"與"氣"相合，人才會獲得"知力"，才能成爲一個活著的人。人在初生之時，身體四肢耳目首先化成，漸漸便有了"耳目心識，手足運動，啼呼爲聲"之"靈"，這種"靈"便是"附形之靈"，也叫作"魄"。"魄"生成之後，其内部"陽氣"慢慢又生出"精神性識"，人便"漸有所知"，這便是"附氣之神"，也叫做"魄"。由此可知，"始化曰魄"，"陽曰魂"，是則先形而後氣，先魄而後魂。

魂、魄之所生，看似"魄在於前，而魂在於後"，實則不然。劉炫云："人之受生，形必有氣，氣形相合，義無先後。"②劉氏認爲，人之所生，有"形"有"氣"，"形"與"氣"是同時產生並孕育的，並無先後之別。孔氏雖對《左傳》中的魂、魄之意進行了詳細解釋，但是他也認同劉氏的觀點，故又云：

魂魄之生，有先後者，以形有質而氣無質。尋形以知氣，故先魄而後魂。其實並生，無先後也。③

孔氏認爲《左傳》中之所以認爲先有魄後有魂，是因爲"形"是有形之物，"氣"是無形之物，我們對於事物的感知是從有形的"魄"開始的，

① 《春秋左傳正義》卷四四，第 4452 頁上。
② 《春秋左傳正義》卷四四，第 4452 頁下。
③ 《春秋左傳正義》卷四四，第 4452 頁下。

“魂”則無形,不易感知。實際上,“魂”與“魄”是同時産生的,並無先後之別。

人之始死,神魂離體,故《士喪禮》中有復魂之禮。復魂之禮,禮經云:

> 復者一人,以爵弁服,簪裳于衣,左何之,扱領于帶。升自前東榮,中屋,北面招以衣,曰“皋,某復”三,降衣于前。受用篋,升自阼階,以衣尸。復者降自後西榮。

此言士之復魂之禮,天子、諸侯、大夫初死,亦有復魂之事。[1]《禮記·檀弓》云:“復,盡愛之道也。”鄭注:“復謂招魂,且分禱五祀,庶幾其精氣之反。”孔穎達正義云:“始死招魂復魄者,盡此孝子愛親之道也。”[2]士喪其父母,哀傷之至,及其初死,故爲復魂之禮,冀其復生也。賈疏云:“復者,庶其生氣復,既不蘇,方始爲死事耳。”[3]復者無功,則繼行死事也。

　　魂、魄觀念對於儒家的死亡觀具有重要影響,這在《士喪禮》中表現得尤爲明顯。除了喪禮初始的復魂之禮外,在接下來的具體儀式中,基本上也是圍繞著死者的魂與魄展開的。

---

① 《周禮·天官》:“夏采掌大喪,以冕服復于大祖,以乘車建綏復於四郊。”太祖,太祖廟也。四郊,天子所常行之處。《禮記·檀弓》云:“君復於小寢、大寢,小祖、大祖,庫門、四郊。”鄭注云:“求之王平生常所有事之處。”(《禮記正義》卷八,第 2800 頁上。)又《禮記·雜記》云:“諸侯行而死於館,則其復如於其國;如於道,則升其乘車之左轂,以其綏復。大夫死于館,則其復如於家;死於道,則升其乘車之左轂,以其綏復。”《禮記·喪大記》又云:“爲賓則公館復,私館不復。”由此可知,士、大夫、諸侯、天子皆有復魂之禮,若是死在外或爲賓而死,亦當於所在之處行復魂之禮。

② 《禮記正義》卷九,第 2817 頁上。

③ 《儀禮注疏》卷三五,第 2443 頁下。

二、事死如事生：未忍異於生

在對於生死的問題上，儒家强調"事死如事生"。《左傳》哀公十
五年："事死如生，禮也。"《祭義》："文王之祭也，事死者如事生，思死
者如不欲生，忌日必哀，稱諱如見親。"《禮記・中庸》："踐其位，行其
禮，奏其樂，敬其所尊，愛其所親，事死如事生，事亡如事存，孝之至
也。"儒家强調"孝"，"孝"是要貫穿一生的，即便是父母去世，這種
"孝"也要延續下去。

何爲"孝"呢？《論語・爲政》："孟懿子問孝。子曰：'無違。'樊
遲御，子告之曰：'孟孫問孝于我，我對曰，無違。'樊遲曰：'何謂也？'
子曰：'生，事之以禮；死，葬之以禮，祭之以禮。'""葬之以禮，祭之以
禮"，即是在親人死後仍要像死者生前一樣以禮相待，要表現出對死
者的孝敬之情。又曰："今之孝者，是謂能養。至於犬馬，皆能有養；
不敬，何以別乎？"對於生者之孝，既要"能養"，還要"敬"。對死者而
言，也是如此。"能養"多是指對死者的體魄而言，"敬"則是對死者
精神而言。古人認爲生人有魂有魄，事死即是對死者之神魂與體魄
的侍奉，也就是對事生"能養"與"敬"的延續。

《士喪禮》中的"葬之以禮"便是對生者"事之以禮"的延續，具體
來説即是對父母之"孝"的延續。因此，《士喪禮》中的"葬之以禮"就
是從"體魄"與"精神"這兩個方面進行的。《禮經釋例》云："凡楔齒、
綴足爲奉體魄之始，奠脯醢爲事精神之始。"[1]楔齒者，恐其口閉急，
襲後將有飯含之事，故先用角柶楔齒；綴足者，恐其雙足辟戾，襲後將
屨也。奠脯醢者，始死之奠，爲神魂所設也。人死神魂無象，不知所
蹤，故設奠使之馮依以娛神。楔齒之後，更有沐浴、飯含、襲尸、小殮、
大殮等，這些都是對死者體魄的侍奉；始死之奠後，更有小殮奠、大殮

---

[1] 凌廷堪：《禮經釋例》，第 268 頁。

奠、朝夕奠、朔月奠、遷祖奠、祖奠、大遣奠等，這些都是對死者神魂的侍奉。

父母始死，親人哀痛欲絕，故喪禮初始多不以凶禮視之，仍與生時無別，"實未忍異於生時"。《禮記·禮運》云："死者北首，生者南向。"《士喪禮》中，始死、襲尸、小斂、大斂，尸皆南首，賈疏云"未葬已前，不異於生，皆南首"①。小斂奠有特豚，載於俎中，"兩髀于兩端，兩肩亞，兩胉亞，脊、肺在于中，皆覆，進柢"。鄭注云："柢，本也。進本者，未異於生也。"②此類皆與死者生前相同，未忍有變。又大斂奠有魚，禮經云"載魚左首，進鬐，三列，腊進柢"，其設之法"右首、進鬐"，與生人相同。③《禮記·喪大記》云："小斂於户内，大斂於阼。"小斂、大斂是喪禮中的重要儀節，小斂之禮是在室户内進行的，大斂之禮是在阼階之上進行的。《既夕記》云："大斂于阼。"鄭注云："未忍便離主人位也。"④如此之類，也皆與死者生前所處之位相同。親人初死，實不忍異於生時。

《禮記·喪服四制》云："夫禮，吉凶異道，不得相干。"與鬼神相比，生人對初死者的感情不同。《特牲禮》《少牢禮》是士、大夫祭祀先祖的禮儀，在祭祀之前，有筮日、筮尸之儀。筮者，求之鬼神。求之鬼神，重之也。尸者，代先祖受祭者也。筮尸之後，又有宿尸。祭祀之日，祝代主人"迎尸于門外"，"尸入門左"；祭祀之時，主人、主婦、

---

① 《儀禮注疏》卷三六，第 2456 頁下。
② 《儀禮注疏》，第 2462 頁上。
③ 生人、鬼神之饌常設魚，所設之法不同。賈疏云："凡載魚，爲生人，首皆向右，進鬐。其祭祀亦首皆在右，進腴。生人、死人皆右首，陳設在地，地道尊右故也。鬼神進腴者，腴是氣之所聚，故祭祀進腴也。生人進鬐者，鬐是脊，生人尚味，故《公食大夫》云'魚七，縮俎寢右'。"（《儀禮注疏》卷四七，第 2598 頁。）
④ 《儀禮注疏》卷四一，第 2515 頁下。

賓三獻尸。如此之類，尸皆如賓客。賓客之者，尊之也。由此可知，我們對先祖的態度是尊之、重之，它所表達的更多是一種"尊尊"之情。對於初死的親人而言，我們所懷有的感情更是一種不捨與留戀，這種不捨與留戀表現在喪禮中就是"未忍異於生"，它要表達的更多是一種"親親"之情。

三、由生入死：生死有別

喪禮雖是生人之禮的延續，然生死終有別，即便是"事死如事生"，也不可能完全做到真的生死一致。例如喪禮襲事所用笄、瑱、帶、決、極等，皆與生時不同。笄，生時用玉、象等，喪事笄用桑笄。瑱，生時人君用玉、臣用象，喪事用新棉。襲衣有爵弁服、皮弁服、褖衣，三衣共一緇帶。賈疏云："但生時著服不重，各設帶，此襲時三服俱著，共一帶爲異也"。① 如此之類，皆"異於生"。決，生時一般用象骨製成，喪事"用正王棘若檡棘"。極，生時一般以朱韋爲之，喪事則用纊。小殮之衾"無紞"，即無被識。如此之類，皆"明不用"也。

這種"異於生"、"明不用"還體現在明器的使用上。鄭注云："明器，藏器也。"②《檀弓》云："其曰明器，神明之也。"言神明者，異於生器。例如《士喪禮》用器有弓、矢，《記》云："弓矢之新，沽功。"鄭注云："設之宜新，沽示不用。"賈疏："'設之宜新'者，爲死者宜用新物。云'沽示不用'者，沽謂粗爲之。"③弓矢乃死者生前常用之器，故死後以弓矢作爲明器。此弓矢是新製成的，而且做工非常粗糙。弓還需"設依、撒焉"，鄭注云：依，纏弦也。撒，弣側矢道也，皆以韋爲之。"賈疏云："言'依'者，謂以韋依纏其弦，即今時弓弭是也。云'撒，弣

---

① 《儀禮注疏》卷三五，第 2449 頁下。
② 《儀禮注疏》卷三八，第 2488 頁上。
③ 《儀禮注疏》卷四一，第 2522 頁上。

側矢道'者,所以撠矢令出,謂生時以骨爲之弣側,今死者用韋。云'皆以韋爲之'者,謂依與撠,皆以韋爲之,異於生者也。"①依、撠爲弓上之物,生時所用以骨爲之,今爲明器,故代以韋,異於生時。除弓之外,所用之矢也是如此。《記》云:"猴矢一乘,骨鏃,短衛。"鄭注云:"猴猶候也,候物而射之矢也。四矢曰乘,骨鏃短衛,亦示不用也。生時猴矢金鏃。"②生時所用之矢,長羽金鏃,今爲明器,爲短羽骨鏃。除猴矢之外,還有習射之矢。《記》云:"志矢一乘,軒輖中,亦短衛。"鄭注云:"志猶擬也,習射之矢。輖,摯也。無鏃短衛,亦示不用。"③此爲習射之矢,無鏃短羽,不可用。此外,明器中還有"役器,甲、胄、干、笮"。役器,即作戰用的武器。鄭注云:"此皆師役之器。甲,鎧。胄,兜鍪。干,楯。笮,矢箙。"賈疏云:"此役器中有干、笮,無弓矢,示不用,故不具。"④由此可知,喪禮所用明器多爲新制,並且多是一些不完美的"不成"、"不用"之器,異於生時所用。故孔子曰:"是故竹不成用,瓦不成味,木不成斫,琴瑟張而不平,竽笙備而不和,有鐘磬而無簨虡,其曰明器,神明之也。"(《禮記·檀弓》)

死者是一家之主,初死之時,由於對死者的"未忍異於生",因此喪禮中的諸多儀節仍以"主人"視之。主人死後,嫡長子即位,成爲新的一家之主,行禮之時可居主人之位。⑤ 然主人初死,不忍異於生時,新主人仍居客位,故喪禮中君使人吊、襚,皆升降、即位於西階,鄭

---

① 《儀禮注疏》卷四一,第 2522 頁上。
② 《儀禮注疏》卷四一,第 2522 頁下。
③ 《儀禮注疏》卷四一,第 2522 頁下。
④ 《儀禮注疏》卷三八,第 2489 頁下。
⑤ 禮之通例,主人升降自阼階,賓客升降自西階;主人有事常立於阼階下,賓客有事常立於西階之下。主人去世,嫡長子即主人位,可升降自阼階,有事立於阼階下。另,禮經中之"主人"是指死者之嫡長子。

注云“即位西階下,未忍在主人位也”。① 又沐浴、飯含、襲尸之禮,是在室中主人之位進行的,仍是以主人之禮視之。《喪大記》云:“小殮於户内,大殮於阼.”鄭注:“未忍便離主人位也。”②

但是隨著喪禮的繼續,死者的身份也慢慢發生了變化。這個關鍵性的儀節便是“殯”。《士喪禮》殯於西階上,“主人奉尸斂於棺,踴如初,乃蓋”。鄭注云:“棺在肂中斂尸焉,所謂殯也。《檀弓》曰:‘殯於客位’。”賈疏云:“以尸入棺名斂,亦名殯也。”③《檀弓》云:“孔子曰:‘周人殯於西階之上,則猶賓之也。’”殯者,即是將大殮之尸斂入西階坎中的棺木裏面。西階,賓階也。賓客所常立、行禮之處。鄭注云:“主人奉尸斂于棺,則西階上賓之。”④胡培翬《儀禮正義》引《禮經釋例》云:“周人之制,大殮時猶以生人事之,故于阼階上。殯則以賓客視之,始遷于西階上矣。”⑤在喪禮過程中,從主人壽終正寢到大殮,主人(死者)一直處在主人之位,表現出了對死者的不忍與不舍之情。大殮之後,尸入於棺中,殯於西階上。自此以後,生人將無法再見到死者。在這個過程當中,主人(死者)也從東階到了西階,這也預示著死者不再具有“主人”身份,而變成了“賓客”。

在死者身份的轉化過程中,嫡長子的身份也慢慢發生了變化。始死之時,嫡長子爲喪主,“乃赴于君。主人西階東,南面命赴者”;君襚,主人“升降自西階”,“即位于西階下”;君視大殮,“主人升自西階”,皆不在主人之位。但是隨著喪禮的不斷進行,嫡長子則逐漸獲得了“主人”的身份,在接下來的喪禮中常居主人之位。既殯後,死者

---

① 《儀禮注疏》卷三五,第 2446 頁下。
② 《儀禮注疏》卷四一,第 2515 頁下。
③ 《儀禮注疏》卷三七,第 2470 頁上。
④ 《儀禮注疏》卷四一,第 2512 頁下。
⑤ 胡培翬:《儀禮正義》卷三一,第 1438 頁上。

由"主人"變成了"賓客",嫡長子則變成了"主人"。例如朝夕哭,"主人即位"於門外,然後與衆人入,最後"主人堂下直東序,西面",皆在主人之位;禮訖,主人送賓,亦如主人。

在由生到死的過程中,生人對於死者的感情也在發生著變化,而且這種變化是激烈而明顯的,我們在《士喪禮》中也能清晰地感受到。例如,人死後有爲死者的飯含之禮,飯含時需要爲死者設巾覆面,禮經云"布巾,環幅,不鑿"。鄭注云:"設巾覆面,爲飯之遺落米也。不鑿者,士之子親含,反其巾而已。大夫以上,賓爲之含,當口鑿之,嫌有惡。"①覆面巾者,飯含時覆蓋在死者臉上的方形布巾。覆面巾有鑿與不鑿兩種,不鑿者直接將覆面巾翻開即可飯含;鑿者則需要於覆面巾的當口處鑿開一小口,飯含時可直接由此將飯含之米、貝等置入口中。按周制,士死則由親子飯含,大夫死則由賓客爲之飯含。賈疏:"云'設巾覆面,爲飯之遺落米也'者,但士之子親含,發其巾,不嫌穢惡,今設巾覆面者,爲飯時恐有遺落米在面上,故覆之也"②;"以其大夫以上有臣,臣爲賓,賓飯含嫌有惡,故鑿之也。"③胡培翬《儀禮正義》云:"大夫以上,賓爲其親含,恐尸爲賓所憎穢,故設巾覆尸面,而當口鑿穿之,令含得入口也。士自含其親,不得憎穢之,故不得鑿巾,但露面而含耳。"④由此可知,飯含之所以需要設覆面巾,一是因爲要防止飯含之米灑落在死者臉上,二是因爲生人對死者的"穢惡"之情。父子至親,士之子親含,不得嫌"穢惡",故覆面巾不鑿;大夫死,賓客爲之含,其情稍淺,故"穢惡"之感重,覆面巾需鑿之。與此相類,死者沐浴、飯含之後,所用巾、栖等皆埋於階間坎中,亦是如此。

---

① 《儀禮注疏》卷三五,第 2448 頁上。
② 《儀禮注疏》卷三六,第 2456 頁下。
③ 《儀禮注疏》卷三五,第 2448 頁。
④ 胡培翬:《儀禮正義》卷二六,第 1247 頁下。

又《士喪禮》記君臨士之大斂之儀，禮經云："君若有賜焉，則視斂。既布衣，君至。主人出迎于外門外，見馬首，不哭，還，入門右，北面，及衆主人袒。巫止于廟門外，祝代之。小臣二人執戈先，二人後。"《喪大記》記君視大夫之大斂云：

> 大夫之喪，將大斂，既鋪絞、紟、衾、衣，君至。主人迎，先入門右，巫止於門外。君釋菜，祝先入，升堂，君即位於序端。卿、大夫即位于堂廉楹西，北面東上。主人房外南面，主婦尸西東面。遷尸，卒斂。宰告，主人降，北面於堂下。君撫之，主人拜稽顙。君降，升主人馮之，命主婦馮之。

君視士、大夫大斂皆有巫隨行，巫者，所以攘除不祥者。《檀弓》："君臨臣喪，以巫祝桃茢，執戈，惡之也。所以異於生也。"鄭注云："爲有凶邪之氣在側。君聞大夫之喪，去樂卒事而往，未襲也。其已襲，則止巫，去桃茢。桃，鬼所惡。茢，萑苕，可掃不祥。生人無凶邪。"孔穎達正義云："所以然者，惡其凶邪之氣。必惡之者，所以異於生人也。若往臨生者，但有執戈，無巫祝執桃茢之事，今有巫祝，故云'異於生'也。"①古人認爲，人之生死有別，生人無凶邪之氣，人死則有凶邪之氣，可帶來不祥，故君視大斂有巫隨行，並助君攘除不祥，然後才親視臣之大斂。

由此可見，儒家雖然多言"事死如事生"、"事亡如事存"，實則是"生死有別"的。在從生到死的變化過程中，死者的身份漸漸從"主人"變成了"賓客"，嫡長子也漸漸取得了新的主人的地位。此外，人們對於死者的感情、態度也在慢慢發生變化。初死之時，人們對於死者更多的是一種"未忍異於生"的不舍與眷戀之情。但是隨著喪禮的

---

① 《禮記正義》卷九，第 2820 頁下。

進行,我們從具體的喪禮儀式中也可以看出,人死後也會使人産生
"穢惡"之感,還具有凶邪之氣,會帶來不祥。可以説,這種强烈的感
情變化既是複雜的又是矛盾的。

四、葬、祭:死有所歸

《祭義》:"宰我曰:'吾聞鬼神之名,不知其所謂。'子曰:'氣也
者,神之盛也。魄也者,鬼之盛也。'"孔穎達正義曰:"聖王緣生事
死,制其祭祀。存亡既異,别爲作名,改生之魂曰神,改生之魄曰
鬼。"①魂、魄者,生人之謂也。人死則不得言魂、魄,故聖王因生人之
事而制死者之禮,易魂曰神,易魄曰鬼。《禮記·郊特牲》云:"魂氣
歸於天,形魄歸於地。"《祭義》云:"衆生必死,死必歸土,此之謂鬼。
骨肉斃于下,陰爲野土。其氣發揚於上,爲昭明,焄蒿悽愴,此百物之
精也,神之著也。"人之所生,魂氣、形魄具存。人死之後,形魄葬於土
是謂鬼,魂氣歸於天是謂神。

生死異途,人生時居於宫室之中,人死之後葬之於土,也就是後
世所説的陰宅,故禮經中有爲死者選宅、筮宅之事。《既夕記》云:
"筮宅,塚人物土。"鄭注云:"物,猶相也,相其地可葬者乃營之。"②此
與生人選建宫室類似,需要先選取可以修建宫室之地,然後進行吉凶
占筮,再進行營建。陰宅營建完成,待到啓殯之日,死者將要葬於陰
宅中。

《既夕禮》是《士喪禮》的下篇,主要記載了死者啓殯後下葬的整
個過程。《左傳》云:"天子七月而葬,諸侯五月,大夫三月,士踰月。"
殯訖後,待到葬日出殯下葬。士之喪禮,則殯後一月下葬。從整個禮
儀來看,《既夕禮》更像是一個人的出行之禮,啓殯則是這次出行的開

①《禮記正義》卷四七,第3461頁下。
②《儀禮注疏》卷四一,第2518頁下。

始。生人出行有告廟之事,《禮記·曾子問》云:"孔子曰:諸侯適天子,必告于祖,奠於禰。"《聘禮》中使者出行前亦有告廟之事,禮經云:

> 厥明,賓朝服釋幣于禰。有司筵几于室中。祝先入,主人從入。主人在右,再拜,祝告,又再拜。釋幣,制玄纁束,奠于几下,出。主人立于户東,祝立于牖西。又入,取幣,降,卷幣,實于笲,埋于西階東。

鄭注云:"賓,使者謂之賓,尊之也。天子、諸侯將出告群廟,大夫告禰而已。"[1]由此可知,天子、諸侯、大夫出行皆當告廟而後行。此死者將葬,亦有告廟朝祖之事。《檀弓》云:"殷朝而殯于祖,周朝而遂葬。"按其義,先朝廟而後下葬是周制。《既夕禮》云:"遷于祖,用軸。"鄭注:"遷,徙也。徙于祖,朝祖廟也,蓋象平生將出必辭尊者。"[2]朝祖即告廟。朝祖訖,則葬之。至此,死者之體魄得到了歸處。死者下葬後,體魄歸於地,其神魂仍當有所歸處。賈疏云:

> 案《檀弓》云:"延陵季子葬其長子于嬴博之閒,既窆,左袒,右還其封,云'骨肉歸復于土,命也。若魂氣,則無不之。'"是其骨肉歸于土,精氣無所不之之事。[3]

"骨肉歸於土",即體魄葬之於地。"精氣",即神魂也。神魂若無所歸,則將"無所不之",或爲遊魂,故有喪禮之後有虞禮迎魂以安之。《士虞禮》便是迎取死者神魂而歸後的安神之禮。鄭《目録》云:"虞,

---

① 《儀禮注疏》卷一九,第 2263 頁上。
② 《儀禮注疏》卷三八,第 2484 頁下。
③ 《儀禮注疏》卷四〇,第 2508 頁上。

安也。士既葬父母,迎精而反,日中祭之於殯宫以安之。虞於五禮屬凶。"①虞禮是安放死者神魂的祭祀之禮,從禮儀儀式上來説它屬於吉禮,與《特牲禮》《少牢禮》類似。但是如果從内容上來説,它是葬後的安魂之禮,又與《士喪禮》關係最爲緊密,因此鄭玄將之歸爲"凶禮"。

虞禮是安神之禮,死者下葬後,由親人"迎精而反",祭於殯宫。"精"即神魂也。死者體魄葬之於地,神魂則由親人接引回家中,並在家中進行虞祭,以安之。《公羊傳》云:"天子九虞,諸侯七虞,大夫五虞,士三虞。"《既夕禮》云:"三虞。"鄭注云:"虞,喪祭名。虞,安也。骨肉歸於土,精氣無所不之,孝子爲其彷徨,三祭以安之。朝葬,日中而虞,不忍一日離。"賈疏:"云'虞,安也'者,主人孝子葬之時,送形而往,迎魂而返,恐魂神不安,故設三虞以安之。"②三虞者,初虞、再虞、三虞,三祭以安神也。虞祭之禮,《士虞禮》論之備矣。祭祀結束後,神魂則祔於廟中。《既夕禮》云:"明日,以其班祔。"虞祭之明日,則需要將死者之木主班次於宗廟之中,以時祭之。最終,死者的神魂也有了歸處。

五、結語

綜上可知,魂、魄觀念是先秦儒家對於生死的最基本認識,魄即有形之體魄,魂即無形之神魂。人死亡之後,神魂離開體魄,就進入了死亡狀態。魂、魄觀念對於儒家的死亡觀具有重要影響,這在《士喪禮》中表現得尤爲明顯。儒家注重禮,並將禮的範圍從生延續到死,生要"事之以禮",死要"葬之以禮,祭之以禮"。並以此據生者之禮制定了死者之禮——喪禮。喪禮是生人之禮的延續,強調"事死如事生",所以整個喪禮也是圍繞著對死者神魂與體魄進行的。對於初

---

① 《儀禮注疏》卷四二,第 2528 頁上。
② 《儀禮注疏》卷四〇,第 2508 頁上。

死的親人而言,我們所懷有的感情更是一種不舍與留戀,這種不舍與留戀表現在喪禮中就是"未忍異於生",它要表達的更多是一種"親親"之情。然生死終有別,即便是"事死如事生",也不可能完全做到真的生死一致。在從由生到死的轉變之中,隨著喪禮儀式的不斷演進,死者的身份也慢慢發生了變化,這個關鍵性的儀節便是"殯"。自此以後,死者從最初的"主人"變成了"賓客",嫡長子也獲得了新主人的地位。與此同時,人們對於死者的感情與態度也在發生變化,這種變化則是由人死後所具有的"穢惡"與"不祥"帶來的。生者有生者的歸處,死者有死者的歸處。從整個下葬儀式來看,死者的下葬過程更像是生人的一次出行,所不同的是死者離開之後將不會再像生者一樣歸來。人死之後,體魄歸葬於土,神魂則由親人迎回,在廟中以時祭祀。至此,死者的體魄、神魂都有了歸處。

第四節　先秦儒家人鬼祭祀觀念探析
——以《特牲禮》、《少牢禮》爲中心

　　鬼神觀念是先秦儒家的重要思想之一。在《周禮》中,先秦儒家將整個鬼神體系分爲天神、人鬼、地祇三類。天神者,昊天上帝、日、月、星、辰、司中、司命、風師、雨師,也就是包括上天在內的日月星辰等自然之神;地祇者,社稷、五祀、五嶽、山林、川澤、四方百物等,也就是土地、山川林澤及所孕育的百物之神;人鬼者,先祖之神也。可謂體系龐大,鬼神之名衆多。①

———————

① 《周禮·大宗伯》云:"大宗伯之職,掌建邦之天神、人鬼、地示之禮,以佐王建保邦國。以吉禮事邦國之鬼神示。以禋祀祀昊天上帝,以實柴祀日、月、星、辰,以槱燎祀司中、司命、風師、雨師。以血祭祭社稷、五祀、五嶽,以貍沉祭山林、川澤,以疈辜祭四方百物,以肆、獻、祼享先王,以饋食享先王,以祠春享先王,以禴夏享先王,以嘗秋享先王,以烝冬享先王。"

　　《周禮》將整個禮儀分爲吉、凶、賓、軍、嘉五禮,天神、人鬼、地祇
屬於吉禮,這種劃分是以國家爲主體的。天神、地祇之祭祀多是天
子、諸侯之事,先祖之祭祀則人人皆有。如果從普遍的社會生活來
看,先秦儒家還是更加重視人們日常生活中的人生禮儀。《禮記·王
制》云:“六禮:冠、昏、喪、祭、鄉、相見。”《禮記·昏義》云:“夫禮始於
冠,本於昏,重於喪、祭,尊於朝、聘,和於鄉、射。”《王制》有“六禮”之
説、《昏義》有“八禮”之説,兩者皆以冠、婚、喪、祭等人生禮儀爲主,
並不包括天神、地祇等祭祀禮儀以及軍禮。作爲儒家重要禮學典籍
的《儀禮》,也没有涉及到天神、地祇的祭祀禮儀。又《論語·述而》
云:“子不語怪、力、亂、神。”何注云:“神,謂鬼神之事。”①如果我們
從《論語》所論述的整個内容來看,孔子所講的鬼神之事應該多與
天神、地祇類鬼神相關。對於人鬼或者先祖之祭祀,《論語》涉及的
内容則非常多。由此可見,在天神、人鬼、地祇三類鬼神體系中,以
孔子爲代表的先秦儒家更多重視的是與人們日常生活關係更爲密
切的人鬼。

　　《禮記·祭統》云:“禮有五經,莫重於祭。”《左傳》云:“國之大
事,在祀與戎。”祭祀觀念在儒家思想中具有重要地位。祭祀是古人
與鬼神溝通的重要方式之一,通過祭祀,人們可以與鬼神進行交流,
溝通人道與鬼神。在先秦文獻,尤其是“三禮”類文獻中,有著大量關
於人鬼祭祀的記載。《儀禮》之《特牲禮》、《少牢禮》(包括下篇《有
司》)更是完整記録了士、大夫祭祀先祖的禮儀,在這些具體的祭祀禮
儀中,處處體現著古人對於人鬼祭祀觀念的認識。或許,我們可以由
此來探討先秦儒家對於人鬼祭祀觀念的認識。②

---

① 《論語注疏》卷七,第5393頁上。
② 本文僅討論人鬼祭祀的内容,天神、地祇類鬼神則不再涉及。

一、從魂、魄到鬼、神

　　魂、魄觀念是先秦儒家對於生死的最基本認識。按《士喪禮》，人之始死有復魂之禮。復魂者，"有司招魂復魄也"。賈疏云："'招魂復魄也'者，出入之氣謂之魂，耳目聰明謂之魄，死者魂神去，離於魄，今欲招取魂來復歸於魄，故云'招魂復魄也'。"[1]按其義，人呼入呼出的氣叫做魂，耳聰目明叫做魄。人之生時，魂、魄具在，及其死也，魂氣離開身體，人就進入了死亡狀態。《禮記·祭義》云："衆生必死，死必歸土，此之謂鬼。骨肉斃於下，陰爲野土。其氣發揚於上，爲昭明，焄蒿悽愴，此百物之精也，神之著也。"人之所生，魂氣、形魄具存；人死之後，形魄葬之於土，魂氣歸之於天。魂，神魂也；魄，體魄也。神魂與體魄也就是我們當下所説的靈魂與肉體。

　　生死異名，魂、魄是對於生者的稱呼，人死之後則不得再稱之爲魂、魄。《祭義》云：

　　　　宰我曰："吾聞鬼神之名，不知其所謂。"
　　　　子曰："氣也者，神之盛也。魄也者，鬼之盛也。"

孔穎達正義曰："聖王緣生事死，制其祭祀。存亡既異，別爲作名，改生之魂曰神，改生之魄曰鬼。"[2]魂、魄者，生人之謂也。生死有別，人死則不得言魂、魄，故聖王因生人之事而制死者之禮，易魂曰神，易魄曰鬼。魂、魄爲什麼要易名爲鬼、神呢？《祭義》云："因物之精，制爲之極，明命鬼神，以爲黔首則，百衆以畏，萬民以服。"鄭注云："明命，猶尊名也，尊極於鬼神，不可復加也。黔首，謂民也。則，法也。爲民

---

① 《儀禮注疏》卷三五，第 2443 頁下。
② 《禮記正義》卷四七，第 3461 頁下。

作法,使民亦事其祖禰鬼神,民所畏服。"孔穎達正義云:"鬼神本是人
與物之魂魄,若直名魂魄,其名不尊,故尊而名之爲鬼神,別加畏敬之
也。云'尊極於鬼神,不可復加也'者,解經'制爲之極'。所以明鬼
神爲極者,言物中尊極莫過鬼神,言以外他名不可復加,故聖王造制
爲之極,名鬼神也。"①精者,魂、魄也。鬼、神,至尊之名也。魂、魄易
名鬼、神,尊之、敬之也。聖王源此制法,尊魂、魄爲鬼、神,使人民畏
服而敬尊其先祖。

《祭義》又云:

> 聖人以是爲未足也,築爲宮室,設爲宗祧,以別親疏遠邇。
> 教民反古復始,不忘其所由生也。衆之服自此,故聽且速也。二
> 端既立,報以二禮。建設朝事,燔燎羶薌,見以蕭光,以報氣也。
> 此教衆反始也。薦黍稷,羞肝肺首心,見間以俠甒,加以鬱鬯,以
> 報魄也。教民相愛,上下用情,禮之至也。

鄭注云:"二端既立,謂氣也、魄也,更有尊名云鬼、神也。二禮,謂朝
事與薦黍稷也。朝事,謂薦血腥時也。薦黍稷,所謂饋食也。報氣以
氣,報魄以實,各首其類。"孔穎達正義云:"'報以二禮'者,謂報此
氣、魄以二種祭禮,報氣,謂朝踐之節也;報魄,謂饋熟之節也。"②聖
人認爲,鬼、神至尊,對於先祖之魂、魄,僅僅在稱呼上作相應的改變
是不夠的,還要在具體行動上體現出對鬼、神的尊敬,就是建立宗廟
進行祭祀。在具體的祭祀活動中,又有"朝事"與"薦黍稷"兩種形
式。金氏榜曰:"朝事主於報氣,饋食主於報魂,是謂報於二禮。"③

---

① 《禮記正義》卷四七,第 3462 頁上。
② 《禮記正義》卷四七,第 3462 頁下。
③ 金榜:《禮箋》,《清經解》,上海書店,1998 年,第 25 頁。

"朝事"即以燔燒牲、血的馨香之氣來進行祭祀,這是對魂氣的薦享,也就是對"神"的祭祀;"薦黍稷"即是用黍稷、肝肺首心、酒醴等來進行祭祀,是對體魄的饋食,也就是對"鬼"的祭祀。由此可見,古人對於"鬼"、"神"的敬奉,既有"名"的區別,也有"實"的內容。

生人有生人之禮,鬼神有鬼神之禮。對於父母而言,生人之禮便是孝。人死之後這種孝仍要延續下去,表現在禮儀上就是喪禮;成爲鬼、神之後,表現在禮儀上就是祭祀禮儀。《論語·爲政》云:

> 孟懿子問孝。子曰:"無違。"樊遲御,子告之曰:"孟孫問孝於我,我對曰'無違'。"樊遲曰:"何謂也?"子曰:"生,事之以禮;死,葬之以禮,祭之以禮。"

因此可以説,喪、祭之禮既是生人之禮的延續,也是對生人之禮的模仿。禮尚往來,強調主、賓間的禮儀互動。[1] 然人、鬼殊途,人是實在的個體,鬼神則是一種虛無的存在。《禮記·中庸》載孔子語:"鬼神之爲德,其盛矣乎! 視之而弗見,聽之而弗聞,體物而不可遺。使天下之人齊明盛服,以承祭祀,洋洋乎如在其上,如在其左右。"《禮記·郊特牲》云:"詔祝於室,坐尸於堂。用牲於庭,升首於室。直祭祝於主,索祭祝於祊。不知神之所在,於彼乎? 於此乎? 或諸遠人乎?"皆言鬼神無形無象,不知所在。

在具體的祭祀活動中,先祖之鬼神也是一種虛無的存在。例如《特牲禮》中有爲先祖之神設置的陰厭、陽厭。何爲陰厭、陽厭?《禮經釋例》云:"凡尸未入室之前,設饌於奧,謂之陰厭。尸既出室之後,

---

[1]　從《士喪禮》來看,人死亡之後,其"主人"地位漸漸失去,並具有了"賓"的性質。具體可參考"第三節:先秦儒家死亡觀念探析——以《士喪禮》爲中心"內容。

改饌於西北隅,謂之陽厭。"①生人之禮始,先需迎賓;祭祀之禮,則需接神。接神之時,先需爲先祖之神在室奧之處設陰厭之饌以待神降。神降之後,先祖之神附於尸身,祭祀之禮才能進行。祭祀儀式完畢,尸身離去,先祖之神仍在室中。故鄭注云:"不知神之所在,或諸遠人乎?尸謖而改饌爲幽闇,庶其饗之,所以爲厭飫。"②由此可知,尸謖之後,仍需在室中西北隅設陽厭之饌以憑依之。

陰厭、陽厭皆爲先祖之神而設。此神無形無象,更不能與生人交接。禮尚往來,更注重主、賓間的禮儀互動。生人之禮如此,鬼神之禮亦是如此。若祭祀之禮中只有無形無象之鬼神,那麼祭祀儀式便與奠祭③無異,其間所包含的豐富的禮義則將無法呈現出來。爲了實現生人與鬼神間的禮儀互動,則需要將虛無的鬼神實體化,或爲之尋找一個代替先祖受祭的對象,這便是"尸"。

二、尸與祝

《郊特牲》云:"魂氣歸於天,形魄歸於地。"生人魂、魄合一,人死之後,魂、魄分離,魂氣歸於天,受祭於宗廟,體魄歸葬於地,終將化爲泥土。因此,按先秦儒家對於死亡的認識,人死之後,最後所能剩下的也只有魂氣,或者説是"神"了。我們知道,禮儀强調的是主、賓間的禮儀互動,其内容包括迎來送往、揖讓進退、設饌相飲、辭讓敬對等具體豐富的儀節。祭祀之禮本由生人之禮延伸而來,在具體的禮儀過程中,同樣注重祭主與祭祀對象間的禮儀互動。然鬼神無象,不可視見,更無法行禮。因此,在祭祀禮儀中,祭主是無法與先祖之"神"

---

① 淩廷堪:《禮經釋例》,第 345、347 頁。
②《儀禮注疏》卷四六,第 2582 頁上。
③ 按《士喪禮》,死者未下葬之前,在尸旁擺放酒饌等進行祭祀叫做奠,下葬之後對死者的祭祀活動等叫做祭。

直接進行禮儀互動的。然而爲了完成這種對儒家來説至關重要的儀式，他們創造出了一個溝通人與鬼神的存在，這就是"尸"。

尸者，代先祖受祭之人。鄭注《士虞禮》云："尸，主也。孝子之祭，不見親之形象，心無所繫，立尸而主意焉。"①鄭注《郊特牲》又云："尸，神象也。"②《集韻·脂韻》云："尸，一曰主也，古者祭祀立尸以主神。"③主者，尸主神也。鬼神無象，附於尸身，由尸主之。如此，虛無的鬼神就可以借"尸"還魂了。《祭義》云："僾然必有見乎其位。周還出户，肅然必有聞乎其容聲。出户而聽，愾然必有聞乎其歎息之聲。"這樣一來，先祖的形象具體化了，人們"依稀可見先祖所坐之位，往來完成各種儀節時候，似乎肅然感覺到先祖舉動的容止，出得門來還愾然聽到先祖的歎息聲。這種祭尸禮，使祭祀者有與先祖親切交流的感覺，從而心有所繫，受到一次尊祖敬宗、孝敬鬼神的熏陶"；"從而在一定程度上滿足人們與先祖交流的情感需求"。④

何休注云："禮，天子以卿爲尸，諸侯以大夫爲尸，卿、大夫以下以孫爲尸。"⑤《禮記·曲禮上》云："禮曰：'君子抱孫不抱子。此言孫可以爲王父尸，子不可以爲父尸。"《祭統》云："夫祭之道，孫爲王父尸，所使爲尸者，於祭者子行也。父北面而事之，所以明子事父之道也。"鄭注云："祭祖則用孫列，皆取於同姓之適孫也。"⑥又《禮記·曾子問》云："尸必以孫，孫幼則使人抱之，無孫則取於同姓可也。"由此可知，代先祖受祭爲尸之人，當爲受祭者之嫡孫，於祭者爲嫡子，若其

①《儀禮注疏》卷四二，第2531頁上。
②《禮記正義》卷四九，第3483頁上。
③丁度等：《集韻》，中華再造善本，國家圖書館出版社，2003年，第45頁。
④晁福林：《先秦時期鬼、魂觀念的起源及特點》，《歷史研究》2018年第3期，第8、9頁。
⑤《春秋公羊傳注疏》一五，第4952頁上。
⑥《禮記正義》卷四九，第3483頁下。

幼小,則當使人抱之助之行禮。然從《特牲禮》、《少牢禮》來看,尸皆能自行行禮、揖讓,進退自如,是知此尸當爲成人。

尸可主神,這個"主"有點像"木主"之"主"。木主即後世所俗稱的牌位,從形制上來説就是一塊小木牌,上面刻有死者的名字。按《士喪禮》,人死下葬後,死者的神魂由親人迎回,附於木主之上,在宗廟中進行受祭。因此可以説,木主就成了一塊木牌與先祖神魂的組合體。死後的人又以另外的一種形式在人世間繼續存在著。但是木主之木牌是死物,先祖之神魂又虚無縹緲,因此也只能進行奠祭,而無法進行主、賓間的禮儀互動。爲了解决這個問題,先秦儒家創造性的選擇用生人來作爲"主"。然後,這個"主"與先祖之神魂相結合便有了附神之"尸"。這樣一來,先祖再一次借"尸"還魂,完成了魂、魄的聚合。因此,在祭祀禮儀中,尸直接代表著先祖接受主人的祭祀,並與祭主進行著頻繁、豐富的禮儀互動。

尸從身份上來説,是代替先祖受祭,因此具有鬼神的屬性。人鬼殊途,從這個角度來講,他是不可以與生人有直接交流互動的;從來源上來説,他是先祖之孫、祭主之子,是一個活生生的人,他又不可能與鬼神有直接交流互動。但是,這種非神非人的特殊存在,卻使得它具備了溝通人與鬼神可能。這種可能便是需要一個特殊的媒介,這個媒介便是"祝"。祝在祭祀先祖的整個禮儀中,自始至終,都起著與神溝通,導引主人祭祀的重要作用。如果没有祝的存在,祭祀儀式是不可能正常進行的。

《郊特牲》云:"祝,將命也。"孔穎達正義云:"祝以傳達主人及神之辭令也。"①例如,特牲禮祭祀之始有宿尸之儀,宿尸之時,祝在尸與主人間傳達辭令。尸爲所祭者之孫,祭者之子。子成人之後,父子異宮。今子被筮選爲尸,故主人前來宿尸。宿尸之時由祝代主人向

————————
① 《禮記正義》卷二六,第 3160 頁上。

尸致命。《特牲禮》云："祝許諾,致命。"鄭注云:"(祝)受宗人辭,許之,傳命於尸。始宗人祝北面,至於傳命,皆西面受命,東面釋之。"①主人宿尸,由祝向尸致命。此與主人宿賓不同。主人宿賓無祝,宗人爲擯者,傳達主人之辭。主人宿尸,宗人雖爲擯者,然亦由祝向尸轉達主人之辭。宿尸致命所以由祝者,神、人不可交接,祝是溝通人、神的媒介,故宿尸主人向尸致命,由祝不由宗人。

祝的作用是傳達辭令,從身份來講類似於擯者。祝之外,宗人也可爲主人傳達辭令,與祝同屬主人擯者。鄭注云:"擯者,有司佐禮者,在主人曰擯,在客曰介。"②但是從其職事性質與地位上來説,兩者又有很大差别。從職事性質上來説,宗人爲主人傳達辭令,主要是在主、賓之間進行;祝則不同,其主要職責在於爲主人與鬼神之間的交流服務。從地位上來説,二者也有所不同。《士冠禮》云:"宗人告事畢。"鄭注云:"宗人,有司主禮者。"賈疏云:"士雖無臣,亦有宗人掌禮,比於宗伯,故云'有司主禮者'。"③宗人屬有司,有司則是主、賓之外的職事人員。"主禮者",負責主持整個儀式,其職責類似於天子的宗伯。宗伯屬六卿之一,是春官的官首。士無臣,更無宗伯,宗人之職事類似宗伯而已,爲主人掌禮,來主持整個祭祀儀式。祝則類似於春官中的祝官。以此論之,那麼祝以及其他有司都應當是宗人的下屬。

《曾子問》云:"祝迎四廟之主。"鄭玄注云:"祝,接神者也。"④特牲、少牢之禮,祝也是爲主人接神。祭祀之始將設陰厭接神,祝先設筵、几,以待神降。《特牲禮》云:"祝筵、几于室中,東面。"鄭注云:

---

① 《儀禮注疏》卷四四,第 2556 頁下。
② 《儀禮注疏》卷一,第 2043 頁上。
③ 《儀禮注疏》卷一,第 2041 頁下。
④ 《禮記正義》卷一八,第 3016 頁下。

"爲神敷席也,至此使祝接神。"①此爲先祖之神設筵、几,屬於鬼神之事,故由祝爲之。若是爲人設席,則當由贊者爲之。《祭統》云:"鋪筵設同几,爲依神也。詔祝於室,而出於祊。此交神明之道也。"在接下來的祭祀活動中,祝更有祝祝、延尸、授祭、祝侑、祝酳、祝獻、獻祝等一些列助祭活動,貫穿了整個禮儀的始終。如果没有祝的存在,整個禮儀也是無法進行的。

《郊特牲》云:"尸,神象也。祝,將命也。"尸,代先祖受祭者,神降以後,尸則有了先祖之象。在接下來的祭祀活動中,尸將代表先祖與主人等進行禮儀互動。"將命"者,即奉命,言祝將奉主人之命,在祭祀活動中爲主人接神、贊辭、助祭等。總之,尸作爲神主,再一次完成了魂、魄的聚合;祝作爲一種特殊的媒介,溝通了鬼神與現實世界。尸與祝的存在,是整個祭祀活動得以實現的重要保證。

三、祭祀:從人道到鬼神

《祭統》云:"凡治人之道,莫急於禮。禮有五經,莫重於祭。"人鬼祭祀是儒家禮學思想的重要内容之一,它的祭祀對象雖然是鬼神,但是它所具有的現實意義則直指"人道"。孔子言"孝","生,事之以禮;死,葬之以禮,祭之以禮"。宋邢昺疏云:"生事之以禮,謂冬溫夏清、昏定晨省之屬也。死葬之以禮,謂爲之棺椁衣衾而舉之,卜其宅兆而安措之之屬也。祭之以禮,謂春秋祭祀以時思之、陳其簠簋而哀戚之之屬也。"②若以《儀禮》中所載諸禮而論,"葬之以禮"指的是《士喪禮》,"祭之以禮"指的是《特牲饋食禮》、《少牢饋食禮》。"生事之以禮",邢氏昺以爲是"冬溫夏清、昏定晨省之屬"等日常禮儀,這在《儀禮》中似乎找不到對應的禮儀。

---

① 《儀禮注疏》卷四四,第 2559 頁上。
② 《論語注疏》卷二,第 5346 頁下。

　　我們知道，喪禮、祭祀之禮是生人之禮的延續，也是對生人之禮
的模仿。那麽記録先祖祭祀之禮的《特牲饋食禮》、《少牢饋食禮》是
如何而來的呢？顯然不是從"冬温夏清、昏定晨省"等日常禮儀而來。
如果我們對《儀禮》諸禮有所瞭解，還是能够發現它的來源。《特牲
饋食禮》、《少牢饋食禮》記載的是士、大夫祭祀先祖的禮儀，二者皆
以"饋食"爲名。"饋食"者，《士虞禮》云："特豕饋食。"鄭注云："饋，
猶歸也。"賈公彦疏云：

　　　　"饋，猶歸"者，謂以物與神及人皆言饋，是以此《虞》及《特
　　牲禮》、《少牢禮》皆言饋。《坊記》云"父母在，饋獻不及車馬"，
　　是生死皆言饋。又案《周禮·玉府》云："掌凡王之獻金玉、兵
　　器。"注："謂百工爲王所作，可以獻遺諸侯。古者致物於人，尊之
　　則曰獻，通行曰饋。"以此而言，獻雖主於尊，其《春秋》齊侯來獻
　　魯戎捷，尊魯也。其云"饋"者，上下通稱，故祭祀於神而言饋。
　　陽貨饋孔子豚而言"饋"，《鄉黨》云"朋友之饋"，是上下通言饋。
　　《膳夫》云："凡王之饋食用六穀。"注云："進物於尊曰饋。此饋
　　之盛者，王舉之饌也。"彼鄭據當文是進于王，故云"進物于尊"，
　　其實通也。①

由此可知，饋者，獻也、遺也。尊之則曰獻，通行則曰饋。於生者、死
者，或人與鬼神而言，皆可稱之爲"饋"。"饋食"之義亦是如此。《特
牲饋食禮》、《少牢饋食禮》主要記載的是子孫祭祀先祖的饋食的禮
儀。楊天宇先生《特牲饋食禮》題解云："特是一的意思。牲謂豕，即
豬。特牲就是一頭豬。諸侯的士逢歲時用一頭豬，還有黍稷以及其
他許多食物和酒，在廟中祭祀已故父祖之神，如同父祖生前子孫饋食

————————————
① 《儀禮注疏》卷四二，第 2528 頁上。

以奉養父祖,所以叫做特牲饋食禮。"《少牢饋食禮》題解云:"凡牲,牛羊豕三牲具備叫做太牢,羊、豕二牲叫做少牢,只有一牲就叫做特牲。諸侯的卿大夫逢歲時用少牢,還有黍稷以及其他許多食物和酒,在廟中祭祀已故父祖之神,如同父祖生前子孫饋食以奉養父祖,所以叫做少牢饋食禮。"①按照楊先生的理解,祭祀中的饋食之禮來源於"子孫饋食以奉養父祖"之禮。這種子孫對父祖的饋食之禮在《儀禮·士昏禮》中確有記載。

《士昏禮》中有"婦饋舅姑"之儀,是言新婦向舅姑所行的饋食之禮。若以《士昏禮》之"婦饋舅姑"與《特牲饋食禮》、《少牢饋食禮》相較,確實存在許多相通之處。②

從禮義上來說,子婦對舅姑的饋食之禮與祭祀中的饋食之禮都是言孝。《士昏禮》婦饋舅姑,鄭注云:"饋者,婦道既成,成以孝養。"③《禮記·昏義》云:"舅姑入室,婦以特豚饋,明婦順也。"婦順即婦孝,禮儀所要表達的就是新婦對舅姑的孝養之情。這種孝養之情表現在日常生活中就是:"子婦孝者敬者,父母、舅姑之命勿逆勿怠。若飲食之,雖不耆,必嘗而待";"父母在,朝夕恒食,子婦佐餕,既食恒餕。父没母存,冢子御食,群子婦佐餕如初。"(《禮記·內則》)但是對於父母、舅姑之孝,僅僅從飲食起居上來說是遠遠不够的,還要特別關注他們的精神狀態。《論語·爲政》云:"今之孝者是謂能養,至於犬馬皆能有養。不敬,何以別乎?"《祭義》云:"孝有三:大孝尊親,其次弗辱,其下能養。"由此可見,儒家所言孝包括兩個方面的内容,一是"養",另一個是"敬"。兩者相較,對父母之"敬"更加重

① 楊天宇:《儀禮譯注》,上海古籍出版社,1994 年,第 688、735 頁。
② 具體請參見本章第二節"陰陽鬼神:先秦儒家婚姻觀念的另類闡釋"之"婚禮中的'鬼神'"部分。
③ 《儀禮注疏》卷五,第 2089 頁上。

要,而且更難做到,故《大戴禮記·曾子大孝》云"民之本教曰孝,其行之曰養。養可能也,敬爲難"。

又《禮記·內則》曾子曰:"孝子之養老也,樂其心,不違其志;樂其耳目,安其寢處,以其飲食忠養之,孝子之身終。終身也者,非終父母之身,終其身也。"孝子有終身之孝。"終身"者,終孝子一生,非終父母一生也。也就是説,孝子只要活著一天,就要盡一天的孝,即便是父母去世之後,這種孝也要延續下去。故而喪禮中有喪中之"孝",祭祀有祭中之"孝"。《士喪禮》中對父母之"孝"就是從"體魄"與"精神"這兩個方面進行的。《禮經釋例》云:"凡楔齒、綴足爲奉體魄之始,奠脯醢爲事精神之始。"①楔齒之後,更有沐浴、飯含、襲尸、小殮、大殮等,這些都是對死者體魄的侍奉;始死之奠後,更有小殮奠、大殮奠、朝夕奠、朔月奠、遷祖奠、祖奠、大遷奠等,這些都是對死者神魂的侍奉。進一步來講,喪禮中對父母"體魄"的侍奉其實就是"養"的具體表現,對"精神"的侍奉其實就是"敬"的表現。喪禮是在人初死時進行的,此時神魂與體魄具存,故而需要對父母之"體魄"與"神魂"分別加以侍奉。

對於先祖的祭祀也是孝的一種延續,它在禮儀中的主要表現就是饋食之禮。特牲饋食禮、少牢饋食禮中,神降以後,由尸代表先祖受祭,並完成饋食之禮。我們知道,生人魂、魄具存,人死之後,所稱有別,故易魂爲神,易魄爲鬼。人之初死,魂、魄雖然分離,但是仍未消失,故而有事"體魄"與事"精神"的分別。然下葬以後,體魄漸漸腐朽不復存在,故而對於先祖而言,我們在祭祀中所進行的侍奉僅僅是先祖之"神"而已,也就是精神的部分。《周禮》將先秦時期的鬼神祭祀分爲天神、地祇、人鬼三類,如果從嚴格意義上來講,"人鬼"應該稱之爲"人神"才更加準確。

---

① 淩廷堪:《禮經釋例》,第 268 頁。

四、鬼神世界：生人世界的映像

"祭祀之禮源於原始崇拜和宗教，是一種崇拜祖先、自然神的禮典。西周以後，祭祀禮儀逐漸擺脱原始祭祀的宗教意義，被賦予了現實的社會意義與人文精神，成爲一種具有人文精神的文化體系。春秋以降，儒家對祭禮進行了人文意義上的闡釋，將宗教意義上的祭祀轉化爲人文色彩的禮儀。"①先祖祭祀活動，所表現出的最直接的人文意義就是"孝"，但是如果從先秦儒家所構建的整個思想體系來説，它還具有更加深刻、廣闊的社會政治意義。

《郊特牲》云："萬物本乎天，人本乎祖。"天爲萬物之本，先祖爲人類之本。"君子反古復始，不忘其所由生也，是以致其敬，發其情，竭力從事以報其親，不敢弗盡也。"（《祭義》）《論語·學而》："曾子曰：慎終追遠，民德歸厚矣。"人由父母所生，故當竭力以事之，報之以"至孝"。《孝經·三才章》云："子曰：夫孝，天之經也，地之義也，民之行也。"又《祭義》曾子曰："夫孝，置之而塞乎天地，溥之而橫乎四海，施諸後世而無朝夕，推而放諸東海而準，推而放諸西海而準，推而放諸南海而準，推而放諸北海而準。"孝本爲家庭中的道德觀念，但經過先秦儒家學者的闡發，孝又具有了普遍的社會意義。在這裏，曾子將孝的適用範圍擴大到了天地、四海，成爲了人們必須遵守的天經地義的普遍道德準則。至於《孝經》②，儒家又將"孝"的含義進行了創新性的闡釋。《廣揚名章》云：

---

① 曹建墩：《先秦儒家對祭禮的理論闡釋及其現代意義》，《浙江學刊》2014 年第 1 期，第 5 頁。

② 《孝經》的成書年代多有爭議，陳壁生教授認爲"《孝經》可以説是孔子最晚的作品"。參見陳壁生：《孝經學史》，華東師範大學出版社，2015 年，第 21 頁。

子曰："君子之事親孝，故忠可移於君。事兄悌，故順可移於長。居家理，故治可移於官。是以行成於內，而名立於後世矣。"

胡平生先生曾經說過："《孝經》一書，雖然也大談孝道，說到了一些行孝的具體事項。但是，它的核心卻並不在闡發孝道，而在以'孝'勸'忠'。"①《大戴禮記·曾子本孝》云："忠者，其孝之本與。""移孝作忠"觀念的形成，使得"忠孝"、"父子、君臣"觀念形成一體，儒家"孝"的意義得到了極大的發展，並擴展到政治領域。自此以後，儒家的"忠孝"觀念成爲了後世儒家學說中最爲重要的政治思想。

　　禮是先秦儒家思想的核心內容之一，先祖祭祀活動的開展，將禮的應用範圍擴大到了鬼神世界，並在鬼神世界中建立起了類似生人世界的倫理秩序。《祭法》云：

天下有王，分地建國，置都立邑，設廟祧壇墠而祭之，乃爲親疏多少之數。是故王立七廟，一壇一墠，曰考廟，曰王考廟，曰皇考廟，曰顯考廟，曰祖考廟，皆月祭之；遠廟爲祧，有二祧，享嘗乃止；去祧爲壇，去壇爲墠，壇墠有禱焉祭之，無禱乃止；去墠曰鬼。諸侯立五廟，一壇一墠，曰考廟，曰王考廟，曰皇考廟，皆月祭之；顯考廟、祖考廟，享嘗乃止；去祖爲壇，去壇爲墠，壇墠有禱焉祭之，無禱乃止；去墠爲鬼。大夫立三廟二壇，曰考廟，曰王考廟，曰皇考廟，享嘗乃止；顯考、祖考無廟，有禱焉，爲壇祭之；去壇爲鬼。適士二廟一壇，曰考廟，曰王考廟，享嘗乃止；顯考無廟，有禱焉，爲壇祭之；去壇爲鬼。官師一廟，曰考廟，王考無廟而祭之，去王考爲鬼。庶士、庶人無廟，死曰鬼。

---

① 胡平生：《孝經譯注》，中華書局，1996年，第2頁。

鄭注云:"廟之言貌也。宗廟者,先祖之尊貌也。"①宗廟是先祖之神
居住之所,也是先祖的象徵,更是子孫後代祭祀先祖的地方。宗廟之
數,因爲尊卑的差異,其廟數也不相同。天子至尊,故其宗廟之數最
多,立七廟;諸侯爲一國之君,故立五廟;大夫、士卑,故立三廟、一廟。
宗廟之所在,天子、諸侯"左宗廟,右社稷",士、大夫則是"左廟右
寢"。從其結構佈局而言,天子、諸侯之"宗廟"與"社稷"對等,士、大
夫之"宗廟"與"寢"對等,由此可見宗廟的重要地位。社稷者,天下
也,國家也。天子、諸侯之社稷,士、大夫之寢,皆代表了與之相對等
的現實世界,宗廟則象徵了與之對應的鬼神世界。"國之大事在祀與
戎",同樣是對生死世界的描述。

《祭統》云:"夫祭有昭穆。昭穆者,所以別父子、遠近、長幼、親
疏之序而無亂也。是故有事於大廟,而群昭群穆咸在而不失其倫,此
之謂親疏之殺也。""祭祀中的昭穆制度也是爲了區別父子、長幼、親
疏關係,説明人即使在死去以後,還處在宗法關係之中。"②人鬼祭祀
之道,與生人世界密切相關。先秦儒家以魂、魄觀念爲基礎,通過對
生死、鬼神的重新詮釋,建立起了一個與生人世界相映的鬼神世界。
從性質上來説,這個死亡世界只是生人世界的一個鏡像。在這個鏡
像世界中,儒家的家庭倫理觀念、道德觀念、政治觀念等都是與生人
世界極爲一致的。

先秦儒家所構建的鬼神世界,雖然只是生人世界的一個映像,但
是它仍然能够對生人世界産生影響。例如,對於神靈的至誠祭祀會
得到其庇佑與福報。《郊特牲》云:"祭有祈焉,有報焉,有由辟焉。"
鄭注云:"祈猶求也,謂祈福祥,求永貞也。(有報焉)謂若獲禾報社。
由,用也。辟讀爲弭,謂弭災兵,遠罪疾也。"孔穎達正義云:

① 《禮記正義》卷四六,第 1793 頁。
② 劉豐:《北宋禮學研究》,中國社會科學出版社,2016 年,第 574 頁。

　　"有祈"者,謂求福祥也。"有報焉"者,謂獲福而報之。"有
由辟焉"者,由,用也。辟,弭也。謂用此祭之,以弭止災兵罪戾
之事。祭既有祈有報,除祈福之外,唯有攘除兇惡,故解爲"弭災
兵,遠罪疾",取《周禮·小祝》之文也。①

　　在對於上天的祭祀活動中,通過祈福,可以獲得上天的賜福,求得長
久的吉祥;也可以求得風調雨順,五穀豐收;也可以獲得上天的庇佑,
讓人們遠離戰爭、天災、疾病。對於先祖的祭祀,子孫們也同樣希望
獲得先祖在天之靈的賜福,庇佑家族昌盛不衰。《周禮·春官》云:
"大宗伯之職,掌建邦之天神、人鬼、地示之禮,以佐王建保邦國。"鄭
注云:"建,立也。立天神、地祇、人鬼之禮者,謂祀之、祭之、享之。
禮,吉禮是也。保,安也。所以佐王立安邦國者,主謂凶禮、賓禮、軍
禮、嘉禮也。目吉禮於上,承以立安邦國者,互以相成,明尊鬼神,重
人事。"②對於國家而言,天子對於天神、地祇、人鬼等的祭祀活動,也
可以獲得上天的賜福,保佑國家的安定。

　　五、結語

　　吴飛教授曾經説過:"鬼神世界是人從自己的性命出發,對天地
秩序的想像。"③這種"想像"的原型則是人們所生活的現實世界。人
鬼祭祀是儒家禮學思想的重要内容之一,它的祭祀對象雖然是鬼神,
但是它所具有的現實意義則直指"人道"。祭祀禮儀的出現,使得生
人世界與鬼神世界的溝通成爲了可能,尸與祝的存在又使得這種可

---

① 《禮記正義》卷二六,第 3157 頁下。
② 《周禮注疏》卷一八,第 1633 頁。
③ 吴飛:《"鬼神之爲德"———一個性命論的視角》,《國際社會科學雜誌》2022
　年第 4 期,第 63 頁。

能成爲了現實。從先祖祭祀禮儀來看，其宗廟祭祀活動實際上就是生人世界中對於父母之"孝"在死亡世界的表現。由於在死亡世界中，先祖僅有"神"的存在，故而祭祀活動也以侍奉父母的饋食之禮爲主。隨著先秦儒家對"孝"義的不斷闡釋，孝成爲了需要人們普遍遵守的社會法則；"忠孝"觀念的形成，更將孝的適用範圍由家庭、社會擴展到政治領域，成爲儒家的政治核心思想。先祖祭祀活動的開展，使得"孝"的觀念在鬼神世界中再一次得到了實現。先秦儒家對於鬼神世界的構建，再一次印證了儒家倫理思想存在的正當性，更加强化了儒家倫理思想在現實世界的影響與作用。

參考文獻

一、叢書文獻

《春秋穀梁傳注疏》,阮元校刻《十三經注疏》(清嘉慶刊本),中華書局,2009 年。

《春秋公羊傳注疏》,阮元校刻《十三經注疏》(清嘉慶刊本),中華書局,2009 年。

《春秋左傳正義》,阮元校刻《十三經注疏》(清嘉慶刊本),中華書局,2009 年。

《爾雅注疏》,《十三經注疏本》,上海古籍出版社,2010 年。

《禮記正義》,阮元校刻《十三經注疏》(清嘉慶刊本),中華書局,2009 年。

《禮記注疏》,《十三經注疏本》,上海古籍出版社,2008 年。

《論語注疏》,阮元校刻《十三經注疏》(清嘉慶刊本),中華書局,2009 年。

《欽定儀禮義疏》,《欽定四庫全書薈要》經部禮類第 60-61 冊,吉林出版集團有限責任公司,2005 年。

《儀禮注疏》,《十三經注疏本》,上海古籍出版社,2008 年。

《儀禮注疏》,阮元校刻《十三經注疏》(清嘉慶刊本),中華書局,2009 年。

《周禮注疏》,《十三經注疏本》,上海古籍出版社,2010 年。

《周禮注疏》,阮元校刻《十三經注疏》(清嘉慶刊本),中華書局,2009 年。

敖繼公:《儀禮集説》,《欽定四庫全書薈要》經部禮類第 50 册,吉林出版集團有限責任公司,2005 年。

蔡德晋:《禮經本義》,《景印文淵閣四庫全書》經部禮類第 109 册,臺灣商務印書館,1983 年。

褚寅亮:《儀禮管見》,《續修四庫全書》經部禮類第 88 册,上海古籍出版社,2002 年。

方苞:《儀禮析疑》,《景印文淵閣四庫全書》經部禮類第 109 册,臺灣商務印書館,1983 年。

伏勝撰,鄭玄注,陳壽祺輯校:《尚書大傳》,《四部叢刊》本。

郭璞注:《山海經》,《景印文淵閣四庫全書》子部小説家類第 1042 册,臺灣商務印書館,2008 年。

郭嵩燾:《禮記質疑》,《續修四庫全書》經部禮類第 106 册,上海古籍出版社,2002 年。

郝敬:《儀禮節解》,《續修四庫全書》經部禮類第 85 册,上海古籍出版社,2002 年。

洪頤煊:《禮經宮室答問》,《續修四庫全書》第 110 册,上海古籍出版社,2002 年。

江永:《鄉黨圖考》,《清經解》本,上海書店,1998 年。

江永:《儀禮釋宮增注》,《景印文淵閣四庫全書》經部禮類第 109 册,臺灣商務印書館,2008 年。

焦循:《群經宮室圖》,清光緒十四年南菁書院刻《皇清經解續編》本。

焦以恕:《儀禮彙説》,《續修四庫全書》經部禮類第 89 册,上海古籍出版社,2002 年。

金榜:《禮箋》,《清經解》本,上海書店,1998 年。

金鶚:《求古録禮説》,《續修四庫全書》第 110 册,上海古籍出版社,2002 年。

李如圭:《儀禮集釋》,《景印文淵閣四庫全書》經部禮類第 103 册,臺灣商務印書館,2008 年。

李如圭:《儀禮釋宫》,《景印文淵閣四庫全書》經部禮類第 103 册,臺灣商務印書館,2008 年。

劉寶楠撰、劉恭冕補:《論語正義》,清光緒十四年南菁書院刻《皇清經解續編》本。

劉沅:《儀禮恒解》,《續修四庫全書》經部禮類第 91 册,上海古籍出版社,2002 年。

任啓運:《宫室考》,《景印文淵閣四庫全書》經部禮類第 109 册,臺灣商務印書館,2008 年。

沈彤:《儀禮小疏》,《景印文淵閣四庫全書》經部禮類第 109 册,臺灣商務印書館,2008 年。

盛世佐:《儀禮集編》,《景印文淵閣四庫全書》經部禮類第 110 册,臺灣商務印書館,2008 年。

孫詒讓:《周禮正義》,《十三經清人注疏》,中華書局,1987 年。

韋協夢:《儀禮蠡測》,《續修四庫全書》經部禮類第 89 册,上海古籍出版社,2002 年。

衛湜:《禮記集説》,《景印文淵閣四庫全書》經部禮類第 118 册,臺灣商務印書館,2008 年。

吳昌宗:《四書經注集證》,《續修四庫全書》經部四書類第 168 册,上海古籍出版社,2002 年。

吳廷華:《儀禮章句》,《景印文淵閣四庫全書》經部禮類第 109 册,臺灣商務印書館,1983 年。

吳之英:《壽櫟廬儀禮奭固禮器圖》,《續修四庫全書》經部禮類第 93 册,上海古籍出版社,2002 年。

嚴傑:《經義叢鈔》,《清經解》本,上海書店,1998 年。

楊復:《儀禮圖》,《景印文淵閣四庫全書》經部禮類第 104 册,臺灣商務印書館,2008 年。

張爾岐:《儀禮鄭注句讀》,《欽定四庫全書薈要》經部禮類第 50 册,吉林出版集團有限責任公司,2005 年。

朱駿聲:《説文通訓定聲》,《續修四庫全書》經部小學類第 220 册,上海古籍出版社,2002 年。

二、一般文獻

班固:《漢書》,中華書局,1959 年。

曹元弼:《禮經學》,北京大學出版社,2012 年。

陳壁生:《孝經學史》,華東師範大學出版社,2015 年。

陳澧著,鍾旭元、魏達純校點:《東塾讀書記》,上海古籍出版社,2012 年。

陳彭年:《宋本廣韻(附:韻鏡、七音略)》,江蘇鳳凰教育出版社,2008 年影印本。

陳緒波:《儀禮宫室考》,上海古籍出版社,2017 年。

鄧聲國:《清代〈儀禮〉文獻研究》,上海古籍出版社,2006 年。

丁度等:《集韻》,中華再造善本,國家圖書館出版社,2003 年。

范曄:《後漢書》,中華書局,1965 年。

馮茜:《唐宋之際禮學思想的轉型》,生活·讀書·新知三聯書店,2020 年。

高尚舉等校注:《孔子家語校注》,中華書局,2021 年。

顧野王撰,孫强增補,陳彭年重修:《大廣益會玉篇》,清同治十二年粵東書局刻小學彙函本。

胡培翬:《儀禮正義》,《儒藏》精華編四七册經部禮類,北京大學出版社,2016 年。

胡平生:《孝經譯注》,中華書局,1996 年。

華喆:《禮是鄭學:漢唐閒經典詮釋變遷史論稿》,生活·讀書·新知三聯書店,2018 年。

黃懷信主撰:《大戴禮記彙校集注》,三秦出版社,2005 年。

黃以周:《禮書通故》,中華書局,2007 年。

淩廷堪:《禮經釋例》,黃山書社,2009 年。

劉豐:《北宋禮學研究》,中國社會科學出版社,2016 年。

劉豐:《經典與意義:禮與早期儒學的衍變》,中國社會科學出版社,2022 年。

劉熙:《釋名》,清同治十二年粤東書局刻小學彙函本。

劉向輯録:《戰國策》,上海古籍出版社,1978 年。

劉叙傑主編:《中國古代建築史》(第一卷),中國建築工業出版社,2009 年。

陸德明:《經典釋文》,中華書局,1983 年。

聶崇義纂輯,丁鼎點校、解説:《新定三禮圖》,清華大學出版社,2006 年。

彭華:《陰陽五行研究(先秦篇)》,華東師範大學 2004 年博士學位論文。

錢大昕:《廿二史考異(附:三史拾遺、諸史拾遺)》,上海古籍出版社,2004 年。

錢玄、錢興奇:《三禮辭典》,江蘇古籍出版社,1998 年。

錢玄:《三禮通論》,南京師範大學出版社,1996 年。

秦蕙田撰,方向東、王鍔點校:《五禮通考》,中華書局,2020 年。

沈文倬:《宗周禮樂文明考論》,杭州大學出版社,1999 年。

司馬遷:《史記》,中華書局,1959 年。

孫希旦:《禮記集解》,中華書局,1989 年。

吴承洛:《中國度量衡史》,上海書店,1984 年。

吳飛：《禮以義起：傳統禮學的義理探詢》，生活·讀書·新知三聯書店，2023年。

許慎撰，段玉裁注：《説文解字注》，上海古籍出版社，1981年。

楊天宇：《禮記譯注》，上海古籍出版社，1994年。

楊天宇：《儀禮譯注》，上海古籍出版社，1994年。

楊天宇：《周禮譯注》，上海古籍出版社，1994年。

于鬯：《香草校書》，清光緒二十九年刻本。

張傳璽主編：《中國古代史教學參考手册》，北京大學出版社，1985年。

朱熹撰、黎靖德輯：《朱子語類》，清同治至民國刻西京清麓叢書本。

宗福邦等主編：《故訓匯纂》，商務印書館，2003年。

三、期刊文獻

北京大學考古專業，湖北省博物館盤龍城發掘隊：《盤龍城一九七四年度田野考古紀要》，《文物》1976年第2期。

曹建墩：《先秦儒家對祭禮的理論闡釋及其現代意義》，《浙江學刊》2014年第1期。

晁福林：《先秦時期鬼、魂觀念的起源及特點》，《歷史研究》2018年第3期。

郜積意：《禮經席儀綜考》，《學術月刊》2024年第6期。

韓偉：《馬家莊秦宗廟建築制度研究》，《文物》1985年第2期。

黃侃：《禮學略説》，《國立中英大學文藝叢刊》，1936年第2卷第2期。

彭林：《孔穎達、賈公彥門闕制度異説辨正》，《中國經學》2018年第22輯。

陝西省雍城考古隊：《鳳翔馬家莊春秋秦一號建築遺址第一次發

掘簡報》,《考古與文物》1982 年第 5 期。

陝西省雍城考古隊:《鳳翔馬家莊一號建築群遺址發掘簡報》,《文物》1985 年第 2 期。

陝西周原考古隊:《陝西岐山鳳雛村西周建築基址發掘簡報》,《文物》1979 年第 10 期。

沈文倬:《周代宫室考述》,《浙江大學學報(人文社會科學版)》,2006 年第 36 卷第 3 期。

王鍔:《周代宫室門制與入門禮儀——以"中門"爲中心》,《古文獻研究》2022 年第 1 期。

徐到穩:《闌與中門:三説源流考鏡》,《中國經學》2015 年第 15 輯。葉國良:《論〈儀禮〉中的几席位向》,2019 年 6 月 29 日復旦大學"東亞禮學與經學國際研討會暨上海儒學院第三屆年會"論文。

趙芝荃:《1984 年春偃師尸鄉溝商城宮殿遺址發掘簡報》,《考古》1985 年第 4 期。

中國科學院考古研究所二里頭工作隊:《河南偃師二里頭早商宫殿遺址發掘簡報》,《考古》1974 年第 4 期。

中國社會科學院考古研究所二里頭工作隊:《河南偃師二里頭二號宮殿遺址》,《文物》1983 年第 3 期。